Schriften

des

Vereins für Socialpolitik.

129. Band. Dritter Teil.

Gemeindebetriebe.

Neuere Versuche und Erfahrungen über die Ausdehnung der kommunalen Tätigkeit in Deutschland und im Ausland.

Zweiter Band.

Dritter Teil.

Leipzig,
Verlag von Duncker & Humblot.
1909.

Die Gemeindebetriebe

der Städte

Magdeburg, Naumburg a. S., Frankfurt a. M.

Von

Prof. Dr. O. Landsberg,
Direktor des Statistischen Amtes, Magdeburg,

Dr. med. E. W. Schiele,
Stadtverordneter, Naumburg a. S.,

Dr. Aug. Busch,
Direktor des Statist. Amtes, Frankfurt a. M.

Der Gemeindebetriebe zweiter Band. Dritter Teil.

Im Auftrag des Vereins für Socialpolitik
herausgegeben von
Carl Johannes Fuchs.

Leipzig,
Verlag von Duncker & Humblot.
1909.

Altenburg,
Pierersche Hofbuchdruckerei.
Stephan Geibel & Co.

Inhaltsverzeichnis.

Die Betriebe der Stadt Magdeburg.

Von

Prof. **Dr. Otto Landsberg,**
Direktor des Statistischen Amts der Stadt Magdeburg.

Inhaltsverzeichnis.

I. Begriff und Abgrenzung der städtischen wirtschaftlichen Veranstaltungen.

Wie in anderen Städten, so hat sich auch in Magdeburg der Wirkungskreis der städtischen Verwaltung in der neueren Zeit ganz außerordentlich dadurch erweitert, daß in immer größerem Umfange wirtschaftliche Aufgaben hinzutraten. Auf diese Entwicklung, welche kaum schon als abgeschlossen gelten kann, ist neben dem Wachstum der städtischen Bevölkerung, das eine ganze Reihe von Bedürfnissen erst zur Entstehung gebracht hat, unzweifelhaft auch der Wandel der wirtschaftspolitischen Anschauungen von Einfluß gewesen, der neben der mehr negativen, nur die Hindernisse für das wirtschaftliche Leben beseitigenden Tätigkeit der alten Verwaltung die positive, fördernde gesetzt, neben den städtischen Gesetzen und Verordnungen auch die städtischen wirtschaftlichen Veranstaltungen zu ihrem Rechte gebracht hat.

Der große Aufschwung der eigenen wirtschaftlichen Tätigkeit der Stadt ist sowohl auf die äußere Organisation ihrer Verwaltung, als auch auf ihre innere Finanzwirtschaft von sehr erheblichem Einflusse gewesen. Wenn wir diesen Veränderungen etwas nachzugehen versuchen, so erhebt sich zunächst die Frage, wie der Begriff der städtischen wirtschaftlichen Veranstaltungen im einzelnen abzugrenzen ist, welche Verwaltungszweige zu den städtischen Betriebsverwaltungen gerechnet werden sollen. Es ist von großem Interesse, daß das Gesetz, welches aus den durch den Hinzutritt der städtischen Betriebe erfolgten tatsächlichen Veränderungen in der Organisation der städtischen Verwaltung das gesetzgeberische Fazit zog, das Preußische Kommunalbeamtengesetz vom 30. Juli 1899, die nähere Bestimmung der ortsrechtlichen Regelung überließ mit der ausdrücklichen Begründung, daß „der Begriff der Betriebsverwaltungen durch Theorie und Praxis noch keine feste Umgrenzung gefunden hat.“ In dem auf Grund dieser Vorschriften in Magdeburg erlassenen Ortsstatut vom 27. März 1900 sind als Betriebsverwaltungen, deren Beamte im Regelfalle nicht auf Lebenszeit, sondern auf Kündigung angestellt werden sollen, ausdrücklich bezeichnet:

1. Die Verwaltung der Gas- und Wasserwerke einschließlich des öffentlichen Beleuchtungswesens und der Werkstatt,
2. die städtische Hafen- und Lagerhausverwaltung,
3. der städtische Packhof und die sonstigen städtischen Handelsanstalten,
4. die Verwaltung des städtischen Schlacht- und Viehhofs nebst der Fleischschau,
5. die städtischen Krankenanstalten und die Armen- und Arbeitsanstalt,
6. die städtischen Desinfektions- und Volksbadeanstalten,
7. die städtische Straßenreinigung, der städtische Kanalbetrieb mit der Pumpstation für die Kanalisation und die Rieselfelder,
8. die städtische Gutsverwaltung zu Körbelitz nebst der Bewirtschaftung der Rieselfelder,
9. die städtische Garten- und Friedhofsverwaltung,
10. die städtischen Museen und Bibliotheken,
11. das städtische Arbeitsnachweisamt,
12. die städtische Buchdruckerei und Buchbinderei.

Außerdem sind bei der Regelung der Frage, inwieweit eine Anstellung als Nichtbeamter, auf zivilrechtlichen Dienstvertrag Platz greifen soll, im Ortsstatut als Betriebsverwaltungen behandelt das städtische Orchester und das städtische Fernsprechvermittelungsamt. Im Vergleich zu anderen Städten vermißt man in der vorstehenden Aufzählung das Elektrizitätswerk, das erst später (1906) in städtische Verwaltung übernommen worden ist, das städtische Theater, das verpachtet ist, die Straßenbahnen, die auch heute noch von einer Aktiengesellschaft betrieben werden und die Markthallen, welche Magdeburg überhaupt fehlen. Hiermit ist eine erste Übersicht über den Umfang der wirtschaftlichen Tätigkeit der Stadt Magdeburg gewonnen und es wird sich weiter fragen, inwieweit diese formelle Abgrenzung sachlich gerechtfertigt ist. Ich möchte dabei zunächst die Untersuchung auf diejenigen *öffentlichen* Betriebe im engeren Sinne beschränken, deren Erzeugnisse oder Leistungen der gesamten Bevölkerung oder wenigstens einzelnen Klassen derselben unter gewissen Bedingungen zur Verfügung stehen und erst später diejenigen im Zusammenhange betrachten, welche lediglich einen *innerhalb der städtischen Verwaltung* auftretenden Bedarf zu befriedigen bestimmt sind. Ich gebe dabei ohne weiteres zu, daß diese Abtrennung vielleicht nicht immer ganz zweifelsfrei vorgenommen werden kann, daß oft gerade der eigene Bedarf der städtischen Verwaltung den Anstoß zur Errichtung einer der Gesamtbevölkerung dienenden wirtschaftlichen Veranstaltung gegeben hat, wie dies in Magdeburg unzweifelhaft beim Gaswerk, aber auch bei den Krankenhäusern und Friedhöfen (wo die Stadt für die Armen zu sorgen verpflichtet war) der Fall gewesen ist, während z. B. die städtische Straßenreinigung sich z. Zt. gerade in einem gewissen Übergangsstadium befindet. Immerhin bestehen zwischen den selbständigen Betrieben zur Deckung des eigenen Bedarfs und den für die Öffentlichkeit bestimmten so große Unterschiede, daß eine gesonderte Behandlung gerechtfertigt erscheint. Von den oben angeführten Betrieben würden bei der bezeichneten Abgrenzung zunächst nur die städtische Buchdruckerei und Buchbinderei, sowie das Fernsprechamt „Rathaus" auszuscheiden haben, wir werden aber später sehen, daß noch eine ganze Reihe von Betrieben ähnlichen Charakters innerhalb der städtischen Verwaltung besteht. Auf der anderen Seite wird die Aufzählung der Betriebe im rechtlichen Sinne noch zu erweitern sein durch einige andere Veranstaltungen, die unzweifelhaft Betriebe im wirtschaftlichen Sinne sind; ich rechne dazu vor allem die städtische Sparkasse, die städtischen Märkte, von denen sich aber nur einer, der Lebensmittelmarkt, in die Neuzeit hat hinüber retten können, und die Veranstaltungen zur Stadterweiterung, zur Herstellung von baureifem, d. h. für die städtische Bebauung benutzbarem Boden, bei deren Besprechung zweckmäßig die Verwaltung des gesamten Grundeigentums der Gemeinde mit behandelt wird.

Von dem so abgegrenzten Kreise der Betriebe schließt das vom „Verein für Sozialpolitik" entworfene Programm die reinen Bildungsanstalten (Volksbibliotheken, Lesehallen) aus, denen wohl noch die gleiche Zwecke verfolgenden Museen anzureihen wären, des weiteren auch die Anstalten, welche wie Kranken- und Armenhäuser der Wohltätigkeit gewidmet sind, endlich würden wohl ebenso die Einrichtungen auszuscheiden haben, welche lediglich soziale Aufgaben zu erfüllen bestimmt sind, wie der städtische Arbeitsnachweis und die Rechtsauskunftsstelle.

II. Die öffentlichen Betriebe der Stadt Magdeburg nach ihrer Verwaltungsorganisation und ihrem äußeren Umfange.

Über den äußeren Umfang der einzelnen Betriebe in dem vorstehend abgegrenzten Sinne kann eine Übersicht der Zahl der beschäftigten Beamten und Arbeiter und des Aufwandes an Gehältern und Löhnen Auskunft geben, wie sie in der nachfolgenden Tabelle zusammengestellt ist. Hinzugefügt ist jedesmal das Jahr, in welchem der Betrieb von der Stadt begonnen bzw. übernommen wurde.

Tabelle I.

Betrieb	Seit wann in städtischer Verwaltung?[1]	Mitglieder des Verwaltungsausschusses: Mitglieder des Magistrats	Mitglieder des Verwaltungsausschusses: von der Stadtverordnetenversammlung gewählt	Etatsmäßige Beamte und Angestellte[2]: Leitende Beamte	Kaufmänn. und Bureaupersonal	Höhere technische Beamte	Technische Aufsichtsbeamte	Sonstige Betriebsbeamte usw.	Boten, Wächter, Pförtner usw.	Zusammen	Gehälter derselben[2]	Zahl der Arbeiter am 1. April 1908[3]: männl.	weibl.	Arbeitslöhne[8] in 1907
											ℳ			ℳ
1. Straßenreinigung	1836	5[5]	6[5]	—	—	—	1	8	—	9	18 801	140	—	125 932
2. Kanalbetrieb und Pumpstation	1895	.[6]	.[6]	—	1	—	2	1	—	4	11 000	65	—	79 232
3. Rieselgutsverwaltung	1890	2	4	1	1	—	—	—	—	2	7 625	65	85	80 041
4. Desinfektionsanstalten	1888	.[7]	.[7]	—	—	—	—	2	—	2	3 700	5	—	5 400
5. Volksbadeanstlaten	1888	3	7	—	—	—	—	—	—	—	—	4	4	7 368
6. Gartenverwaltung	1812	3	8	1	2	—	—	5	7	15	30 100	351	24	208 234
7. Friedhofsverwaltung	1827	2	5	—	4	—	2	5	2	13	25 375	86	31	84 127
8. Schlacht- und Viehhof	1893	3	6	1	3	5	2	14	4	29	70 704	78	5	72 357
9. Wasserwerk	1843			—	2	1	—	11	—	14	29 172	49	—	58 769
10. Gaswerk einschl. öffentl. Beleuchtung	1872	}	}	1	26	1	2	15	32	77	174 581	315	1	357 774
11. Werkstatt der Gas- und Wasserwerke	1892[4]	4	8	—	5	—	1	5	—	11	31 450	156	—	175 520
12. Elektrizitätswerk	1906	}	}	1	16	1	1	11	9	39	81 825	99	1	111 198
13. Städtisches Orchester	1897	6	8	—	—	2	—	58	1	61	108 025	—	—	—
14. Stadttheater	1890	5	5	—	—	—	—	2	—	2	4 000	2	—	1 131
15. Märkte	.	.	.	—	—	—	—	—	—	—	—	—	—	—
16. Städtischer Grundbesitz	.	2	10	—	—	—	—	—	1	1	1 575	—	—	—
17. Sparkasse	1823	1	4	—	19	—	—	—	3	22	65 769	—	—	—
18. Packhof	1836	3	10	—	2	—	—	3	—	5	11 700	29	—	28 178
19. Hafen	1893	2	5	1	14	1	2	19	2	39	87 113	218	3	272 168
Zusammen 1 bis 19				6	95	11	13	159	61	345	762 515	1662	154	1 667 429
Außerdem Stadterweiterung	1870	8	12	—	—	—	—	—	—	—	—	—	—	—

[1] Über die Einzelheiten vgl. die historische Übersicht, S. 48 ff.
[2] Nach dem Etat für 1908.
[3] Nach der Fortschreibung des städtischen statistischen Amtes auf Grund der Meldungen über Annahme und Entlassung.
[4] In diesem Jahre erscheint die Werkstatt erstmals als selbständiger Betrieb mit besonderem Etat.
[5] Zugleich für das Feuerlöschwesen.
[6] Der Kanalbetrieb untersteht der Baudeputation II, die Pumpstation der Baudeputation III.
[7] Unterstehen dem Ausschuß für die Krankenanstalten.
[8] Zu 3, 5, 6, 7, 14 nach den Lohnrechnungen, sonst nach den Lohnnachweisungen für die Berufsgenossenschaften.

Bezüglich der hier nachgewiesenen Gemeindebeamten und -angestellten in etatsmäßigen Stellen ist es von Interesse, daß — abgesehen von den Schulen — von insgesamt 906 Personen mit einem Bargehalt von 2038489 *M* nach dem Etat für 1908 38,1 % der Personenzahl und 37,4 % nach der Gehaltssumme auf die Betriebe in dem besprochenen Sinne entfallen. Treten also hier die Ziffern der Betriebe noch etwas zurück, so haben diese anderseits neben den Beamten ein neues Element in sehr erheblicher Zahl in den Organismus der städtischen Verwaltung eingeführt, den städtischen Arbeiter, und damit den Städten ein neues Feld der Tätigkeit, die soziale Fürsorge als Arbeitgeber, eröffnet. In dem Magdeburger Etat ist seit 1905 ein besonderer Titel „Arbeiterfürsorge" aufgenommen, der in seinem ersten Teil als auf „freier Entschließung der Stadtbehörden" beruhend, folgende Stellen aufführt:

	Istausgabe 1907/08 in *M*
1. Vertretungskosten für beurlaubte Arbeiter	12065
2. Zuschuß zu den Unterstützungen der zu militärischen Übungen einberufenen Arbeiter	61
3. Krankengeldzuschuß für erkrankte Arbeiter:	
Nach 3 Dienstjahren auf 2/3 des Lohnes	316
„ 5 „ „ den vollen Lohn	15064
4. Ehrengeschenke von je 100 *M* für 25 Jahre im Dienste stehende Arbeiter	300
5. Altersgeld (jährlich 20, 40, 60, 80 *M* nach 5, 10, 15, 20 Dienstjahren)	25587
6. Zuschuß- Alters- und -Invalidenrenten	7402
7. Arbeiter-Witwengelder	7455
8. Arbeiter-Waisengelder	624
Zusammen	68874

III. Die öffentlichen Betriebe der Stadt Magdeburg nach ihrer Finanzwirtschaft.

A. Kapitalbeschaffung.

Was die Finanzwirtschaft der städtischen Betriebe anlangt, so handelt es sich im wesentlichen um zwei Gruppen von Fragen, von denen die eine sich auf die Anlage der Unternehmungen, die andere auf ihre Verwaltung bezieht.

Bei der Anlage neuer oder der Erweiterung bestehender Unternehmungen sind drei Fälle möglich, die Deckung aus Vermögen, aus laufenden Mitteln, durch Aufnahme von Kapitalien (Anleihen). Die Bestreitung aus Vermögen war in der älteren Zeit, welche die Aufnahme von Anleihen verschmähte, bei einmaligen Ausgaben nicht selten und zwar wurde dazu nicht nur das Kapitalvermögen, sondern häufig auch das Grundvermögen herangezogen, indem man in solchen Fällen Grundstücke verkaufte. In neuerer Zeit ist bei der nördlichen Stadterweiterung eine teilweise Deckung aus den Überschüssen der älteren (südlichen) Stadterweiterung erfolgt (vgl. S. 32). Die Deckung aus laufenden Mitteln kann naturgemäß nur in sehr beschränktem Maße stattfinden. Grundsätzlich wird sie angewandt bei Erneuerungen in denjenigen städtischen Werken, welche mangels genügender Rentabilität keinen Erneuerungsfonds ansammeln können, also bei der Straßenreinigung, den Friedhöfen, dem Schlacht- und Viehhof, Packhof, Hafen. In den genannten Betrieben wurden im Rechnungsjahr 1907 an besonderen (einmaligen) Ausgaben aus Etatsmitteln der Betriebe bestritten[1]:

Straßenreinigung	9 453	ℳ
Friedhöfe	6 361	„
Schlacht- und Viehhof	6 523	„
Packhof	28 617	„
Hafen	102 542	„

Von großer Bedeutung ist für Magdeburg die Anweisung auf Sparkassenüberschüsse, über welche weiter unten ausführliche Mitteilungen gemacht werden. Namentlich pflegen Neuanlagen in der Gartenverwaltung hieraus bestritten zu werden. Von den vier Volksbadeanstalten sind zwei aus laufenden Mitteln, eine aus Sparkassenüberschüssen und eine mit einer Desinfektionsanstalt verbundene aus Anleihe bestritten worden.

Ein Erneuerungsfonds wird zurückgelegt bei den städtischen Gas- und Wasserwerken (je 15 % des Rohgewinns), sowie beim städtischen Elektrizitätswerk (rd. 5 % des Anlagekapitals). Die Zuweisungen und Bestände dieser Fonds (der Erneuerungsfonds des Wasserwerks befindet sich im Vorschuß) zeigt für das Rechnungsjahr 1907/08 die nachfolgende Zusammenstellung:

---

[1] Außerdem aus etatsmäßigen Mitteln im Bauetat für die Kanalisation 101 393, Badeanstalten 1 937, Gartenverwaltung 13 247, Friedhofsverwaltung 13 269, Stadttheater 2 479 ℳ.

	Wasserwerk	Gaswerk	Elektrizitätswerk
	ℳ	ℳ	ℳ
Bestand am 31. März 1907	— 19 453	409 235	187 500
Einnahme in 1907/08.	—	26 427	—
Überweisung aus dem Gewinn. . . .	84 622	198 976	300 000
Ausgabe im Rechnungsjahre.	87 940	177 594	26 861
Bestand am 31. März 1908	— 22 771	457 044	460 639.

Die wichtigste Form der Kapitalbeschaffung erfolgt aber durch Anleihen und zwar in kleinerem Umfange durch Vorschüsse der Kämmereikasse und Darlehen aus der städtischen Sparkasse, in der Hauptsache durch Ausgabe von Inhaberobligationen. Vorschüsse aus der Kämmereikasse sind z. B. dem Gaswerk 1897/99 zur Anlage von Steigeleitungen in Höhe von 240 000 ℳ gewährt worden. Dieselben werden vom Gaswerk jährlich mit 4 % verzinst und mit 2 % zuzüglich der ersparten Zinsen getilgt. Am 1. April 1908 war noch ein Rest von 189 300 ℳ vorhanden.

Darlehen aus der Sparkasse sind zur Anwendung gekommen in kleineren Beträgen in Form von Hypotheken auf das Stadttheater [1], das allerdings zur Zeit der Beleihung noch einer Aktiengesellschaft gehörte, und auf zwei Grundstücke der städtischen Anlagen [1], in größerem Betrage bei der nördlichen Stadterweiterung, wo die Sparkasse ein Darlehen von 5 000 000 ℳ gewährte, das mit 3 1/4 % verzinst und mit 1 % zuzüglich der ersparten Zinsen getilgt wird. Der Restbestand am 31. März 1908 belief sich auf 4 898 370 ℳ.

An Inhaberobligationen der Stadt waren am 31. März 1907 im ganzen 59 124 400 ℳ im Umlauf, welche an Verzinsung und Tilgung im Rechnungsjahre 1907 eine Ausgabe von 2 085 419 bzw. 1 283 280 zusammen von 3 368 699 ℳ erforderten. Die Verteilung auf die einzelnen Betriebe zeigt nachfolgende Zusammenstellung [2]:

[1]

	Ursprünglicher Betrag der Sparkassendarlehen	Restbetrag am 31. März 1908 der Sparkassendarlehen	Ausgabe in 1907 für Verzinsung	Ausgabe in 1907 für Tilgung
	ℳ	ℳ	ℳ	ℳ
Stadttheater	180 000	176 220	5 316	990
Städtische Anlagen .	244 000	132 780	5 817	22 690

[2] Die Verteilung des Restbestandes und der Ausgaben für Verzinsung und Tilgung auf die Betriebe ist innerhalb der einzelnen Anleihen schätzungsweise nach Maßgabe des ursprünglich verwendeten Betrages erfolgt.

Tabelle II.

Betrieb	Stadtanleihescheine: überhaupt verausgabt ℳ	Stadtanleihescheine: Rest am 31. März 1908 ℳ	Stadtanleihescheine: Ausgabe 1907 für Verzinsung ℳ	Stadtanleihescheine: Ausgabe 1907 für Tilgung ℳ	Stadtanleihescheine: Ausgabe 1907 für Zusammen ℳ	Sonstige Schulden: Betrag am 31. März 1908 ℳ	Sonstige Schulden: Ausgabe für Verzinsung und Tilgung in 1907 ℳ
Gesamtsumme	73 954 800	59 124 400	2 085 419	1 283 280	3 368 699	698 813	44 099
Darunter entfallen auf:							
1. Straßenreinigung	350 332	296 566	10 737	5 259	15 996	—	—
2. Kanalbau, Kanalbetrieb, Pumpstation	7 609 806	6 224 969	225 045	124 257	349 302	—	—
3. Rieselgutsverwaltung	1 719 238	1 468 945	52 247	24 753	77 000	—	—
4. Desinfektionsanstalten	27 215	23 038	834	409	1 243	—	—
5. Volksbadeanstalten	75 891	56 549	2 028	1 386	3 414	—	—
6. Gartenverwaltung	—	—	—	—	—	132 780	28 507
7. Friedhofsverwaltung	1 045 280	892 114	31 552	15 022	46 574	—	—
8. Schlacht- und Viehhof	4 459 403	3 716 669	134 120	68 590	202 710	—	—
9. Wasserwerk	6 236 123	3 946 835	144 695	156 661	301 356	—	—
10. Gaswerk	6 097 530	4 971 196	176 702	96 731	273 433	189 300 [1]	14 332 [1]
11. Werkstatt der Gas- und Wasserwerke	799 635	750 987	28 557	9 007	37 564	37 250 [1]	1 490 [1]
12. Elektrizitätswerk	6 000 000	5 880 000	211 327	120 000	331 327	—	—
13. Städtisches Orchester	—	—	—	—	—	—	—
14. Stadttheater	938 024	784 491	28 379	14 389	42 768	176 220	6 306
15. Märkte	—	—	—	—	—	—	—
16. Städtischer Grundbesitz	5 716 261	4 869 863	173 232	79 819	253 051	159 000	4 265
17. Sparkasse	—	—	—	—	—	—	—
18. Packhof	328 528	108 014	4 241	13 151	17 392	—	—
19. Hafen- und Lagerhausverwaltung	8 023 928	6 650 761	240 650	133 607	374 257	—	—
Zusammen 1 bis 19	49 427 194	40 640 997	1 464 346	863 041	2 327 387	468 000	39 078
Außerdem Stadterweiterung	—	—	—	—	—	4 898 370	212 505

[1] Bei der Summierung nicht mit berücksichtigt, weil die Stadt selbst Gläubigerin ist (zu 10 Kämmereikasse, zu 11 Stadterweiterungsfonds).

Auf der anderen Seite stehen den städtischen Schulden auch sehr erhebliche **Vermögensobjekte**, namentlich gerade bei den städtischen Betrieben gegenüber. Wir geben hier in der nachstehenden Tabelle III einen Auszug aus dem städtischen Lagerbuch nach dessen erster versuchsweiser Aufstellung für den Schluß des Rechnungsjahres 1906, wobei wir Größe und Wert des Grundbesitzes noch besonders kenntlich machen.

Tabelle III.

Betrieb	Grundvermögen: Gesamtfläche ha	a	qm	davon außerhalb des Stadtgebietes[1] ha	a	qm	Wert M	Wert der Mobilien, Geräte, Kapitalvermögen usw. M	Zusammen[2] M
Gesamtsumme	2 609	70	32	1 237	00	78	.	.	97 608 813
Davon entfallen auf:									
1. Straßenreinigung . .	—	58	34	—	—	—	351 810	92 700	444 510
2. Kanalbetrieb, Pumpstation	3	08	04	—	—	—	175 757	—	175 757
3. Rieselgutsverwaltung	1 131	67	93	1 131	67	93	1 670 787	168 650	1 839 437
4. Desinfektionsanstalten	.[3]	.	.	—	—	—	42 000	—	42 000
5. Volksbadeanstalten. .	—	30	80	—	—	—	268 960	4 800	273 760
6. Gartenverwaltung . .	200	47	01	—	—	—	9 136 177	32 800	9 168 977
7. Friedhofsverwaltung .	66	74	15	6	76	50	3 820 627	52 030	3 872 657
8. Schlacht- und Viehhof	9	05	09	—	—	—	.	.	4 554 901
9. Wasserwerk	7	15	94	2	75	08	.	.	7 165 356
10. Gaswerk . . . . . . } 11. Werkstatt der Gas- und Wasserwerke	6	50	74	—	—	—	.	.	8 000 000
12. Elektrizitätswerk . .	7	12	85	—	—	—	.	.	5 100 000
13. Städtisches Orchester.	—	—	—	—	—	—	—	20 000[4]	20 000
14. Stadttheater	—	67	17	—	—	—	1 400 260	200 000[4]	1 600 260
15. Märkte.	—	—	—	—	—	—	—	—	—
16. Städtischer Grundbesitz	1 113	41	96	95	81	27	10 642 205	—	10 642 205
17. Sparkasse	—	—	—	—	—	—	.	.	.[5]
18. Packhof und sonstige Handelsanstalten . .	14	98	92	—	—	—	.	.	1 993 500
19. Hafen- u. Lagerhausverwaltung	7	14	21	—	—	—	.	.	7 955 690
Zusammen 1 bis 19. . .	2 568	93	15	1 237	00	78	.	.	62 849 010
Außerdem Stadterweiter.	11	60	36	—	—	—	5 221 620	.	.

[1] Das Stadtgebiet ist hier im Umfange vom 1. April 1908, also einschließlich des an diesem Zeitpunkte eingemeindeten Vorortes Rothensee gerechnet.

[2] Bei der Stadterweiterung nach Schätzung, sonst nach der Aufstellung des Lagerbuchs.

[3] Ist bei den Kranken- und Badeanstalten mit enthalten.

[4] Der (Feuerversicherungs-)Wert der Instrumente des städtischen Orchesters ist bei Nr. 14 mit enthalten.

[5] Reservefonds der Sparkasse am 31. Dezember 1907: 5 975 462 M.

B. Finanzielle Betriebswirtschaft.

1. Allgemeine Erörterungen.

Gehen wir nunmehr zu derjenigen Gruppe von Fragen über, welche sich im einzelnen auf die finanzielle Betriebswirtschaft beziehen, so ist unmittelbar klar, daß die Gesichtspunkte, welche hier in Betracht kommen, bei den städtischen Betrieben in dem oben abgegrenzten Sinne ganz verschieden sind. Herkömmlicherweise pflegt man hier drei Gruppen von Betrieben zu unterscheiden, je nachdem der Finanzwirtschaft der Grundsatz der Unentgeltlichkeit oder zweitens das Prinzip der Kostendeckung zugrunde liegt oder drittens die Absicht auf Erzielung eines Unternehmergewinns gerichtet ist. Jedoch dürfte die Einreihung der Magdeburger Betriebe in diese drei Gruppen ihre Schwierigkeiten haben. Zunächst sind die städtischen wirtschaftlichen Veranstaltungen zum Teil keine einheitlichen Unternehmungen, sondern sie gliedern sich in verschiedene Betriebe, denen ganz verschiedene Absichten und Grundsätze zugrunde liegen. Ich glaube, daß man hier mit Vorteil eine Unterscheidung zwischen Haupt- und Nebenbetrieben machen kann, wobei als Nebenbetriebe diejenigen gelten sollen, deren Betrieb im Gegensatz zu den Hauptbetrieben nicht ursprünglich in der Absicht der Stadtgemeinde gelegen hat, vielmehr nur unternommen worden ist, um den Hauptbetrieb dadurch rentabler zu gestalten. Das großartigste Beispiel eines solchen Nebenbetriebes ist in Magdeburg die Bewirtschaftung des Rieselgutes Körbelitz. Gerade die Übernahme eines landwirtschaftlichen Betriebes liegt einer Stadtverwaltung an und für sich ganz fern, hier ist es lediglich die Rücksicht auf die Fortschaffung der Kanalabwässer gewesen, welche zum Ankauf und später zur Bewirtschaftung des Gutes geführt, und deshalb ist es nur natürlich, daß dieser Betrieb so gut wie ausschließlich privatwirtschaftliche Gesichtspunkte zu verfolgen hat. In kleinerem Umfange werden wir solche Nebenbetriebe noch mit einer Reihe anderer Betriebe verbunden finden, zur allgemeinen Kennzeichnung ihrer Art möchte ich hier nur noch ein Beispiel anführen, das in Magdeburg zwar noch nicht vorhanden, aber geplant ist, den Betrieb einer Eisfabrik in Verbindung mit dem Schlachthof, wodurch die Maschinen der Kühlanlage besser ausgenutzt werden sollen.

Sehen wir von diesen Nebenbetrieben ab, so wird man im Kreise der Unternehmungen der Stadt Magdeburg m. E. vergeblich nach einem Betriebe suchen, bei dessen Unternehmen lediglich eine auf Erzielung eines Gewinnes gerichtete Absicht vorgelegen hat. In dieser Hinsicht sind die allgemeinen Unterscheidungen, wie sie das Preußische Kommunalabgabengesetz in seinen Grundsätzen für die Finanzwirtschaft (§§ 3, 4) und das Preußische Gewerbesteuergesetz in seinen Bestimmungen über die Besteuerung der Gemeindebetriebe aufstellt, sehr bemerkenswert. Das erstere Gesetz sucht zwar zunächst die im öffentlichen Interesse unterhaltenen Veranstaltungen (§ 4) von den gewerblichen Unternehmungen (§ 3) zu scheiden, bringt jedoch dabei zugleich zum Ausdruck, daß auch gewerbliche Unternehmungen zugleich ein öffentliches Interesse befriedigen können (§ 3 Abs. 2). Erheblich schärfer wird die Absonderung im Preußischen Gewerbesteuergesetz von 1891 durchgeführt, welches die Kommunalverbände wegen folgender von ihnen betriebenen gewerblichen Unternehmungen von der Gewerbesteuer befreit (§ 4):

a. der zu gemeinnützigen Zwecken dienenden Geld- und Kreditanstalten als Sparkassen usw.,
b. der Kanalisations- und Wasserwerke, letzterer jedoch nur, soweit sich der Betrieb auf den Bezirk der unternehmenden Gemeinde beschränkt,
c. der Schlachthäuser und Viehhöfe,
d. der Markthallen,
e. der Volksbäder,
f. der Anstalten zur Beleihung von Pfandstücken.

Außerdem ist der Finanzminister ermächtigt, auch für andere im öffentlichen Interesse unternommene gewerbliche Betriebe der Kommunalverbände Steuerfreiheit zu gewähren, er muß auf Antrag diese Steuerfreiheit gewähren, solange solche Betriebe ertraglos sind. Die Begründung dieser Gesetzesbestimmungen[1] führt in zutreffender Weise aus, daß hier zu unterscheiden ist „zwischen solchen Veranstaltungen, welche an erster Stelle auf die Beförderung der öffentlichen Wohlfahrt oder des gemeinen Nutzens gerichtet sind und die Erzielung eines Erwerbes nur als Nebenzweck verfolgen und solchen Unternehmungen, welche vorzugsweise die Erzielung eines Erwerbes bezwecken, wenn sie daneben auch öffentlichen oder gemeinnützigen Zwecken dienen.

Die Anstalten der ersteren Art, zu denen die bezeichneten Einrichtungen der Kommunalverbände gehören, tragen nur in untergeordnetem Maße einen gewerblichen Charakter an sich. Bei zahlreichen kommunalen Anstalten, wie z. B. bei den meisten Kanalisations- und Wasserwerken, Schlachthäusern, Viehhöfen, Markthallen und Volksbädern, reichen die Einnahmen zur Deckung der Anlage- und Betriebskosten nicht aus. Aber wenn auch, wie bei Sparkassen, ein wirklicher Gewinn erzielt wird, so sind doch die Unternehmer in bezug auf die Verwendung desselben regelmäßig durch ge-

[1] Nach Fuisting, Die direkten Steuern. Bd. 3, S. 45.

setzliche, statutenmäßige oder Verwaltungsvorschriften beschränkt. Jedenfalls sind die angestrebten öffentlichen Zwecke so überwiegend, daß die Befreiung der Anstalten dieser Art von der Gewerbesteuer gerechtfertigt erscheint.

Bei der oben bezeichneten zweiten Art der Unternehmungen, wohin z. B. Gasanstalten, Elektrizitätswerke, Pferde- und sonstige Straßenbahnen gehören, tritt der privatwirtschaftliche und gewerbliche Charakter derartig in den Vordergrund, daß die Steuerpflicht nicht ausgeschlossen werden darf." Es ist gegenüber diesen theoretischen Ausführungen nicht ohne Interesse, daß tatsächlich, wie die nachfolgende Zusammenstellung zeigt, nur vier städtische Betriebe zur Gewerbesteuer veranlagt und damit als Erwerbsunternehmungen im Sinne des Gewerbesteuergesetzes anerkannt sind. Es sind dies für Magdeburg:

	veranlagt zum Prinzipalsatze 1907	1908
	ℳ	ℳ
die Gaswerke	11 408	11 800
das Elektrizitätswerk . . .	7 010	7 701
der Packhof	207	121
die Friedhöfe	440	397
Zusammen	19 065	20 019

Die Friedhöfe sind nur wegen eines Nebenbetriebes, der Grabpflege, zur Gewerbesteuer herangezogen, während der Hauptbetrieb, das Bestattungswesen, wegen des großen öffentlichen Interesses, das für die Übernahme des Betriebes maßgebend war, steuerfrei ist. Zu den eigentlich steuerpflichtigen Betrieben gehört in gleicher Weise wie der Packhof auch der städtische Hafen, der bis zum Jahre 1906 zur Gewerbesteuer veranlagt war, seither aber wegen mangelnden Ertrages freigestellt ist.

Vom Standpunkte der Gewerbesteuerpflichtigkeit heben sich also, wenn man den obigen Darlegungen gemäß nur die Hauptbetriebe in Betracht zieht, die Gas- und Elektrizitätswerke, der Packhof und Hafen als solche Betriebe ab, bei welchen das öffentliche Interesse zurück- und „der gewerbliche Charakter in den Vordergrund" tritt, während die anderen Betriebe als Veranstaltungen zu gelten haben, „welche an erster Stelle auf die Beförderung der öffentlichen Wohlfahrt oder des gemeinen Nutzens gerichtet sind." Inwieweit diese Gesichtspunkte für Magdeburg zutreffen, wird im folgenden an der Art der Finanzwirtschaft der einzelnen Betriebe des näheren zu untersuchen sein. Dabei mag jedoch von vornherein darauf hingewiesen werden, daß es für die Beurteilung der Finanzwirtschaft der städtischen

Betriebe von großer Bedeutung ist, ob ihre Benutzung freisteht oder durch ortsrechtliche Bestimmungen erzwungen wird, ob für sie sonst ein rechtliches, oder infolge besonderer Verhältnisse ein tatsächliches Monopol besteht, und inwieweit sie mit privaten Unternehmungen konkurrieren müssen.

Einen ersten allgemeinen Überblick über die einschlägigen Verhältnisse kann ein Auszug aus der städtischen Rechnung für 1907 geben, wie ihn die umstehende Tabelle zusammenstellt. Dabei ist, um den Vergleich auf eine gleichmäßige Grundlage zu stellen, die in Tabelle II schätzungsweise gegebene Verteilung der Ausgaben für die Verzinsung und Tilgung der städtischen Schulden berücksichtigt.

(Siehe Tabelle IV auf Seite 16.)

2. Die Verwaltung der öffentlichen Anlagen.

Vollständig in den Dienst der allgemeinen Wohlfahrtspflege ist die sehr umfangreiche städtische Gartenverwaltung mit ihrer Fürsorge für die rd. 266 ha umfassenden öffentlichen Park- und Schmuckanlagen gestellt. Eine Einnahme wird hier im wesentlichen nur aus der Verpachtung der Restaurationen erzielt (1907: 87 799 ℳ). Eintrittsgeld wird lediglich für die Besichtigung der städtischen Gruson-Gewächshäuser erhoben, die jedoch an bestimmten Tagen auch ohne Entgelt zugänglich sind. Die Einnahme betrug hier in 1907: 4019 ℳ und zwar wurden für 91 Dauerkarten 315 ℳ, für 17 812 Tageskarten 3704 ℳ (durchschnittlich 21 Pfg.) gezahlt. Das Eintrittsgeld deckte einschließlich der sonstigen Einnahmen hier 1907 rd. 15 % der etatsmäßigen Ausgabe. Der gesamte Zuschuß für die städtische Gartenverwaltung ist in Tabelle II auf 124 499 ℳ berechnet, ist jedoch tatsächlich erheblich höher, da die Neuanlagen im wesentlichen aus außerordentlichen Mitteln (Sparkassenüberschüssen) bestritten werden.

3. Die städtische Straßenreinigung.

Sehr erhebliche Zuschüsse erfordert auch die städtische Straßenreinigung. Die Reinigung der Straßen ist in Magdeburg im allgemeinen Sache der Hausbesitzer, wobei nur diejenigen Straßen und Straßenteile von der Stadt gereinigt werden, in welchen die Stadt als Anlieger oder durch Observanz dazu verpflichtet ist. Observanzmäßig erfolgt die Straßenreinigung seitens der Stadt in den Hauptverkehrsstraßen. Außerdem hat in einer Reihe von Fällen die Stadt durch Vertrag die Reinigung durch ihr Personal gegen eine bestimmte Vergütung von 25 Pfg. für 1 qm

Tabelle IV.

Betriebe	Anlage-kapital ℳ	Betriebs-einnahme in 1907 ℳ	Betriebs ausgabe in 1907 ℳ	Überschuß der Einnahme (+), der Ausgabe (—) ℳ	Besondere einmalige Ausgaben aus Etatsmitteln, Rücklagen in den Erneuerungsfonds[1] usw. ℳ	Überschuß (+), Fehlbetrag (—) nach Deckung der einmaligen Ausgaben und Rücklagen ℳ	in % des Anlagekapitals	Nach der in Tabelle II aufgestellten Durchschnittsrechnung erfordert die Verzinsung und Tilgung der Schulden ℳ	Mithin rechnungsmäßiger Überschuß (+), Fehlbetrag (—) ℳ
1. Straßenreinigung . .	.	10 185	221 834	— 211 649	9 453	— 221 102	.	15 996	— 237 098
2. Kanalbetrieb u. Pumpstation	.	194 094	171 297	+ 22 797	101 393	— 78 596	.	349 302	— 427 898
3. Rieselgutsverwaltung.	1 658 104	250 373	196 468	+ 53 905	—	+ 53 905	3,25	77 000	— 23 095
4. Desinfektionsanstalten	.	8 325	9 457	— 1 132	—	— 1 132	.	1 243	— 2 375
5. Volksbadeanstalten . .	.	25 860	26 587	— 727	1 937	— 2 664	.	3 414	— 6 078
6. Gartenverwaltung . .	.	117 355	200 100	— 82 745	13 247	— 95 992	.	28 507	— 124 499
7. Friedhofsverwaltung .	1 501 434	253 868	151 494	+ 102 374	19 630	+ 82 744	5,51	46 574	+ 36 170
8. a. Viehhof	2 023 906	307 544	176 302	+ 131 242	—	+ 131 242	6,48	202 710 (für a. und b.)	+ 104 871 (für a. und b.)
b. Schlachthof. . . .	2 530 994	422 648	239 786	+ 182 862	6 523	+ 176 339	6,97		
9. Wasserwerk	7 643 475	811 462	247 052	+ 564 410	84 622	+ 479 788	6,28	301 356	+ 178 432
10. Gaswerk einschließlich öffentl. Beleuchtung .	7 700 926	3 224 048	1 894 674	+ 1 329 374	198 976	+ 1 130 398	14,68	287 765	+ 842 633
11. Werk att d. G. u. W.	835 073	860 647	738 935	+ 121 712	80 256	+ 41 456	4,96	39 054	+ 2 402
12. Elektrizitätswerk. . .	5 283 175	1 734 967	593 667	+ 1 141 300	300 000	+ 841 300	15,92	331 327	+ 509 973
13. Städtisches Orchester.	.	92 701	128 273	— 35 572	—	— 35 572	.	—	— 35 572
14. Stadttheater	1 333 300	60 723	52 188	+ 8 535	2 479	+ 6 056	0,45	49 074	— 43 018
15. Märkte.	.	14 917	469	+ 14 448	—	+ 14 448	.	—	+ 14 448
16. Städtischer Grundbesitz	.	156 027	75 288	+ 80 739	—	+ 80 739	.	257 316	— 176 577
17. Sparkasse.	.	3 717 575	2 899 833	+ 817 742	408 871	+ 408 871	.	—	+ 408 871
18. a. Neuer Packhof . .	1 214 000	76 094	56 416	+ 19 678	28 617	— 8 939	.	17 392	— 26 331
b. Verpachtete Handelsanstalten . . .	.	119 536	13 162	+ 106 374	60 990	+ 45 384	.	—	+ 45 384
19. Hafen- und Lagerhausverwaltung	7 954 189	707 706	475 038	+ 232 668	102 542	+ 130 126	1,64	374 257	— 244 131
Zusammen	.	13 166 655	8 568 320	+ 4 598 335	1 419 536	+ 3 178 799	.	2 382 287	+ 796 512

[1] Zu 1, 7 (mit 6361 ℳ), 8, 18, 19 einmalige Ausgaben aus Etatsmitteln der Betriebe, zu 2, 5, 6, 7 (13 269 ℳ), 14 dsgl. aus dem Bauetat, zu 9, 10, 12 Überweisung an den Erneuerungsfonds, zu 17 an den Reservefonds, zu 11 Abschreibungen.

Fläche übernommen. Im ganzen betrug die von der Stadt zu reinigende Straßenfläche im Jahre 1907:

	549 797 qm Fahrdamm u.	84 904 qm Bürgersteig
bei einer Gesamtstraßenfläche von	1 287 793 „ „	„ 864 357 „ „

Am Schlusse des Rechnungsjahres 1907 hatten 324 Anlieger die Straßenreinigungspflicht gegen eine vertragsmäßige Vergütung von 2356 ℳ auf die Stadt übertragen.

Mit der städtischen Straßenreinigung verbunden ist die allgemeine Straßenbesprengung, sowie die Müll- und Ascheabfuhr aus städtischen Grundstücken. Wegen einer allgemeinen Übernahme der Müllabfuhr auf die Stadt schweben Erwägungen, zunächst wird zur Erprobung des anzuwendenden Systems ein dahingehender Versuch für eine Straße gemacht werden. Neuerdings sind auch von seiten der Stadt besondere Abladeplätze für Schutt und Müll zur Verfügung gestellt gegen Gebühren, die so bemessen sind, daß die Kosten gerade gedeckt werden.

4. Die Kanalisation und das städtische Rieselgut.

Der Reinigung der Stadt von den Abfallstoffen dient auch die städtische *Kanalisation*, deren Einrichtung insofern von der städtischen Straßenreinigung abweicht, als die Benutzung hier nicht freiwillig den privatrechtlichen Verträgen gemäß erfolgt, sondern durch öffentlichrechtliche Bestimmungen erzwungen wird. Nach der Polizeiverordnung, die Entwässerung der Grundstücke in die städtischen Kanäle betreffend, ist jedes Grundstück an Straßen, in welchen öffentliche Kanäle usw. vorhanden sind, in den städtischen Straßenkanal zu entwässern. Die Zahl der nicht an die Kanalisation angeschlossenen Grundstücke ist ganz unbedeutend. Nach der Volkszählung vom 1. Dezember 1905 waren

angeschlossen	6671 bewohnte Grundstücke mit	236 494	Bewohnern
nicht angeschlossen	254 „ „ „	3 112	„

Als Einnahmen kommen — abgesehen von dem Nebenbetrieb der Rieselgutsverwaltung — hauptsächlich in Betracht:

		Isteinnahme in 1907 ℳ
a.	Die Gebühren für Herstellung und Instandhaltung der Hausanschlüsse	24 492
b.	Die im Magdeburger Etat bei der Steuerverwaltung geführte Kanalgebühr	169 527

Zu den erstgenannten Gebühren ist zu bemerken, daß nach dem Ortsstatut die Entwässerungsanlagen sowie Reparaturen an solchen, soweit sie Straßenland berühren, seitens der Stadtverwaltung zu einem auf Grund der durchschnittlichen Selbstkosten festgesetzten Tarife ausgeführt werden.

Die Kanalgebühr wird von allen in das städtische Kanalnetz entwässernden Grundstücken und zwar in der Regel mit $^1/_2$ % des — nach Vornahme gewisser Abzüge — festgestellten Nutzungswertes erhoben. Dabei ist in der hierüber erlassenen Ordnung vorgesehen, daß, falls der Ertrag der Kanalgebühr die Kosten der Reinigung und Unterhaltung der Kanäle, der Abführung der Kanalwässer nach den Rieselfeldern und der Verzinsung und Tilgung des Anlagekapitals übersteigt, eine entsprechende Herabsetzung einzutreten hat. Tatsächlich macht der Ertrag von den erwachsenden Kosten nur etwa 27 % aus.

Der besonderen Stellung der mit der Kanalisation als Nebenbetrieb verbundenen Rieselgutsverwaltung ist schon oben gedacht worden. Die Selbstbewirtschaftung hat zur Erzielung eines günstigeren finanziellen Ergebnisses immer mehr an Umfang und Intensität zugenommen. Es betrug:

	1907	1902	1897	1895
die Gesamtfläche . . . . ha	1 136	1 120	1 046	1 046
davon in Selbstbewirtschaftung (unaptiert). „	310	289	153	83
verpachtet (unaptiert). . . . . „	178	183	291	290
Rieselfelder . . . . „	540	534	396	. [1]
Holz, Heide, Unland . . . . „	103	109	207	207
Entwässerungsgräben und Rohrleitung . . „	5	5	.	.
Wert des lebenden Inventars am Jahresschluß M	58 262	34 862	28 045	15 100

Eine weitere erhebliche Zunahme der selbstbewirtschafteten Fläche wird im Herbst 1908 eintreten, da alsdann der pachtfrei werdende Acker mit etwa 160 ha zu der eigenen Wirtschaft hinzugenommen werden soll. Die Bewirtschaftung der in regelmäßigem Turnus berieselten Flächen wird immer auf 1 Jahr in kleineren Parzellen verpachtet. So waren in 1907 rd. 109 ha Rieselland an 181 Pächter mit einem Ertrage von 17 726 M (162 M auf 1 ha) verpachtet. Im ganzen sind 1907 vereinnahmt worden:

an Pächten	. . . .	35 529 M
„ Erträgen der eigenen Landwirtschaft	. .	200 465 „
„ „ „ „ Viehhaltung	. .	13 882 „

Neuerdings wird die Schweinemästung in größerem Umfange betrieben, die Einnahmen aus dem Verkauf, der zu 300 Stück jährlich angenommen

[1] Noch in der Anlage begriffen.

wird, sind im Etat für 1908 zu 30 000 ℳ veranschlagt. Im ganzen wurden seit 1902 stets Betriebsüberschüsse erzielt, deren Höhe naturgemäß je nach dem Ernteausfall schwankt. Im Verhältnis zum Anlagekapital ergab sich nach den Berechnungen der Verwaltung:

	1902	1903	1904	1905	1906	1907
eine Rentabilität von	1,96	2,87	2,07	2,87	4,00	3,25 %,

deren Höhe allerdings zur Deckung der Verzinsung und Tilgung der beanspruchten Anleihebeträge nicht ausreicht.

5. Desinfektions- und Volksbadeanstalten.

Mit den drei im vorhergehenden besprochenen Betrieben, der Gartenverwaltung, Straßenreinigung und Kanalisation ist im wesentlichen eine erste Gruppe der vorzugsweise im öffentlichen Interesse unternommenen Veranstaltungen abgeschlossen; es sind dies diejenigen Betriebe, bei welchen — selbst abgesehen von den Kosten der Neuanlagen — die Jahresrechnung die Notwendigkeit erheblicher Zuschüsse aus Steuermitteln ergibt, da die Einnahmen nicht entfernt hinreichen, um die Betriebsausgaben zu decken. Anhangsweise würde noch seiner Finanzwirtschaft nach ein Betrieb ganz anderer Art sich anzuschließen haben, das städtische Orchester, bei welchem die Fehlbeträge der Jahresrechnung aber nicht aus Etatsmitteln, sondern aus Sparkassenüberschüssen Deckung finden, es wird jedoch vorzuziehen sein, diesen Betrieb mit dem eng zusammengehörigen des städtischen Theaters am Schlusse der ganzen Klasse zu besprechen.

Im Gegensatze zu der ersten Gruppe der vorzugsweise im öffentlichen Interesse unternommenen wirtschaftlichen Veranstaltungen steht die zweite, bei welcher das Bestreben zu erkennen ist, durch die Einnahmen zum mindesten eine Deckung der Betriebsausgaben, wenn möglich auch eine angemessene, den Kosten der tatsächlichen Verzinsung und Tilgung etwa entsprechende Rentabilität zu erzielen.

Den Übergang bilden zwei Betriebsverwaltungen kleineren Umfanges, die Desinfektionsanstalten und die Volksbadeanstalten.

Bei den Desinfektionsanstalten, deren die Stadt zwei den beiden städtischen Krankenhäusern unterstellte Anstalten besitzt, ist der Gebührentarif zwar grundsätzlich nach der Beanspruchung der Anstalt (Größe der zu desinfizierenden Gegenstände und Räume usw.) aufgestellt, doch findet — abgesehen von der selbstverständlichen unentgeltlichen Benutzung für Arme — neuerdings (seit 1. April 1908) bei Desinfektionen auf Grund gesetzlicher oder polizeilicher Vorschriften auch die Leistungsfähigkeit Berücksichtigung, indem hier die Gebühren bei Personen mit einem Einkommen von nicht mehr als 1500 ℳ ganz, von über 1500 bis 3000 ℳ zur Hälfte in Fortfall kommen. Im Rechnungsjahre 1907 wurden 2764 Desinfektionen ausgeführt, davon 766 für die beiden Krankenhäuser und 438 für die Armenverwaltung. Die Ausgaben betrugen ohne Berücksichtigung der Anlagekosten 9457 ℳ und überstiegen die Einnahmen (8325 ℳ) um 1132 ℳ. Dieser Fehlbetrag dürfte jedoch vorzugsweise in den unentgeltlich für die Krankenhaus- und Armenverwaltung ausgeführten Desinfektionen seine Erklärung finden.

Die vier städtischen Volksbäder gewähren gewöhnliche Wannen- und Salz-(Sol-)bäder zu den Einheitssätzen von 25 und 40 Pfg., Brausebäder kosteten am Sonnabend und Sonntag 5 Pfg., sonst für Erwachsene 10 Pfg. Im ganzen wurden im Rechnungsjahre 1907: 228 485 Bäder verabreicht, davon 7441 unentgeltlich. Hauptsächlich werden die Brausebäder benutzt, von denen 1907: 60 834 zu 10 und 123 577 zu 5 Pfg. abgegeben wurden. In sämtlichen vier Anstalten zusammen stand einer Ausgabe von 26 587 ℳ — ohne Verzinsung des Anlagekapitals — eine Einnahme von 25 860 ℳ gegenüber, so daß also die Rechnung einen kleinen Fehlbetrag ergab. Von den einzelnen Anstalten lieferten die zwei besuchtesten Betriebsüberschüsse (von 1016 und 955 ℳ), während bei den beiden anderen die Ausgaben die Einnahmen um ein Geringes (1565 und 1133 ℳ) überstiegen.

6. Das städtische Begräbniswesen.

In gleicher Weise wie bei den bisher behandelten Betrieben sind auch bei dem Begräbniswesen zunächst ausschließlich die Interessen der öffentlichen Gesundheitspflege für die Übernahme in städtische Verwaltung maßgebend gewesen. Deshalb räumte auch die alte noch bis zum Jahre 1898 gültige Begräbnisordnung von 1826 den städtischen Friedhöfen in bezug auf die 10 altstädtischen evangelischen Kirchengemeinden der Zivilbevölkerung eine rechtliche Monopolstellung ein. In der gegenwärtig geltenden Ordnung ist dies nicht mehr der Fall, jedoch ist das Monopol tatsächlich im wesentlichen in dem alten Umfange erhalten geblieben, also für die Altstadt Magdeburg mit Ausnahme der Militärgemeinde, der israelitischen Gemeinde und der am rechten Elbufer außerhalb der ehemaligen Festung belegenen Kirchengemeinde Friedrichstadt, die alle drei eigene Friedhöfe besitzen. Hinzugetreten ist nur der ehemalige Vorort Buckau, in welchem die Friedhöfe bereits vor der Eingemeindung kommunal waren. Dagegen liegt bei den eingemeindeten Vororten Sudenburg und Neustadt das Begräbniswesen ausschließlich in den

Händen der Kirchengemeinden. Im ganzen besitzt die Stadt sechs Friedhöfe von zusammen 66,74 ha Flächeninhalt; Beerdigungen finden in größerem Umfange nur noch in dreien statt. Hiervon sind zwei für die Altstadt, ein außerhalb des Stadtgebietes belegener für Buckau bestimmt. Inwieweit zur Zeit das Begräbniswesen innerhalb der Stadt auf städtischen Veranstaltungen beruht, zeigt am besten ein Vergleich der Zahl der Beerdigungen auf den städtischen Friedhöfen (1907: 2778) mit der Gesamtzahl der Todesfälle (4488). Gegen früher hat sich der Betrieb des städtischen Begräbniswesens in der neueren Zeit durch Hinzutreten neuer Arbeitsgebiete erheblich erweitert. So ist durch die neue Begräbnisordnung von 1898 ganz in eigene Verwaltung genommen die Herstellung der Gräber und zum großen Teil die Grabpflege. Seit 1. April 1908 erfolgt auch die ganze Besorgung der eigentlichen Leichenbestattung durch eine städtische Leichenbestatterabteilung, die aus einem Führer und 10 Mann besteht. Verpachtet ist von alters her das Leichenfuhrwesen, d. h. das ausschließliche Recht der Überführung der Leichen vom Sterbehause nach dem Friedhofe. Von einer planmäßigen Finanzwirtschaft der städtischen Friedhofsverwaltung kann im Grunde genommen erst in der neueren Zeit die Rede sein, da nach der Begräbnisordnung von 1826 die Stadt sämtliche Ausgaben für das städtische Begräbniswesen zu tragen hatte, während von den aus ihm fließenden Einnahmen ein wesentlicher Teil den altstädtischen Kirchengemeinden zufiel. Diese Ordnung läßt deutlich die Schwierigkeiten erkennen, welche sich dem Übergange des Begräbniswesens von den Kirchengemeinden, die auf ihre Einnahmen nicht verzichten wollten, auf die Stadt entgegenstellten, sie ist über 70 Jahre in Kraft gewesen und hat auch, als infolge der Zunahme der Bevölkerung und der Ausdehnung der Bebauung zu dem älteren 1827 eröffneten städtischen Nordfriedhofe 1872 ein zweiter Friedhof im Süden hinzutrat, auf diesen Anwendung gefunden. Erst als der Stadt durch die Anlage eines dritten altstädtischen Begräbnisplatzes im Westen (1898) neue erhebliche Kosten erwachsen waren, ergab sich aus dem inzwischen in Kraft getretenen Kommunalabgabengesetze die Möglichkeit, die städtischen Friedhöfe als gemeindliche Veranstaltungen auf eine angemessene finanzielle Grundlage zu stellen. Die Kirchengemeinden versuchten dagegen ihr vermeintliches Recht auf dem Prozeßwege geltend zu machen, wurden aber in allen Instanzen abgewiesen. Im Jahre 1907 ergab die Rechnung der städtischen Friedhöfe:

an Einnahmen	253 868 ℳ
an Ausgaben ohne Verzinsung und Tilgung aber einschließlich der aus Etatsmitteln bestrittenen Bauten	171 124 „
mithin als Betriebsüberschuß	82 744 „

Es bedeutet dies bei einem gesamten Anlagekapital von 1 501 434 ℳ eine Rentabilität von 5,51 %. Nach der in Tab. IV angestellten Durchschnittsrechnung ist für die Verzinsung und Tilgung der verwendeten Anleihebeträge eine Summe von 46 574 ℳ erforderlich, so daß danach ein tatsächlicher Überschuß von 36 170 ℳ erzielt worden wäre. Dieser Überschuß ist aber unzweifelhaft aus den Beerdigungen der bemittelteren Bevölkerungsklassen erwachsen. Denn der Finanzwirtschaft der städtischen Friedhöfe liegt das Bestreben zugrunde, zum mindesten die beim Begräbnis notwendigen Ausgaben nach der Leistungsfähigkeit zu bemessen. Demzufolge sind die Gebühren für die gewöhnlichen Reihengrabstellen, für Grabanfertigung und neuerdings auch die Bestattungsgebühr nach der Höhe des Einkommens des Verstorbenen bzw. des zur Bestreitung der Begräbniskosten Verpflichteten in vier Einkommensklassen (bis 3000, 3000/7000, 7000/12 500, über 12 500 ℳ) abgestuft, während die Benutzung der Leichenhallen überhaupt gebührenfrei ist und auch die Friedhofskapellen, abgesehen von den Fällen der Heizung, Beleuchtung, Ausschmückung zumeist unentgeltlich zur Verfügung stehen. Die bei der Überführung der Leiche dem Pächter zu zahlenden Gebühren sind ebenfalls genau festgesetzt und richten sich nach der Art des verwendeten Wagens usw. (Bestattungsklassen). Im ganzen weist die Einnahme der Friedhofsverwaltung in 1907 die folgenden Posten auf:

Pacht vom Leichenfuhrwesen	. . . .	10 000	ℳ
Gebühren für	Wahlgrabstellen	62 504	„
	Reihengrabstellen . . .	11 089	„
	Erneuerung von Grabstellen	8 442	„
	Grabanfertigung . . .	8 147	„
	Denkmäler	13 527	„
	Benutzung der Kapelle usw.	15 145	„
	Grabpflege	120 016	„
Sonstige Einnahmen		4 998	„

Es erwachsen also die weitaus größten Einnahmen einmal aus der Grabpflege, zweitens aus dem Verkauf der Wahlgrabstellen. Die Grabpflege ergibt etwa die Hälfte, der Verkauf der Wahlgrabstellen etwa ein Viertel der gesamten Gebühreneinnahmen. Dabei ist die Grabpflegegebühr keine Belastung für die minderbemittelte Bevölkerung, da auch Grabpflege durch die Hinterbliebenen selbst (und ebenso durch deren Angestellte) zulässig ist. Dagegen sind die privaten Handelsgärtner auf dem größten der städtischen Friedhöfe überhaupt ausgeschlossen, auf den anderen nur mit Genehmigung des Magistrats und gegen Zahlung bestimmter Beiträge zur

Friedhofsunterhaltung zugelassen. Wie die Ausschließung des privaten Wettbewerbs zeigt, verfolgt der Nebenbetrieb der Grabpflege, der, wie wir oben gesehen, auch als gewerbesteuerpflichtig angesehen wird, ganz andere Ziele als der Hauptbetrieb. Man wird jedoch den Gedanken, auf diese Weise die Finanzwirtschaft des eigentlichen Begräbniswesens ohne Inanspruchnahme des städtischen Etats zu entlasten, als durchaus berechtigt anerkennen müssen.

7. Der Schlacht- und Viehhof.

Auch der sowohl in der inneren Leitung durch einen städtischen Oberbeamten als Direktor, als auch in der äußeren Verwaltung durch eine städtische Deputation als ein einheitliches Unternehmen erscheinende städtische Schlacht- und Viehhof ist tatsächlich eine Gruppe von Betrieben mit teilweise ganz verschiedenartigen Zwecken. Diese inneren Unterschiede finden auch äußerlich bereits darin ihren Ausdruck, daß dem Schlacht- und Viehhof nicht weniger als vier gesonderte, nach verschiedenen Grundsätzen aufgestellte Etatskapitel gewidmet sind. Und zwar kommen bei den einzelnen Betriebsabteilungen teils wirtschaftliche, teils hygienische Gesichtspunkte in Betracht. Rein wirtschaftliche Zwecke verfolgt der Viehhof, welcher dem Handel mit lebendem Schlachtvieh einen Marktplatz mit besonders für ihn geeigneten Einrichtungen, wie Eisenbahnanschluß, Stallungen mit geschultem Pflegepersonal usw. zur Verfügung stellt, in der Absicht, die Stadt zum Mittelpunkt eines lebhaften Viehhandels zu machen, Produzenten, Händler und Metzger zusammenzuführen, dadurch die Versorgung der Stadt mit Schlachtvieh nach Möglichkeit sicher zu stellen und ungünstige lokale Preisbildungen hintanzuhalten. Die Benutzung der Viehmarktseinrichtungen ist eine durchaus freiwillige, die Stadt, welcher auf diesem Gebiete ein rechtliches Monopol nicht zusteht, hat in anderer Weise versucht, die Konkurrenz auszuschließen, indem sie auch nach Eröffnung des neuen Viehhofes das der Eisenbahn gehörige Gelände, auf dem früher die Viehmärkte stattgefunden, trotz der anfangs notwendigen beträchtlichen Zuschüsse, solange weiter pachtete, als eine Verwendung für Viehmarktszwecke möglich war. Im Gegensatze hierzu überwiegen beim Schlachthof die hygienischen Gesichtspunkte. Inmitten der dicht zusammengedrängten Großstadtbevölkerung waren die privaten Schlachthäuser der einzelnen Metzger, wie sie früher auch hier bestanden und in kleineren Orten heute noch die Regel bilden, eine stete Belästigung für die Nachbarschaft. Außerdem konnte nur eine einheitliche mit den erforderlichen technischen Einrichtungen versehene Schlachtanlage eine größere Sauberkeit beim Schlachten und eine schärfere Kontrolle des Gesundheitszustandes der Schlachttiere gewährleisten. Hier ist auch gesetzlich die Möglichkeit gegeben, durch ortsrechtliche Einführung des Schlachtzwanges dem öffentlichen Schlachthaus ein Monopol zu sichern. Mit dem Schlachthaus in engem Zusammenhange steht die Fleischbeschau auf dem städtischen Schlachthofe, während die Fleischbeschau des von auswärts eingeführten Fleisches früher den doppelten Zweck verfolgte, hygienisch die Einwohnerschaft vor der Einfuhr gesundheitsschädlichen Fleisches zu bewahren und wirtschaftlich eine Begünstigung der außerhalb des Stadtbezirks vorgenommenen Schlachtungen zu hindern und so das Monopol des städtischen Schlachthauses zu sichern. Von den sonstigen Betrieben des Schlacht- und Viehhofes ist noch das Kühlhaus zu erwähnen, das den Metzgern umfangreiche Kühlräume zur Verfügung stellt und die Freibank, welche für möglichste Verwertung des bei der Fleischbeschau beanstandeten Fleisches sorgt. Auch für diese beiden Einrichtungen sind nicht ausschließlich hygienische Gesichtspunkte maßgebend, vielmehr wirken beide zweifellos auch im Sinne einer Verminderung der mit dem Schlächtereibetriebe verbundenen Kosten. Endlich ist bereits erwähnt, daß man mit dem Plane umgeht, nach dem Vorgang anderer Städte die vorhandenen Maschinen durch die Einrichtung einer Eisfabrik zur Abgabe des Eises für den Verbrauch der Bevölkerung besser auszunutzen.

Überblickt man die Finanzwirtschaft des Schlacht- und Viehhofes, so muß zunächst hervorgehoben werden, daß sowohl die Marktgebühren des Viehhofes als die Schlacht- und Schaugebühren des Schlachthofes seit der Eröffnung (1893) wesentliche Änderungen nicht erfahren haben. Nur bei der Marktgebühr für Schafvieh ist eine Ermäßigung eingetreten, im übrigen beschränken sich die Neuerungen auf die Einführung einer besonderen Gebühr für Jungrinder und für Hunde. Dagegen sind bei der Fleischbeschau für das eingeführte Fleisch zwei erhebliche Änderungen zu verzeichnen, einmal 1895, als durch das Kommunalabgabengesetz die Möglichkeit gegeben war, die Gebühren in einer den Gebühren für die Schlachthausbenutzung entsprechenden Höhe zu bemessen, eine Erhöhung zum Schutze des einheimischen Fleisches, zweitens 1903, nachdem das Preußische Gesetz betr. Ausführung des Schlachtvieh- und Fleischbeschaugesetzes vom 28. Juni 1902 die Frage der nochmaligen Schau des anderweitig untersuchten Fleisches geregelt hatte, eine Ermäßigung.

Am unsichersten sind die Erträge des Viehhofes, die, da der Viehhof ein Monopol nicht besitzt, davon abhängen, in welchem Grade die Einrichtungen für den Handel nach auswärtigen Plätzen und für das für den Magdeburger Konsum bestimmte Schlachtvieh benutzt werden. Auch in dem letzteren Punkte kann ein Zwang nicht ausgeübt werden, so sind im Rechnungsjahre 1907/08 rd. 25 % der geschlachteten Tiere unmittelbar ohne Vermittelung des Viehhofes dem Schlachthof zugeführt. Auf der anderen Seite allerdings ging der Handel des Viehhofs nur zu 64 % nach dem Schlachthofe, zu 36 % jedoch nach auswärtigen Plätzen. Im ganzen ergab sich für den Viehhof im Durchschnitt der letzten drei Rechnungsjahre (1905/07) eine Einnahme von 272 308 ℳ, darunter 84 738 ℳ aus Marktgebühren, und ein Bruttoüberschuß von 114 362 ℳ, das sind 5,65 % des Anlagekapitals; jedoch ist die Einnahme in den einzelnen Jahren ziemlich schwankend.

Auf eine festere Grundlage ist der städtische Schlachthof gestellt, da ihm die Versorgung der Magdeburger Bevölkerung mit frischem Fleisch so gut wie ausschließlich zufällt. Hier ergab sich — ebenfalls im Durchschnitt der drei Rechnungsjahre 1905/07 — eine Einnahme von 292 514 ℳ, davon 221 784 ℳ aus Schlachtgebühren, und ein Bruttoüberschuß von 169 547 ℳ. Die Fleischbeschau im Schlachthofe deckt gerade die Kosten (Überschuß im Durchschnitt 3090 ℳ), während die Untersuchung des eingeführten Fleisches sogar einen Zuschuß erfordert (995 ℳ). Rechnet man beides dem Ergebnisse des Schlachthofes zu, so ergibt sich eine Verzinsung des Anlagekapitals von 6,78 %, die gegenüber der Wertverminderung der Anlage und den zur Verzinsung und Tilgung der Anleihe erforderlichen Beträgen als eine mäßige bezeichnet werden muß und hinter dem nach dem Kommunalabgabengesetze zulässigen Höchstsatz von 8 % noch um ein Beträchtliches zurückbleibt. Jedenfalls kann von einer Verteuerung des Fleisches durch die erzielten Überschüsse nicht die Rede sein, da Schlacht- und Schaugebühren mit zusammen 350 852 ℳ in 1907/08 von dem Gesamtwert der geschlachteten Tiere, der im Bericht des Schlacht- und Viehhofes zu 19 717 578 ℳ berechnet wird, nur 1,78 % ausmachten. Vom Betriebe der Freibank bezieht die Stadt nur ganz geringe Benutzungsgebühren, im übrigen wird der gesamte erzielte Überschuß den Besitzern bezw. Vorbesitzern der beanstandeten Tiere ausbezahlt. Über die Kühlanlage wird besondere Rechnung nicht geführt, doch dürfte eine früher angestellte Berechnung, nach welcher die erhobenen Gebühren noch nicht die Ausgaben für Verzinsung und Tilgung der Anlage decken, noch heute zutreffen.

8. Das Wasserwerk.

Einen über die Ausgaben für Verzinsung und Tilgung hinausgehenden Überschuß liefert auch das städtische Wasserwerk. Die Preisfestsetzung hat beim Wasserwerk, das einer der ältesten Betriebe in städtischer Verwaltung ist, verschiedene Phasen zu verzeichnen. In der älteren Zeit erfolgte die Wasserabgabe für häuslichen Gebrauch größtenteils unentgeltlich aus den öffentlichen Zuleitungsstellen (Kunstpfählen). Nur von den Besitzern der Privatzuleitungen wurden Bauschsätze erhoben, die für nur hauswirtschaftlichen Gebrauch 10 Tlr., für Gewerbetreibende 15 bis 25 Tlr. betrugen; bei den Brauern wurde die Vergütung für das verbrauchte Wasser nach alter Observanz nach dem Braumalz (vom Ztr. 3 Sgr. 9 Pf., später 1 1/2 Sgr.) bemessen. Die Einnahmen deckten zunächst nicht die Betriebskosten, später ergab sich ein kleiner Überschuß (z. B. 1850: Einnahmen 6759, Ausgaben 5783 Tlr.), der aber für Verzinsung der Anlagekosten, Abnutzung der Maschinen usw. kein genügendes Entgelt darstellte. Als die zunehmende Verunreinigung des Wassers eine Verlegung des Wasserwerks aus der Stadt heraus und den Übergang zum filtrierten Wasser notwendig machte (1859), mußte infolge der hohen Anlagekosten (1 517 933 ℳ) der Wassertarif auf eine ganz andere Grundlage gestellt werden. Für den gewöhnlichen hauswirtschaftlichen Gebrauch wählte man nach dem Vorgange anderer Städte den Raumtarif (jährlich 22 1/2 Sgr. für jedes Zimmer usw. des ganzen Grundstücks), während für gewerbliche Zwecke Wasser in der Regel nur nach Wassermesser abgegeben werden sollte und für die Großkonsumenten die Aufstellung solcher Bedingung war (Preis für 100 Kubikfuß bei einem täglichen Durchschnittsverbrauch unter 1000: 2 1/2 Sgr., bei höherem Verbrauch 2 Sgr.). Beibehalten wurde die Freiwilligkeit des Anschlusses und die unbeschränkte Entnahme aus den öffentlichen Kunstpfählen. Der mit der Zahl der Anschlüsse ganz außerordentlich steigende Wasserverbrauch nötigte dazu, vom Raumtarife abzugehen und den Einbau von Wassermessern in die Privatleitungen obligatorisch zu machen. Mit der allgemeinen Einführung der Wasserabgabe nach Messer (August 1880) trat ein neuer Tarif ins Leben, der nach dem Grundsatze bemessen war, „daß die Betriebskosten gedeckt werden müssen und das Anlagekapital zu verzinsen und zu tilgen ist." Und zwar sah dieser Tarif einen Einheitssatz von 11 Pfg. für 1 cbm vor, wobei jedoch ein Mindestverbrauch festgesetzt wurde, der zunächst 300 cbm, dann je nach Größe des Wassermessers 150 bis 300 cbm betrug, später aber durch eine neben dem Wasserpreise zu zahlende feste Gebühr von 4 ℳ für jedes Jahr und Grundstück ersetzt wurde. Die Bemessung des Wasserpreises nach Wassermesser hatte einen wesentlichen Rückgang des Verbrauchs zur Folge, die Jahresziffer der Wasserförderung in 1879 von über 7 Millionen cbm ging in 1880 trotz der Zunahme der Zahl der Verbraucher auf 4,9 Mill. zurück und ist erst im Jahre 1892 wieder erreicht worden. Seither ist der Wassertarif nur noch einmal abgeändert worden; bei Inkrafttreten des

Kommunalabgabengesetzes wurde der Einheitspreis für 1 cbm Wasser von 11 auf 12 Pfg. erhöht in der ausgesprochenen Absicht, durch diese Erhöhung, deren Wirkung damals rund 50 000 ℳ betrug (heute etwa 60 000), nach dem Vorgang anderer Städte eine größere Einnahme zu erzielen. Dabei erschien eine solche mäßige Erhöhung aus dem Grunde erträglich, weil sie nach den angestellten Ermittelungen vorzugsweise die gewerblichen Großkonsumenten traf. Von den damals vorhandenen 5380 Abnehmern

hatten einen Jahresverbrauch		machte die Erhöhung des Wasserpreises durchschnittlich jährlich aus
unter 100 cbm	606	0,60 ℳ
100 bis 200 „	991	1,50 „
200 „ 300 „	760	2,50 „
300 „ 500 „	976	4,— „
500 „ 1000 „	1294	7,— „
1000 „ 2000 „	534	13,— „
Zusammen	5161	

Dagegen wurde eine Erhöhung des festen Wasserzinses von 4 auf 8 ℳ abgelehnt, weil sie alle Verbraucher gleichmäßig belastet hätte. Im Gegensatz zu früher und im Gegensatz z. B. zum Gaspreise billigt also der Wassertarif dem Großabnehmer keine besonderen Vergünstigungen zu. Abgesehen von gewissen Verwendungen zu gemeinnützigen Zwecken zahlen nur der Militärfiskus und die Stadt für die städtischen Gebäude einen etwas geringeren Preis (9,816 bezw. 8 Pfg.), während allen übrigen Abnehmern gleichmäßig 12 Pfg. berechnet wird. Dieser gleichmäßige Preis nach dem tatsächlichen Verbrauch soll einerseits eine Wasservergeudung hintanhalten, anderseits aber den kleinen Verbraucher nicht allzusehr belasten, damit nicht durch eine falsche Sparsamkeit die Interessen der öffentlichen Gesundheitspflege geschädigt werden.

In der neuesten Zeit hat die Verunreinigung der Elbe und die sich daraus ergebende Verschlechterung des Rohwassers die Aufwendung solch bedeutender Kapitalien für die Wasserversorgung erforderlich gemacht, daß mit einer erheblichen Vermehrung der Ausgaben gerechnet werden muß.

Im Rechnungsjahr 1907

betrugen die Betriebsausgaben	247 052 ℳ
die Einnahmen	811 462 „
(darunter 811 113 ℳ an Wassergeld)	
es ergab sich also ein Betriebsüberschuß von	564 410 „
Hiervon wurden überwiesen	
dem Erneuerungfonds . . . . , ...	84 622 „

Im Verhältnis zum gesamten Anlagekapital von 7 643 475 ℳ ergab sich abzüglich der Überweisungen zum Erneuerungsfonds eine Rentabilität von 6,28 %. Nach der in Tabelle IV berechneten Durchschnittsverzinsung und -Tilgung der Anleihebeträge ist der an die Kämmereikasse abgelieferte Überschuß mit 178 432 ℳ anzunehmen.

Bemerkt sei, daß ein direkter Zwang zur Benutzung der städtischen Wasserleitung in Magdeburg niemals bestanden hat, trotzdem hat sich der Anschluß so gut wie allgemein durchgesetzt, neuerdings ist durch Einführung der Kanalisation allerdings indirekt ein Zwang zur Benutzung gegeben. Ferner wird man bei der Beurteilung des finanziellen Betriebes nicht vergessen dürfen, daß das städtische Wasserwerk nicht nur für den häuslichen Gebrauch im Interesse der öffentlichen Gesundheit ein der Qualität nach einwandfreies Wasser zu liefern hat, sondern daß es auch darauf ankommt, für gewerbliche Zwecke Wasser in genügender Quantität zur Verfügung zu stellen, und daß das Wasserwerk durch die zweite Aufgabe zweifellos sehr stark belastet wird. So entfiel von der gesamten Wasserabgabe an Private, die im Rechnungsjahr 1907 5,8 Millionen cbm betrug und sich auf 6825 Abnehmer verteilte, rd. 2 Mill. also 35 % auf 38 Abnehmer mit mehr als 10 000 cbm, während die 5921 Verbraucher unter 1000 cbm an der Zahl der Abnehmer mit 87, am Verbrauch aber nur mit 38 % beteiligt waren. Es ist deshalb ganz unzweifelhaft, daß von den Überschüssen des Wasserwerks der größere Teil aus dem Verbrauch zu gewerblichen Zwecken herrührt.

9. Offene Märkte und Markthallen.

Wenn, wie gezeigt, die zuletzt besprochenen Betriebe, Schlacht- und Viehhof und Wasserwerk neben den hygienischen auch wirtschaftliche Zwecke zu erfüllen haben, so gilt das gleiche auch von den Markthallen im Gegensatz zu den offenen Lebensmittelmärkten, die es ausschließlich mit wirtschaftlichen Aufgaben zu tun haben. Der Bau von Markthallen ist zwar in Magdeburg bereits im Verwendungsplan der Anleihe von 1902 mit 620 000 ℳ vorgesehen, bisher aber nicht zur Ausführung gelangt, offenbar, weil die Überleitung des offenen auf dem Hauptmarktplatze nur zweimal wöchentlich stattfindenden und je nach der Jahreszeit bald mehr bald weniger beschickten Marktes in eine Halle, die mit einem täglichen und wenigstens in gewisser Weise stetigen Verkehr rechnen können muß, außerordentlich schwierig ist. Was den offenen Markt anlangt, so wird derselbe seine wirtschaftlichen Funktionen um so besser erfüllen, je mehr er einmal von den Produzenten direkt und zweitens von auswärts beschickt wird. Daß auf dem Magdeburger Markt beides in erheblichem Maße der Fall ist, zeigt die nachfolgende Zusammenstellung, welche sich auf den Tag der Berufs- und Betriebszählung, den 12. Juni 1907, bezieht und die Inhaber der einzelnen Stände nach den hauptsächlich von ihnen zu Markt gebrachten Waren gliedert.

Waren	Gesamtzahl der Stände	Von den Standinhabern waren			
		Händler		Produzenten	
		aus Magdeburg	von auswärts	aus Magdeburg	von auswärts
1. Blumen	32	11	6	7	8
2. Obst und Gemüse	347	113	127	14	93
3. Butter, Eier, Käse	78	14	59	—	5
4. Geflügel und Wild	55	19	35	—	1
5. Fleisch und Wurstwaren	58	10	3	20[1]	25[1]
6. Fische	21	13	2	6[2]	—
7. Backwaren	9	5	2	—	2
8. Porzellan, Korbwaren, Bekleidungsgegenstände usw.	39	31	1	7	—
Zusammen	639	216	235	54	134

Die Höhe der Marktabgaben ist durch einen besonderen Tarif aus dem Jahre 1877 geregelt, der hinter den im Preußischen Gesetze vom 26. April 1872 festgestellten Höchstsätzen sehr erheblich zurückbleibt und das Bestreben erkennen läßt, an Stelle der dort vorgesehenen Bemessung der Gebühren nach der Größe des eingenommenen Raumes eine Abstufung nach der Art der Ware einzuführen. Die Erhebung des Standgeldes ist seit alter Zeit verpachtet. Die Pachtsumme beträgt zur Zeit einschließlich einiger kleinerer Märkte 16 000 ℳ.

10. Der städtische Grundbesitz und die Tätigkeit der Stadtverwaltung auf dem Gebiete der Stadterweiterungen.

Zu den im öffentlichen Interesse unternommenen städtischen wirtschaftlichen Veranstaltungen zählt endlich noch die Aufschließung städtischen Baugeländes (Stadterweiterungen) und die städtische Sparkasse.

Nach Ausweis der Aufstellung des städtischen Lagerbuchs für den Schluß des Rechnungsjahres 1906 besaß die Stadt — abgesehen von dem für ihre eigenen Zwecke in Anspruch genommenen Grundbesitz —

[1] Fleischer.

[2] Fischer.

a. An bebauten Baugrundstücken .	3 ha	31 a	22 qm	im Werte von	285 000 ℳ
b. An unbebauten Baugrundstücken	7 „	82 „	39 „	„ „ „	1 219 955 „
c. An Äckern innerhalb des Stadtgebietes einschließlich des am 1. April 1908 eingemeindeten Vorortes Rothensee.	489 „	67 „	37 „	„ „ „	7 948 005 „
d. Desgl. außerhalb des Stadtgebietes	64 „	56 „	37 „	„ „ „	200 000 „
e. Wiesen und Werder innerhalb des Stadtgebietes (wie oben).	516 „	79 „	71 „	„ „ „	932 997 „
f. Desgl. außerhalb des Stadtgebietes.	31 „	24 „	90 „	„ „ „	56 248 „

Gleichzeitig betrug das noch im Besitz der Stadt befindliche besonders verwaltete

ehemalige Festungsgelände. . . . 11 ha 60 a 36 qm im Werte von 5 221 620 ℳ
(Stadterweiterungsfonds A u. B)

Von den städtischen Äckern innerhalb des Stadtgebiets ist ein Teil durch Parzellierung, Legen von Wasserleitung usw. zu sogenannten kleinen Gärten (Schrebergärten) eingerichtet, die namentlich von der minderbemittelten Bevölkerung gern zum Anbau von Gemüse usw. für die eigene Wirtschaft und als Aufenthalt im Freien benutzt werden.

Einschließlich eines einer städtischen Stiftung gehörigen Ackerstückes waren am 31. März 1908 von der Stadt 16 ha 35 a 89 qm zu 293 kleinen Gärten eingerichtet und für 7796 ℳ Jahrespacht verpachtet. Es betrug also die Größe dieser Gärten durchschnittlich 558 qm, die Jahrespacht 27 ℳ.

Im Rechnungsjahr 1907 ergab sich bei den städtischen Äckern, Wiesen usw.:

als Einnahme	137 056 ℳ
als Ausgabe	67 519 „
mithin als Überschuß	69 537 „

Der städtische Grundbesitz wird durch Ankauf fortgesetzt erweitert und abgerundet. An Mitteln werden dafür verwandt die verfügbaren Bestände des Kämmereivermögens (Kaufgelder für veräußerte Grundstücke usw.) und Beträge aus den Anleihen. Im Verwendungsplan der Anleihe von 1902 ist ein Grundstückserwerbsfonds zum planmäßigen Ankauf auch solcher Grundstücke, für die augenblicklich ein Bedarf noch nicht vorhanden ist, in Höhe von 2 500 000 ℳ vorgesehen. Hiervon waren bis Ende 1907 1 239 963 ℳ verwendet, darunter 327 755 ℳ im letzten Jahre.

In sehr großem Umfange hat die Stadt seit 1870 für die Aufschließung neuen Baugeländes zu Wohnhausbauten Sorge getragen. Größere zusammenhängende Flächen städtischen Besitzes sind durch

Anlage von Straßen der Bebauung zugänglich gemacht worden, insbesondere in der Vorstadt Wilhelmstadt, wo der Grundbesitz der Stadt, namentlich in den 80er Jahren, durch Ankäufe vermehrt wurde, vor allem aber im Bereich des ehemaligen Festungsterrains in den 70er und 80er Jahren des 19. Jahrhunderts in der südwestlichen Umwallung, seit 1890 in der Nordfront, neuerdings (1903) auf dem Boden der ehemaligen Außenbefestigung „Stern“. In den genannten drei Fällen hat die Stadt sehr erhebliche Flächen vom Militärfiskus erworben und nach Einebnung der Festungswerke, Herstellung von Straßen usw. zum Zwecke der Bebauung verkauft. Der nähere Verlauf dieser Veräußerungen ist im wesentlichen bereits früher in den Veröffentlichungen des „Vereins für Sozialpolitik“ dargestellt worden [1], so daß es genügen wird, hier unter Berücksichtigung der letzten Zeit eine summarische Übersicht über den Umfang der An- und Verkäufe zu geben.

	Südfront	Nordfront	Stern
Vom Militärfiskus erworbenes Terrain (qm)	552 562	597 768	85 968
Gezahlter Preis im ganzen (ℳ)	6 001 820	13 748 664	[2] .
Gezahlter Preis für 1 qm (ℳ)	10,86	23,00	.
Bis 31. März 1908 verkauftes Bauland (qm)	320 298	203 944	9 626
Für städtische Zwecke verwendetes Bauland (qm)	39 499	34 166	—
Verkaufspreis der Bauplätze im ganzen (ℳ)	23 438 292	13 174 509	415 627
Durchschnittlich für 1 qm [3] (ℳ)	81,29	58,05	43,18
Am 1. April 1908 noch vorhanden für den Verkauf (qm)	2 227	49 040	30 558
Vorbehalten für städtische Zwecke (qm)	.	25 243	15 430

Über das finanzielle Erträgnis ist zu berichten, daß bei der älteren (südwestlichen) Stadterweiterung, die zum größten Teil gemäß den Bestimmungen der Städteordnung auf dem Wege der öffentlichen Ausbietung bewirkten Verkäufe von Bauplätzen sehr erhebliche Preise erzielten, die im Jahresdurchschnitt von 40 bis 50 ℳ für 1 qm in den Jahren 1875 bis 1880 auf 170 bis 180 in 1886/88 stiegen. Nach der besonders gelegten Rechnung des Stadterweiterungfonds (A) betrugen bis zum 31. März 1908:

die Einnahmen	24 767 349 ℳ
die Ausgaben	13 113 370 „
der Überschuß	11 653 979 ℳ

[1] Silbergleit, Zur Bodenentwicklung Magdeburgs. Bd. 111, S. 196 ff.

[2] Durch Tauschvertrag zugleich mit 9749 qm Nordfrontterrain gegen Abtretung von 62 020 qm Nordfrontterrain erworben.

[3] Ohne die für städtische Zwecke verwendeten und die bei der älteren Stadterweiterung im ganzen verkauften Flächen.

Vom Überschuß wurden 2 504 500 *M* zur Schuldentilgung verwendet, 3 500 000 *M* dem Stadterweiterungsfonds B (für die Nordfront und das Sterngelände) überwiesen, während der Rest — mit Ausnahme eines noch verfügbaren Teiles von 244 544 *M* — für andere städtische Zwecke Verwendung fand. Hat sich somit bei der älteren Stadterweiterung auch ein erheblicher finanzieller Gewinn ergeben, so wird man bei der zur Zeit noch nicht abgeschlossenen neueren auf einen solchen nicht rechnen können. Einmal war hier von vornherein die Kaufsumme beträchtlich höher, so daß neben den aus den Überschüssen des Stadterweiterungsfonds A abgezweigten 3 1/2 Millionen noch ein Vorschuß der Sparkasse bis zur Höhe von 5 Millionen in Anspruch genommen werden mußte, der mit 3 1/4 % verzinst und seit 1906 mit 1 % zuzüglich der ersparten Zinsen getilgt wird; sodann war auch die Lage des Grundstücksmarkts in den 90 er Jahren eine ganz andere als 20 Jahre früher. Damals handelte es sich nur um eine Hinausschiebung des beengenden Festungsringes, jetzt trat ein endgültiges Aufgeben der Befestigung und in Verbindung damit der Fortfall der Rayonbeschränkungen ein, der in den verschiedensten Himmelsrichtungen neues Baugelände entstehen ließ. Endlich waren aber auch in Verfolg der bei der älteren Stadterweiterung gemachten Erfahrungen die Anschauungen über die zu beobachtenden Gesichtspunkte andere geworden. Diese Änderung zeigt sich bereits im Bebauungsplan, in welchem ein größerer Anteil an Straßen und namentlich an Plätzen vorgesehen war, und ein durch Benutzung des ehemaligen Festungsgeländes mit seinen Höhenunterschieden außerordentlich reizvoll angelegter Park von 2,30 ha geschaffen wurde, an den sich ein Kranz von Villen anschließt, deren Bauplätze naturgemäß infolge der Beschränkung der Ausnutzung zu geringerem Preise abgegeben werden mußten; weiter aber auch in dem Verfahren des Verkaufs, indem an Stelle der öffentlichen Ausbietung, die in der älteren Zeit mehrfach einem lebhaften Zwischenhandel mit Baustellen und einer ungesunden Spekulation die Wege geebnet, als Regel der freihändige Verkauf auf Grund eines Beschlusses einer aus Magistrat und Stadtverordneten zusammengesetzten Kommission trat. Es ist also bei der neueren Stadterweiterung mehr der Gesichtspunkt des öffentlichen Interesses maßgebend gewesen als die einseitige Rücksichtnahme auf das finanzielle Ergebnis.

Neuerdings ist die Stadtgemeinde dazu übergegangen, durch die Schaffung großartiger Anlagen auch für die Bereitstellung von Industriegelände mit Bahn- und Wasseranschluß Sorge zu tragen. Nach den vorliegenden Plänen wird es sich dabei um eine nutzbare Fläche von fast einer Million qm handeln.

11. Die Sparkasse.

Eine ganz besondere Entwicklung hat endlich die Finanzwirtschaft der städtischen Sparkasse[1] genommen, welche vielleicht als der bedeutsamste Überschußbetrieb der Stadtverwaltung bezeichnet werden kann. Diesen Namen verdient die Sparkasse nicht nur wegen der Höhe der durch sie der Stadt zur Verfügung gestellten Summen, die früher einzig und allein vom Gaswerk, seit der Übernahme des Elektrizitätswerks auch von diesem übertroffen werden, sondern auch wegen der Art der Verwendung. Denn die Überschüsse der Sparkasse fließen nicht unmittelbar dem städtischen Etat zu, sondern werden den Satzungen gemäß mit Genehmigung der staatlichen Aufsichtsbehörde „für gemeinnützige Zwecke" verwandt. Damit ist der städtischen Verwaltung die Möglichkeit gegeben, auch alle diejenigen Zwecke zu fördern, für welche Steuermittel nicht so leicht verwendet werden würden, insbesondere diejenigen Veranstaltungen, welche vielleicht über das Maß des unbedingt Notwendigen hinausgehen, auf denen aber gerade im Leben des einzelnen wie im Leben einer Stadt die Kultur beruht.

Da auf die Höhe der Aktivzinsen, welche von der Lage des Geldmarkts und von der im wesentlichen durch die gesetzlichen Vorschriften und die Natur der Sparkassen bedingten Art der Kapitalanlage abhängt, eine Einwirkung nur in geringem Maße möglich ist, so ist der springende Punkt für die Finanzwirtschaft der Sparkasse die Bemessung der Passivzinsen d. h. die Festsetzung des Zinsfußes, den sie ihren Sparern vergütet. Außerdem kann, wenn auch in wesentlich geringerem Grade der Höchstsatz, bis zu dem Einlagen von einem und demselben Sparer angenommen werden, von Einfluß sein. Es ist nicht ohne Interesse, die Veränderungen zu verfolgen, welche nach beiden Richtungen seit der Begründung der städtischen Sparkasse im Jahre 1823 stattgefunden haben. Zunächst war als Höchstbetrag der Einlagen 100 Tlr. bestimmt; bereits 2 Jahre nach der Eröffnung wurde jedoch die obere Grenze auf 50 Tlr. herabgesetzt, „weil die Masse des zuströmenden Geldes Besorgnis errege, dasselbe nicht fortwährend zinsbar belegen zu können." Erst seit 1834 wurden wieder Einlagen bis 100 Taler, von 1852 ab bis 300 Taler angenommen. 1874 wurde die Höchstgrenze, bis zu der die Sparkasse Einlagen anzunehmen berechtigt war, auf 3000 ℳ festgesetzt, gegenwärtig beträgt sie 10000 ℳ. Der Zinsfuß war ursprüng-

[1] Ein städtisches Leihhaus ist nicht mehr vorhanden. Das im Jahre 1840 begründete Unternehmen wurde 1891 aufgegeben, weil es, nachdem durch die Gesetzgebung das Monopol des städtischen Leihhauses aufgehoben war, infolge der Konkurrenz der privaten Pfandleiher immer mehr zurückging und zuletzt Zuschüsse erforderte.

lich für Beträge bis zu 24 Taler auf 4 1/6, für höhere auf 4 % normiert, wurde jedoch bereits im Jahre 1826 auf 3 1/3 ermäßigt mit der Begründung, daß „es bei dem immer fortdauernden Andrange des Geldes nach der Sparkasse keinem Zweifel unterliege, daß dieselbe zur Unterbringung von Kapitalien auf fremden Namen ihrem Zweck zuwider benutzt wird.“ Der Zinsfuß von 3 1/3 % ist — abgesehen von einer kurzen Unterbrechung in den Jahren 1843 bis 1847, wo er nur 2 7/9 % betrug, durch 60 Jahre unverändert geblieben, seit 1. März 1887 beträgt er 3 %. In neuester Zeit ist eine kleine Erhöhung der Verzinsung dadurch eingetreten, daß seit 1. Juli 1906 die Verzinsung nach vollen Tagen, nicht mehr wie früher nur nach vollen Monaten erfolgt. Nach dem ersten Statut sollten Überschüsse zur Ansammlung oder zu wohltätigen Zwecken Verwendung finden, 1839 wurde die Höhe des Reservefonds auf 50 000 Taler, 1851 auf 100 000 Taler festgesetzt, seit 1865 hat er satzungsgemäß mindestens 5 % der Einlagen zu betragen. Nachdem der Reservefonds 1851 den Betrag von 100 000 Taler erreicht, flossen die Überschüsse bis 1859 voll der Stadt zur Verwendung zu öffentlichen Zwecken zu, von 1860 bis 1879 wurde dem Reservefonds, soweit er die satzungsgemäße Höhe erreichte, ein Fünftel, der Stadt vier Fünftel des Überschusses überwiesen, im Jahre 1880 erhielt er 30 %, die Stadt 70 %, und seit 1881 hat mit Ausnahme des Jahres 1890, in welchem die Rechnung infolge großer Kursrückgänge mit einem Fehlbetrage schloß, die Stadt stets die Hälfte der Überschüsse erhalten, während der gleiche Betrag dem Reservefonds zugeschrieben wurde. Da die Entwicklung der Sparkasse eine überaus glänzende war — die Summe der Spareinlagen belief sich am Schlusse des Jahres 1906 auf 93,5, 1907 auf 91,9 Millionen Mark — so sind der Stadt sehr erhebliche Summen zugeflossen. In den letzten drei Jahren ist der an die Stadt überwiesene Betrag auf über 400 000 ℳ gestiegen, 1907 betrug er 408871 ℳ. Verwendet sind in dem gleichen Jahre einschließlich der Reste aus früheren Jahren im ganzen . . . . 420 088 ℳ

davon für städtische Zwecke:

für das Museum für Kunst und Kunstgewerbe . . .	18 000	„
„ „ „ „ Natur- und Heimatkunde . . .	3 700	„
„ „ städtische Orchester	38 400	„
„ volkstümliche Vorlesungen	1 000	„
„ die städtischen Büchereien	7 000	„
„ „ „ Park-Anlagen	129 717	„
„ „ „ Volksbäder	34 149	„
„ das Feuerlöschwesen	19 805	„
„ Pflasterungen	29 679	„

zur Unterstützung nicht städtischer Veranstaltungen:

im Interesse der öffentlichen Gesundheitspflege . . .	71 300 ℳ
„ „ „ Armenpflege und Wohltätigkeit . .	67 338 „

Es handelt sich also hier um erhebliche Summen, aber diese Summen sind aus so großen Kapitalien und Umsätzen gewonnen, wie sie sonst bei keinem der städtischen Betriebe auch nur entfernt in gleicher Höhe in Frage kommen. Allerdings würde es möglich sein, den Zinsfuß entsprechend zu erhöhen, aber einerseits würde damit das städtische Institut den privaten Bankgeschäften und ihren Depositenkassen eine sehr unerwünschte Konkurrenz machen, anderseits würde die Wirkung bei dem einzelnen Sparer in der Mehrzahl der Fälle nur unbedeutend sein. Aus den in 1907 an die Stadt überwiesenen Überschüssen hätten die Passivzinsen (2 787 202 ℳ) um 14 2/3 % erhöht werden können, d. h. der Zinsfuß von 3 auf 3,44 %. Von den am Schlusse des Jahres vorhandenen 170 558 Sparbüchern lauteten aber:

63 028	(37,0 %)	Stück auf Beträge von		1	bis	60	ℳ
24 271	(14,2 %)	„ „ „	über	60	„	150	„
18 964	(11,1 %)	„ „ „	„	150	„	300	„
20 673	(12,1 %)	„ „ „	„	300	„	600	„
43 622	(25,6 %)	„ „ „	„	600			„

Es würde also die aus den Überschüssen mögliche Zinserhöhung nur bei 1/4 der Sparbücher mehr als 2,64 ℳ ausmachen, bei mehr als 3/5 aber weniger als 1,32, bei mehr als der Hälfte weniger als 66 Pfg. und bei 37 % weniger als 26 Pfg.

Durch die sehr erheblichen hier zusammenströmenden Kapitalien hat die städtische Sparkasse auch eine sehr große Bedeutung für die Befriedigung eintretender städtischer Geldbedürfnisse gewonnen. Der unmittelbaren Darlehen aus Sparkassenbeständen ist schon oben gedacht worden; daneben kommt aber noch die mittelbare Gewährung von Kapitalien durch Übernahme von Stadtanleihen in Betracht. Am Schlusse des Jahres 1907 besaß die Sparkasse Magdeburger Anleihescheine in Höhe von 9 855 200 ℳ d. h. 16,7 % der überhaupt in Umlauf befindlichen.

12. Stadttheater und städtisches Orchester.

Anhangsweise müssen hier noch zwei städtische Veranstaltungen für die geistige Kultur angefügt werden, weil es bei ihnen ebenfalls nicht zweifelhaft sein kann, daß sie lediglich im Interesse der Allgemeinheit von der städtischen

Verwaltung übernommen worden sind. Es sind dies das Stadttheater und das städtische Orchester. Von diesen kommt allerdings das Stadttheater hier als Betrieb nicht eigentlich in Betracht, da es verpachtet ist. Wir begnügen uns daher mit dem Hinweis, daß die Rechnung dieses Etatskapitels für 1907 abschließt:

in Einnahme mit	60 723 ℳ
„ Ausgabe (einschl. 2479 ℳ für Bauten)	54 667 „
es ergibt sich also ein Überschuß von	6 056 „

der jedoch gegenüber dem Anlagekapital von 1 333 300 ℳ nur ganz geringfügig ist.

Mit dem Stadttheater in engem Zusammenhange steht das seit zehn Jahren in städtischer Verwaltung befindliche Orchester-Unternehmen, in dem zwei Kapellmeister und 58 Musiker angestellt sind. Denn das städtische Orchester wird nach dem Pachtvertrage auch im Stadttheater verwendet und bezieht aus dieser Tätigkeit einen sehr erheblichen Teil seiner Einnahmen (42 000 ℳ). Abgesehen von der Verwendung im Theater spielte das städtische Orchester 1907 in 110 Konzerten, darunter in 97 von der Stadt selbst veranstalteten. Nach der Rechnung von 1907 betrug einschließlich der Reste:

die Einnahme	92 701 ℳ
die Ausgabe	128 273 „

Einschließlich des städtischen Beitrags zur Ruhegehaltskasse von 2600 ℳ ergab sich ein Fehlbetrag von 38 172 ℳ, der aus Sparkassenüberschüssen gedeckt wurde.

13. Die städtischen Handelsanstalten, insbesondere Packhof und Hafen.

Wenden wir uns nunmehr der zweiten Klasse der Magdeburger Betriebe, nämlich denjenigen zu, bei welchen die Gewerbesteuerpflicht den obigen Erörterungen gemäß darauf hindeuten soll, daß hier für die Übernahme mehr die Absicht des Erwerbes als das öffentliche Interesse maßgebend gewesen ist, so gliedern sich die vier in Betracht kommenden Betriebe in zwei Gruppen, von denen die erste die städtischen Veranstaltungen für den Elbhandel umfaßt, die zweite die beiden großen Licht- und Kraftzentralen: Gas- und Elektrizitätswerk. Und zwar sind die Betriebe der beiden unterschiedenen Gruppen nicht nur ihrer Natur nach verschieden, sondern auch nach ihren finanziellen Ergebnissen, da die zweite Gruppe die großen Überschußbetriebe der Stadt enthält, während bei der ersten die Stadt im wesentlichen Zuschüsse zu leisten genötigt ist.

Unter den städtischen Handelsanstalten, den Einrichtungen zum Löschen und Beladen von Schiffen und zur Lagerung von Waren, werden die älteren, von denen selbst die jüngste, der sogenannte „Neue Packhof“ bereits auf ein Alter von mehr als 70 Jahren zurückblicken kann, vollständig gesondert verwaltet von dem neuesten und größten Betrieb dieser Gruppe, dem Neustädter Hafen. Von den älteren Anstalten wird gegenwärtig nur noch eine in städtischer Regie betrieben, der bereits genannte „Neue Packhof“, dessen Bedeutung in der Hauptsache auf den besonderen Einrichtungen zur Abfertigung und Lagerung der unter Zollverschluß eingehenden Stückgüter beruht; alle übrigen sind jetzt verpachtet.

Über die Einnahmen und Ausgaben der Handelsanstalten entnehmen wir der Rechnung für 1907 folgende Zahlen:

	Verpachtete Handelsanstalten	Neuer Packhof
Einnahmen	119 536 *M*	76 094 *M*
Ausgaben [1]	74 152 „	85 033 „
mithin Überschuß	45 384 *M*	—
Zuschuß		8 939 *M*

Der Fehlbetrag des Neuen Packhofs hat allerdings seinen Grund in den 1907 aus Etatsmitteln bestrittenen außerordentlichen Ausgaben in Höhe von 28 617 *M*, aber auch den sich nach Abzug dieser Beträge ergebenden Betriebsüberschuß von 19 678 *M* wird man als eine entsprechende Verzinsung der in der Aufstellung des Lagerbuchs mit 1 214 000 *M* bewerteten Anlage nicht ansehen können. Tatsächlich hat auch der Packhof schon seit Jahren unter dem Rückgang des Verkehrs zu leiden, und dieser Rückgang ist in der Hauptsache durch die Veränderung der Handelsverhältnisse verursacht, indem ein Teil der Waren, die früher erst in Magdeburg zollamtlich abgefertigt bezw. unter Zollverschluß eingelagert wurden, jetzt bereits an der Grenze verzollt wird. Diesen Umschwung zeigt ein Vergleich der gegenwärtigen Ziffern der zur Ausladung kommenden Waren mit den Verhältnissen vor 10 Jahren, wobei wir, um die Schwankungen der einzelnen Jahre auszugleichen, immer einen dreijährigen Durchschnitt betrachten:

Es wurden ausgeladen:

Jahr	überhaupt kg	Häute, Felle kg	Heringe kg	Kaffee kg	Öle, Fette kg	Schmalz kg
1905/07	23 109 917	374 967	2 201 050	3 090 400	4 266 283	1 136 400
1895/97	36 019 850	1 981 417	4 262 683	3 603 700	4 699 950	4 020 733

[1] Einschließlich außerordentlicher Ausgaben in Höhe von 60 990 bezw. 28 617 *M*.

Es sind also einzelne Artikel fast völlig verschwunden bzw. im Verschwinden begriffen (z. B. Schmalz 1905: 1 807 550, 1906: 847 550, 1907 754 100). Wir haben diese Tatsachen etwas genauer verfolgt, um zu zeigen, daß auch die städtischen Betriebe mit einer Veränderung der Grundlagen, auf denen sie beruhen, rechnen müssen.

Auch die jüngste der städtischen Handelsanstalten, der erst seit 1893 bestehende städtische Hafen, vermag nur so geringe Betriebsüberschüsse zu erzielen, daß sie bei dem sehr beträchtlichen Anlagekapital von fast 8 Millionen Mark nicht einmal für die Verzinsung der Anleihebeträge, geschweige denn für deren Tilgung ausreichen. Der Hafen besitzt eben nicht wie andere städtische Betriebe ein Monopol, steht vielmehr mit anderen Unternehmungen ähnlicher Art in scharfer Konkurrenz und zwar nicht nur mit Unternehmungen in Magdeburg, sondern auch mit solchen an anderen Hafenplätzen der mittleren Elbe, da der Umschlag vom Schiff zur Eisenbahn und umgekehrt den hauptsächlichsten Teil des Verkehrs ausmacht. Im Hinblick auf diese Konkurrenz ist es sehr bemerkenswert, daß gegen Ende des Jahres 1906 von der Hafenverwaltung mit den bedeutenderen Magdeburger Speditionsfirmen und denen der benachbarten Plätze der mittleren Elbe Vereinbarungen über Spesenberechnungen getroffen sind in der Absicht, das Speditionsgeschäft lohnender zu gestalten. Auch beim Hafen zeigt der Verkehr und demgemäß auch die finanziellen Erträgnisse der einzelnen Jahre sehr beträchtliche Schwankungen, namentlich sind die Wasserverhältnisse von erheblichem Einflusse. In dieser Hinsicht ist namentlich das Jahr 1904 zu erwähnen, in welchem infolge des außerordentlich niedrigen Wasserstandes im Sommer die Gesamtmenge der im Hafen auf dem Wasserwege überhaupt angekommenen und abgegangenen Güter auf 5 184 193 Doppelzentner (zu 100 kg) zurückging gegen 7 399 563 im vorhergehenden und 7 035 678 im folgenden Jahre. Aber auch rein geschäftliche Konjunkturen vorübergehender Art wie auch dauernde Veränderungen der Handelswege sind gerade bei dem städtischen Hafen von großem Einflusse, weil der Hafen im wesentlichen auf eine kleine Zahl von Massenartikeln angewiesen ist. Auch nach dieser Richtung hin mögen einige Zahlen angeführt werden.

(Siehe Tabelle auf S. 39.)

Die Tabelle, welche in fünfjährigen Zwischenräumen immer 3 Jahre zusammenstellt, zeigt deutlich die Schwankungen einzelner Artikel, sie zeigt aber ferner, daß verschiedene Artikel, z. B. Zucker, im Umschlag zurückgegangen sind, während andere, namentlich Holz und Kohle, an Bedeutung gewonnen haben.

Abgesehen von dem eigentlichen Umschlagsbetrieb ist insbesondere noch das Lagerungsgeschäft, die Lagerung von Holz, Steinen, Kohlen im

Freien, von Zucker, Getreide, Futter, Düngemitteln usw. in Lagerhäusern von Bedeutung. Auch hier sind die oben besprochenen jährlichen Schwankungen und dauernden Veränderungen bezüglich der einzelnen Waren von großem Einfluß. In eigener Verwaltung steht endlich auch der Betrieb der Hafenbahn, welche die Abfertigung der ein- und ausgehenden Eisenbahnwagen zu besorgen hat. An eigenen Betriebsmitteln waren 1907 4 Lokomotiven, 22 Güterwagen und 3 sonstige Wagen vorhanden, die Gesamtzahl der auf den Geleisen der Hafenbahn beförderten Güter betrug 620 700 Tonnen.

Mit Schiff angekommene und abgegangene Waren in Tonnen zu 1000 kg:

Rechnungsjahr	1907	1906	1905	1902	1901	1900	1897	1896	1895
Düngemittel . .	31 498	46 216	45 556	48 555	61 674	55 299	50 455	47 375	41 801
Futtermittel	38 743	31 062	27 826	27 862	27 297	19 474	20 262	17 610	15 204
Getreide . .	83 133	67 296	94 913	65 400	83 599	94 084	154 541	123 472	102 267
Holz. . . .	64 948	47 561	35 266	33 007	36 790	52 150	39 503	32 910	38 074
Kohlen . .	226 419	211 142	185 375	176 333	143 106	116 542	142 760	135 514	117 409
Salz (Kalisalze) . .	78 660	121 237	136 245	124 246	143 890	100 126	62 858	40 726	50 765
Zucker. . .	63 376	95 695	78 173	88 563	147 102	95 965	164 918	146 365	161 924
Andere Güter . . .	93 644	99 081	100 214	110 110	105 282	110 962	104 293	51 097	44 663
Zusammen	680 421	719 290	703 568	674 076	748 740	644 602	739 590	595 069	572 107

Die finanziellen Ergebnisse gestalteten sich in den letzten 3 Jahren folgendermaßen:

Einnahmen	1907 ℳ	1906 ℳ	1905 ℳ
der Hafenverwaltung	542 438	505 838	477 197
der Speicherverwaltung.	133 442	135 635	162 742
Sonstige	31 826	25 452	27 918
Zusammen	707 706	666 925	667 857
Betriebsausgaben	475 038	466 511	477 212
Betriebsüberschuß.	232 668	200 414	190 645
Anlagekapital	7 954 189	7 954 189	7 955 689
Vom Betriebsüberschuß sind verwandt für besondere Ausgaben	102 542	81 801	77 589
Nach Deckung der besonderen Ausgaben verblieb ein Überschuß	130 126	118 613	113 056
in % des Anlagekapitals	1,64	1,49	1,42

Aus den angeführten Zahlen geht hervor, daß der städtische Hafen sich nur ganz ungenügend rentiert und erheblicher Zuschüsse aus Steuermitteln bedarf. Nichtsdestoweniger wird die Stadtverwaltung die Anlage solch großer Kapitalien ohne genügende Verzinsung nicht zu bedauern haben, da der Bau des Hafens für den Magdeburger Handel ein unbedingtes Bedürfnis war und sein Betrieb zweifellos in erheblichem Grade indirekt durch Hebung der Steuerkraft den städtischen Finanzen zugute kommt. Es ist also auch hier das öffentliche Interesse, welches den Betrieb des Hafens fordert, trotzdem dieser nicht nur keinen Gewinn abwirft, sondern sogar noch der Zuschüsse bedarf.

14. Das Magdeburger Elektrizitätswerk in privater und städtischer Verwaltung.

Von den beiden großen Licht- und Kraftzentralen sei an erster Stelle das Elektrizitätswerk besprochen, das erst seit 16. August 1906 im Besitz der Stadt ist. Es kann deshalb auch hier von einer Entwicklung der Finanzwirtschaft unter der städtischen Verwaltung noch nicht die Rede sein, vielmehr hat die Stadt, ebenso wie sie den inneren Betrieb, die Beamten und Arbeiter zunächst ohne Änderung übernommen hat, so auch die Tarife und Bedingungen der Vorbesitzerin vorerst beibehalten. Wohl aber gestattet diese gleichmäßige Fortführung einen interessanten Vergleich zwischen den Ergebnissen des Betriebes in der Hand der privaten Aktiengesellschaft und der Stadt zu ziehen, zwischen den Einnahmen, welche der Stadtkasse vor und nach der Übernahme zugeflossen sind.

(Siehe die Tabelle auf Seite 41.)

Da die Ergebnisse des Jahres 1906, in dem am 16. August die Übernahme erfolgte, nicht benutzbar sind, so wird man dabei 1905 und 1907 einander gegenüberhalten müssen. Auch hier sind die Zahlen des privaten und städtischen Betriebs nicht ganz vergleichbar, da z. B. dem städtischen Betrieb die Ausgabe für Staats- und Gemeindeeinkommensteuer (1905 17 328 *M*) fehlen, doch können diese unerheblichen Differenzen das Ergebnis des Vergleichs nicht stören, der deutlich nachweist, daß das Elektrizitätswerk auch in städtischer Verwaltung sich finanziell sehr günstig weiter entwickelt hat und daß von dem dadurch erzielten Betriebsüberschuß selbst nach Abzug von Verzinsung und Tilgung der zum Ankauf des Werks aufgenommenen Anleihe fast das 2 ³/₄ fache desjenigen Betrages der Stadt, also der Allgemeinheit zugute gekommen ist, der ihr im letzten vollen Jahr des Privatbetriebes zugeflossen ist. Die Erhöhung des Betriebsüberschusses

Finanzielle Ergebnisse des Magdeburger Elektrizitätswerks.

Berichtszeit	Anlagewert[1] am Schlusse der Berichtszeit ℳ	Gesamtüberschuß[1] ℳ	Gesamtüberschuß[1] in % des Anlagewerts	Von dem Überschuß floß der Stadt zu: 10 % der Bruttoeinnahme ℳ	Anteil am Reingewinn ℳ	zusammen ℳ	Von dem Überschuß verblieb der Gesellschaft ℳ	in % des Anlagewerts
A. Finanzielle Ergebnisse vor der Übernahme durch die Stadt.								
16./VIII.—31./XII. 1896	1 321 613	.	.	8 894	—	8 894	.	.
1./I.—31./XII. 1897	1 470 941	94 993	6,46	22 498	—	22 498	72 495	4,93
1./I.—31./XII. 1898	1 977 777	118 891	6 01	29 604[2]	—	29 604[2]	89 287	4,51
1./I.—31./XII. 1899	2 699 625	167 512	6,21	42 160	—	42 160	125 352	4,64
1./I.—31./XII. 1900	3 153 345	303 197	9,62	72 005	12 598	84 603	218 594	6 93
1./I.—31./XII. 1901	3 658 601	299 283	8,18	75 888	970	76 858	222 425	6,08
1./I.—31./XII. 1902	4 115 121	370 535	9 00	86 206	9 356	95 562	274 973	6,68
1./I.—31./XII. 1903	4 383 981	453 118	10,34	98 011	32 224	130 235	322 883	7,37
1./I.—31./XII. 1904	4 680 061	480 878	10,27	115 808	25 280	141 088	339 790	7,26
1./I.—31./XII. 1905	5 045 735	585 516	11,60	134 504	51 894	186 398	399 118	7,91
1./I.—15./VIII. 1906	5 032 103	346 900	11,08[3]	84 376	25 837	110 213	236 687	7,56
B. Nach der Übernahme durch die Stadt.								
16./VIII 1906—31./III. 1907	4 991 604	554 615	17,79[3]	.	.	479 771[4]	—	—
1./IV. 1907—31./III. 1908	5 283 175	841 300	15,92	.	.	509 973[5]	—	—

[1] Den vertragsmäßigen Festlegungen gemäß berechnet; der Überschuß ist bereits um die Zuweisung zum Tilgungs- bezw. Erneuerungsfonds (rd. 6 % des Anlagewerts) gekürzt.

[2] Außerdem 9342 ℳ = 10 % der Einnahmen aus Installationen.

[3] Auf ein volles Jahr berechnet.

[4] Außerdem zur Verzinsung des Anlagekapitals (4 % auf 4½ Monate) 74 874 ℳ.

[5] Desgleichen auf 12 Monate 211 327, zur Tilgung 120 000, zusammen 331 327 ℳ.

ist in erster Linie der vermehrten Einnahme aus der Stromlieferung zu danken, die von 1 266 959 ℳ in 1905 auf 1 588 927 ℳ in 1907 stieg, entsprechend der Zunahme des Stromverbrauchs von 6 622 093 auf 7 897 584 Kilowattstunden.

15. Das städtische Gaswerk und seine Nebenbetriebe.

Im Gegensatz zum Elektrizitätswerk, welches erst seit wenigen Monaten der Gemeinde gehört, kann das städtische Gaswerk, das bereits am 1. Januar 1872 in städtische Verwaltung, am 1. Januar 1878 in städtischen Besitz übergegangen ist, auf eine lange Entwicklung zurückblicken. Die Zusammenstellung der hauptsächlichsten Ergebnisse der Jahresrechnungen für 1907, 1897, 1887 und 1879 ergibt folgendes Bild:

Einnahme	1907 ℳ	1897 ℳ	1887 ℳ	1879 ℳ
aus Gas	2 260 525	1 396 355	1 027 873	686 272
aus Koks	675 655	454 413	214 238	172 394
aus Teer	62 150	65 732	32 884	23 891
aus Ammoniak	97 318	53 697	33 105	34 281
aus Graphit	1 338	239	—	—
sonst	4 813	10 633	341	1 284
Zusammen	3 101 799	1 981 069	1 308 441	918 122
Betriebsausgaben	1 772 425	1 037 185	799 910	498 960
Betriebsüberschuß	1 329 374	943 884	508 531	419 162
Anlagekapital rd.	7 701 000	5 732 000	2 884 000	2 400 000
Betriebsüberschuß in % des Anlagekapitals	17,26	16,47	17,63	17,47
Überweisung an den Erneuerungsfonds	198 976	147 450	51 477	43 116
Überschuß abzüglich der Überweisung an den Erneuerungsfonds	1 130 398	796 434	457 054	376 046
Überschuß in % des Anlagekapitals	14,68	13,89	15,85	15,67

Die Steigerung dieser der Stadt zugute kommenden Überschüsse ist aber keineswegs nur auf Rechnung der vermehrten Bevölkerung zu setzen, vielmehr in erster Linie das Ergebnis eines planmäßigen Vorgehens zur Hebung des Gasverbrauchs, eines Vorgehens, dessen Ergebnisse um so höher eingeschätzt werden müssen, als technische Verbesserungen, wie die Einführung des Gasglühlichts, die Konkurrenz des elektrischen Stromes und verschiedene Veränderungen im gewerblichen Leben, insbesondere die Einführung der Sonntagsruhe und des Achtuhrladenschlusses in entgegengesetzter Richtung wirkten. Aber auch hier ist erst die Erfahrung die Lehrmeisterin gewesen, um die richtigen Maßnahmen zu treffen.

Als die städtische Verwaltung am 1. Januar 1872 zunächst pachtweise das im Besitze einer Aktiengesellschaft stehende Werk übernahm, ging man sofort daran, das Werk, dessen Betrieb in der letzten Zeit sehr stark unter der Sparsamkeitspolitik der Aktiengesellschaft gelitten hatte, durch Erweiterung wieder auf die Höhe zu bringen, änderte aber im übrigen an den Grundsätzen für die Gasabgabe nichts. So blieb auch der Gebrauch bestehen, daß jeder Gaskonsument selbst die Kosten des Anschlusses an das Rohrnetz zu übernehmen und selbst den zur Messung erforderlichen Gasmesser anzuschaffen hatte. Auch die Festsetzung des Gaspreises blieb vorerst die alte. Bei Gewährung der Konzession im Jahre 1852 hatte nämlich die Stadt als Grundpreis nach Ablauf der ersten 3 Jahre 2 1/2 Taler für 1000 englische Kubikfuß (d. s. nach heutigem Maß und Geld rd. 26 1/2 Pfg. für 1 cbm) festgesetzt, zugleich aber bestimmt, daß, falls die Jahresdividende der Aktiengesellschaft über 8 % hinausginge, eine diesem Überschuß gleiche Summe an die Konsumenten verteilt werden müsse. Auf diese Weise stellte sich der Nettopreis tatsächlich erheblich niedriger. Auch dieses System wurde zunächst beibehalten, erst am 1. Juli 1876 wurde ein einheitlicher Grundpreis von 20 Pfg. für 1 cbm eingeführt, ein Schritt, der eine wesentliche Verbilligung nicht brachte, da der Nettopreis abzüglich der Dividende z. B. bereits 1873 nur 21,075 Pfg. betragen hatte. Daneben hatte die Aktiengesellschaft bereits in den 50er Jahren dazu übergehen müssen, den Großkonsumenten, für welche eventuell auch die Errichtung einer eigenen Gasanstalt lohnend gewesen wäre, Rabatte von 10 und 20 %, in einzelnen Fällen sogar noch mehr, zu gewähren. Auch dieser Grundsatz wurde städtischerseits beibehalten. Die erste wirkliche tarifpolitische Maßnahme war die im Jahre 1882 eingeführte Herabsetzung des Gaspreises auf 15 Pfg. für das nicht zur Beleuchtung verwendete Gas. Hierbei spielte aber nicht sowohl wie gegenwärtig die häusliche Benutzung als Heizgas eine Rolle, sondern die gewerbliche, namentlich zum Betriebe von Gaskraftmaschinen. Als Grund für diese Begünstigung wird mit Recht geltend gemacht, daß für diese Verwendung des Gases der Verbrauch weit gleichmäßiger, mithin auch die Selbstkosten geringer seien als beim Leuchtgas, bei welchem sich das Werk auf die Zeiten des höchsten Konsums einrichten müsse. Zum 1. April 1886 erfolgt eine weitere Herabsetzung des Kraft- und Heizgases von 15 auf 14 Pfg., zugleich wird der Preis des Leuchtgases in der noch heute geltenden Höhe bestimmt auf 18 Pfg. mit einem Rabatte von 1, 2 und 3 Pfg. bei einem Verbrauch über 15 000, 25 000 und 45 000 cbm. Allmählich begann nun auch sich die Konkurrenz des elektrischen Lichtes, das zwar zunächst nur durch eigene Anlagen oder Blockstationen abgegeben werden konnte, fühlbar zu machen, dazu kam die Umwälzung, welche die Auersche Erfindung des Gasglühlichts mit sich brachte, und der Rückgang des Verbrauchs der Läden usw. infolge der Einführung der Sonntagsruhe. Dies alles wirkte zu einem Rückgang des Gaskonsums zusammen, die gesamte Gasabgabe fiel von 1891 auf 1892 von 8 998 520 cbm auf 8 854 469, der Verbrauch der Privatabnehmer (also ausschließlich der öffentlichen Beleuchtung und des Selbstverbrauchs) von 6 786 456 auf 6 581 688. Diese Umstände gaben den Anstoß dazu, zum Zwecke der Steigerung des Verbrauchs in den Bedingungen der Gasabgabe grundlegende Änderungen einzuführen. Hierbei legte man zunächst das Hauptgewicht darauf, die Kosten des Anschlusses nach Möglichkeit zu vermindern. Während früher der Konsument alle Kosten selbst zu tragen hatte, übernahm jetzt die Stadt die Ausführung des Anschlusses bis zu 10 m hinter der Baufluchtlinie, sie legte ferner, sobald eine angemessene Verzinsung der Anlage zu erwarten, auf eigene Kosten Steigeleitungen, die in städtischem Besitz verblieben, bis zu den einzelnen Gasmessern; später übernahm man es auch, in den Wohnungen der älteren Häuser, und zwar durch Privatinstallateure für Rechnung der Stadt, Deckenleitungen einzurichten, für deren Benutzung ein höherer Gaspreis (20 Pfg.) zu entrichten ist. So sind in den Jahren 1894 bis 1905: 950 000 ℳ für den Bau von Haus- und Steigeleitungen bewilligt worden, außerdem 80 000 ℳ für Deckenleitungen. Zugleich wurden die Gasmesser auch mietweise zur Verfügung gestellt, während sie früher vom Verbraucher angeschafft werden mußten. Endlich wurden auch Gaskochapparate, Gasplätten usw., eine Zeitlang auch Beleuchtungskörper, von der Stadt angekauft und gegen Miete den Verbrauchern überlassen. Eine weitere Erleichterung für die Konsumenten brachte die mietsfreie Aufstellung von Gasautomaten. Namentlich geschah dies mit Vorteil für kleinere Gasanlagen in Geschäftsräumen und Werkstätten, welche — unter Abweichung von dem sonst streng festgehaltenen Grundsatze, daß die Installation hinter dem Gasmesser den privaten Firmen überlassen bleibt — von der Stadt bis zu den Brennern unter Berechnung eines etwas höheren Gaspreises (20 Pfg. für 1 cbm) kostenlos ausgeführt werden. Am 31. März 1908 waren 1298 Automaten in Benutzung, darunter 1286 für Beleuchtung.

Der Gaspreis wurde in dieser Periode der Reformen für Heiz- und Kraftgas von 14 zunächst (1893) auf 12 Pfg., später (1897) auf 10 Pfg. herabgesetzt, 1902 infolge erhöhter Kohlenpreise jedoch für Heizgas wieder auf 12 Pfg. erhöht, für Leuchtgas ist er unverändert geblieben, weil man mit Recht ausführte, daß hier durch den technischen Fortschritt des Gasglühlichts allein schon eine sehr erhebliche Verbilligung des Verbrauchs erzielt worden sei. Eine Erleichterung brachte hier für die gleichzeitigen Verbraucher des Heizgases die Bestimmung, daß hinter den Gasmessern für Koch- und Heizgas eine Leuchtflamme unentgeltlich, beliebige weitere gegen Zahlung jährlicher fester Zuschläge abgezweigt werden dürfen, deren Verbrauch nach dem billigeren Heizgaspreise berechnet wird. Durch diese Maßnahmen ist es gelungen, die private Gasabgabe (also abgesehen von der öffentlichen Beleuchtung, vom Selbstverbrauch und Gasverlust) von 7 128 276 cbm im Jahre 1895 auf 13 830 095 in 1907 oder auf den Kopf der Bevölkerung berechnet, von 33 cbm auf 55 cbm zu heben. An dieser Zunahme hat der Konsum von Heiz- und Kochgas den größten Anteil, der 1891, wo er zum erstenmal in den Berichten des Gaswerks getrennt geführt wird, nur mit 39 704 cbm verzeichnet erscheint, 1895 mit 308 435, 1907 aber mit 6 304 178. Dagegen ist die Verwendung des Gases zu Kraftzwecken durch den Elektromotor zurückgedrängt worden, das Maximum ist hier 1897 mit 993 205 cbm erreicht worden, 1907 betrug der Verbrauch nur noch 549 222. Auch beim Leuchtgas ist die Konkurrenz des elektrischen Stroms deutlich zu spüren. Es betrug hier der Konsum, abgesehen von der öffentlichen Beleuchtung:

		1895	1900	1905	1907
	cbm	5 929 173	6 436 377	7 056 210	6 976 695
auf d. Kopf d. Bevölk.	„	27,7	27,6	28,5	27,5

Aber nicht nur um die Hebung des Konsums hat sich das Gaswerk mit Erfolg bemüht, sondern es ist auch bestrebt gewesen, die Fabrikation des Gases zu vervollkommnen und zu verbilligen. Von Interesse ist, daß die Zahl der Gasanstalten in Magdeburg trotz der Zunahme der Bevölkerung und obwohl die Versorgung auch auf zwei Landgemeinden der näheren Umgebung ausgedehnt worden ist, abgenommen hat. Von der Aktiengesellschaft übernahm die Stadt 2 Werke, neben dem noch heute bestehenden ein zweites in dem früher selbständigen, 1867 eingemeindeten Vororte Sudenburg, das im Jahre 1893 aufgegeben wurde. Hierzu kam durch die Eingemeindung von Buckau (1887) eine neue damals noch von einem Privatunternehmer betriebene Gasanstalt, die 1893 in die Hände der Stadt überging, aber 1897 ebenfalls außer Betrieb gesetzt wurde, so daß bis heute die Fabrikation in einer einzigen Anstalt geleistet wird. Des weiteren erforderten die bei der Gaserzeugung gewonnenen Nebenprodukte besondere Maßnahmen. Was das hauptsächlichste dieser Produkte, den Koks anlangt, dessen Absatz in Magdeburg durch die Konkurrenz der billigen Braunkohle erschwert wird, so wurde 1902 eine Fabrik von Wassergas zur Mischung mit dem Steinkohlengas eingerichtet in der Absicht, einmal die Produktion des Koks zu vermindern, zum anderen den eigenen Bedarf an Koks zu erhöhen. In letzterer Hinsicht ist es von großem Interesse, daß 1907 von dem gesamten Absatz von 38 518 320 kg auf den eigenen Bedarf des Gaswerkes 11 192 520 (29,1 %) entfallen, hierzu treten noch 3 684 370 (9,5) für den Verbrauch der städtischen Gebäude, so daß ein eigentlicher Verkauf nur bei 23 641 430 kg (61,4 %) stattfand. Die wirtschaftliche Verwertung im eigenen Betriebe ist tatsächlich noch größer, als sie in diesen Zahlen zum Ausdruck kommt, weil dabei namentlich der minderwertige Koks zur Verwendung gelangt. Insbesondere wird der Koks III. Sorte (1907 2982 200 kg) vollständig im Gaswerk verbraucht. Für den Absatz an Privatkonsumenten kommt naturgemäß hauptsächlich Magdeburg und die nähere Umgebung in Frage. Abnehmer sind hier in erster Linie die großen gewerblichen Unternehmungen, in geringerem Grade Händler, auch findet ein Kleinverkauf unmittelbar auf dem Gaswerk statt, der sowohl bei der ersten Sorte als auch ganz besonders bei der zweiten Sorte des Koks einen erheblichen Umfang gewonnen hat. Bezüglich der sonstigen Nebenprodukte ist noch zu erwähnen, daß als Nebenbetrieb eine Salmiakgeistfabrikation besteht zur Verwertung des Gas-(Ammoniak-)wassers. Im Jahre 1907 wurden insgesamt 9 284 500 kg Ammoniakwasser verarbeitet und daraus 374 640 kg Salmiakgeist mit einem Gehalt von 90 523 kg Reinammoniak gewonnen. Zu den genannten Stoffen tritt noch Steinkohlenteer (Verkauf 1907: 2 709 827 kg) und Ölteer (79 050).

Für die Höhe der Ausgaben kommt in erster Linie der Einkauf des Rohmaterials und namentlich der Steinkohle in Betracht, daneben die Ausgabe für Löhne. In ersterer Beziehung ist namentlich der im Jahre 1902 erfolgte Übergang von der früher verarbeiteten westfälischen zur englischen Kohle zu erwähnen, der durch die zu hohen Forderungen des Kohlensyndikats veranlaßt wurde. Bei der Erzeugung von Wassergas spielen die Kosten für das sogenannte Gasöl (Paraffinöl) die Hauptrolle, hier ist in neuerer Zeit der Versuch gemacht worden, den Bezug zu einem angemessenen Preise durch eine Beteiligung an einer von Gaswerken und Privaten begründeten Gesellschaft mit beschränkter Haftung zu sichern. Zur Verminderung der Ausgabe an Löhnen wird mehr und mehr die Maschinenkraft herangezogen. Durch diese Maßnahmen ist es erreicht worden, daß der Selbstkostenpreis des cbm Nutzgases ständig zurückgegangen ist. Er betrug nach den Berechnungen der Verwaltung:

	1902	1903	1904	1905	1906	1907
Pfg.	9,23	9,14	9,11	8,79	8,79	8,54

Endlich ist noch hervorzuheben, daß man auch im Gaswerk durch Einrichtung von Nebenbetrieben die Befriedigung des Bedarfs selbst zu übernehmen sucht. Als solche Nebenbetriebe nennen wir die Glühstrumpffabrikation für den Bedarf der öffentlichen Beleuchtung und vor allem die gemeinschaftliche Werkstatt der Gas- und Wasserwerke, welcher insbesondere das Verlegen von Gas- und Wasserrohren, die Reparaturen an Rohren, Gas- und Wassermessern zufällt. Für die Werkstatt wird seit 1892 ein besonderer Etat aufgestellt, die Rechnung für 1907 schloß ab in der

Einnahme mit	860 647 M
Ausgabe (einschl. 80 256 M für Abschreibungen auf vermietete Gasmesser und sonstige Apparate)	819 191 „

Von dem etatsmäßigen Überschuß, der sich nach Abzug der Verzinsung und Tilgung ergibt, erhielt das Gaswerk $^3/_4$, das Wasserwerk $^1/_4$.

Als der Werkstatt gehörig werden auch die vermieteten Gasmesser, Automaten, Gaskocher, Gasplätten gebucht. Es betrugen:

	die Mieteinnahme in 1907	der Wert der Apparate am 31. März 1908
Gasmesser	89 172 M	430 208 M
Automaten	8 861 „	36 454 „
Mietgaskocher	2 542 „	4 091 „
Mietgasplätten	542 „	397 „
Zusammen	101 117 M	471 150 M

IV. Betriebe zur Deckung des eigenen Bedarfs der Stadtgemeinde.

Während die Betriebe, welche in ihren Erzeugnissen und Leistungen lediglich der Deckung eines in der Verwaltung selbst auftretenden Bedarfes zu dienen bestimmt sind, anderwärts — ich erinnere an die Bäckereien, Bekleidungsämter der Militärverwaltung — eine außerordentlich große Entwicklung aufweisen, spielen sie in der Stadtverwaltung nach Zahl und Umfang nur eine geringe Rolle. Der Grund dieser Erscheinung ist im wesentlichen darin zu suchen, daß der Bedarf einer einzelnen Stadt zumeist nicht ausreicht und vor allem zu unregelmäßig ist, um einen eigenen Betrieb dauernd lohnend beschäftigen zu können, daneben spielt aber auch zweifellos die Erwägung eine Rolle, daß durch den Übergang zum Eigenbetrieb die Gewerbetreibenden des Orts geschädigt, ihre Steuerkraft vermindert werde. So sind auch in Magdeburg nur einige wenige Betriebe geringeren Umfanges als hierher gehörend zu besprechen.

An erster Stelle erwähnen wir die Betriebe der Bauverwaltung (des Hochbau-, Tiefbau- und Maschinenbetriebsamts). Im Bereiche der Hochbauverwaltung werden nur Reparaturarbeiten geringfügiger Art in eigener Regie vorgenommen. Nach der Berufs- und Betriebszählung vom 12. Juni 1907 waren hier — abgesehen von den Bauwächtern — im ganzen nur 3 Arbeiter beschäftigt, 2 Maurer und 1 Stellmacher. Weit größer ist die Zahl der eigenen Arbeiter der Tiefbauverwaltung, obwohl auch hier die Neupflasterungen wie die Unterhaltungsarbeiten an private Unternehmer vergeben werden. Hier sind in der eigentlichen Straßenbauabteilung am 12. Juni 1907: 44 Arbeiter, darunter 2 Maurer, 1 Steinmetz, 4 Vorarbeiter und 37 ungelernte Arbeiter gezählt; die ungelernte Arbeiterschaft ist vornehmlich mit Arbeiten bei den städtischen Straßenbaumaterialien, Abnahme der Steine, Steinaufmetern, Steinschlagen usw. beschäftigt. Endlich besitzt auch das Maschinenbetriebsamt zur Ausführung elektrischer Installationen für städtische Gebäude eine kleine Werkstatt, in der am Tage der Berufs- und Betriebszählung 1 Werkführer und 3 Gehilfen tätig waren.

Aus der Hauptverwaltung gehören außer dem oben erwähnten städtischen Fernsprechamt — das einer näheren Besprechung nicht bedarf — hierher noch die Buchbinderei zum Einbinden von Büchern und Heften von Akten und die Steindruckerei zur Vervielfältigung von Schriftstücken. In ersterer waren am 12. Juni 1907: 3 Buchbindergehilfen, in letzterer 3 Drucker, die sämtlich Gemeindebeamte sind, und 1 Plattenputzer tätig. In diesem Zusammenhange sind auch noch aus dem Geschäftsbereich der Armenverwaltung die Apotheken der beiden Krankenanstalten zu erwähnen, welche bei gewissen kostspieligen Handverkaufsartikeln auch die Versorgung der Stadtarmen übernehmen, die im übrigen den privaten Apotheken zufällt. Endlich hat die Feuerwehr Schlosser- und Schmiede-, Sattler-, Schneider-, Tischler- und Malerwerkstätten eingerichtet, in welchen Reparaturen und Änderungen der Bekleidung und Ausrüstung der Mannschaften, sowie der Fahrzeuge und Geräte von Feuerwehrleuten nebenberuflich vorgenommen werden.

V. Die allgemeine Stellung der Stadtverwaltung zur Frage der Eigenbetriebe in historischer Entwicklung.

Die Darstellung der städtischen Betriebe hat die große Bedeutung gezeigt, welche die eigene wirtschaftliche Tätigkeit der Stadt Magdeburg gegenwärtig sowohl für die Einwohnerschaft als für die städtische Verwaltung besitzt, aber diese Entwicklung hat sich auch hier nur allmählich und nicht ohne Widerstände durchgesetzt.

Da Magdeburgs Wohlstand und Blüte in älterer Zeit in noch erheblich höherem Grade als heute, wo es auch eine ansehnliche Industrie einschließt, in erster Linie auf seinem Handel und zwar vorzugsweise auf dem Elbhandel beruhte, so kann es nicht wundernehmen, daß die ältesten Gemeindebetriebe der Stadt die Handelsanstalten sind. Die Grundlage dieser Anstalten sind in der älteren Zeit die Privilegien, welche die Stadt Magdeburg in ihren Stapel-, Umladungs- und Zollrechten seit dem Mittelalter besaß und nicht nur über die vollständige Zerstörung der Stadt hinaus, sondern auch durch die Periode der französischen Herrschaft bis in den Anfang des 19. Jahrhunderts sich zu bewahren gewußt hat. Da der Kämmerei die Zölle und Gebühren zuflossen, so gebot es das eigene Interesse, die für Handel und Verkehr notwendigen Einrichtungen zur Verfügung zu stellen. Als durch die Aufhebung der Binnenzölle und durch die Elbschiffahrtsakte auch den Magdeburger Gerechtsamen, wenn auch teilweise unter finanzieller Entschädigung, das letzte Stündlein schlug, war man sich in der städtischen Verwaltung nicht darüber im unklaren, daß damit zunächst die wirtschaftliche Grundlage des städtischen (Alten) Packhofes, der eben erst (1817) durch den Bau eines neuen Warenspeichers erweitert worden, arg ins Wanken gekommen war, und daß nunmehr auch dem privaten Unternehmungsgeist der freie Wettbewerb offen stehe. Diese Erwägungen führten zu den gegen Ende der 20er Jahre einsetzenden Versuchen, die Elbstrecken, an welchen eine solche Konkurrenz sich festsetzen konnte, durch Ankauf für die Stadt zu erwerben und so an Stelle des verschwundenen rechtlichen Monopols ein faktisches zu setzen. Die gleichen Gedanken wirkten vielleicht auch bei der Erbauung des Neuen Packhofes (1836) mit, da der Stadt durch die räumliche Verbindung der nunmehr lediglich für Güter im freien Verkehr bestimmten älteren Gebäude mit den neuen, in welchen besondere Einrichtungen für die Abfertigung und Lagerung der unter Zollverschluß ankommenden Waren getroffen waren, ein gewisser Vorsprung gegenüber etwaigen anderen Lösch- und Ladestellen gesichert schien. Bis zur Mitte des 19. Jahrhunderts wurden sämtliche im Besitze der Stadt befindliche Handelsanstalten, die Packhöfe sowohl wie die Handelsstrecken, in eigener Regie betrieben. Erst in den 50er und 60er Jahren beginnen infolge der ungünstigen finanziellen Erfahrungen die Versuche einer Verpachtung. Die 1828 erworbene Strecke gegenüber den städtischen Packhöfen wird 1854, der alte Packhof 1869, die 1827 angekaufte Buckauer Magistratsstrecke an der Grenze mit der damals selbständigen Gemeinde Buckau vom 1. Januar 1870 ab verpachtet, eine andere Handelsstrecke 1890, so daß seit dieser Zeit von dem alten Besitz der Stadt Magdeburg lediglich der Neue Packhof im eigenen Betriebe der städtischen Verwaltung steht, bei dem die Verbindung mit der Steuerbehörde einem Privatunternehmer in der freien Ausnutzung hinderlich sein würde.

Weit später als die Fürsorge für den Handel tritt uns eine planmäßige Tätigkeit der Stadtverwaltung auf dem Gebiete der öffentlichen Gesundheitspflege entgegen. Waren im Innern der Stadt der Bau- und Wohnungshygiene bis in das letzte Drittel des 19. Jahrhunderts durch die engen Fesseln der Festungswerke auch unüberschreitbare Schranken gezogen, so wirkte doch in der gleichen Richtung die bereits im Anfang des 19. Jahrhunderts einsetzende Herstellung öffentlicher Anlagen und Begräbnisplätze außerhalb der städtischen Bebauung. Die älteste der städtischen Anlagen, der Herrenkrugpark auf dem rechten Ufer der Elbe, ist alter Besitz der Stadt. Die Erbauung eines Gesellschaftshauses im Jahre 1812, die Anstellung eines Ratsgärtners am 1. Januar 1816 und die Errichtung eines Gewächshauses im Jahre 1819 zeigen, daß man damals bereits bemüht gewesen ist, wie es in einer Bekanntmachung aus jener Zeit heißt, „den Herrenkrug zu einem Erholungsort für die Mitbürger zu machen.“ Könnte man hierin vielleicht ein mehr zufälliges Vorgehen finden, da das Gelände bereits im Besitz der Stadt und die frühere Art der Verpachtung zu einem Schankkruge infolge des Eingehens der hier vorüberführenden Landstraße nach Berlin aufhören mußte, so ist dies nicht mehr möglich bei dem dem Alter nach zweiten städtischen Park, dem Friedrich Wilhelmsgarten, dessen Grund und Boden unmittelbar vor den Toren der Stadt, aber schon im Gemeindegebiet von Buckau belegen, 1824 von der Stadt in einem ganz wüsten Zustande — die zum Kloster Berge gehörigen Gebäude waren in den Kriegszeiten abgerissen worden — zum Zwecke der Anlage eines Volksgartens angekauft worden ist. Für die Herstellung wandte man sich an den bedeutendsten Landschaftsgärtner jener Zeit, an Lenné. „Es ist mir nicht neu,“ schrieb Lenné an den Magdeburger Oberbürgermeister Francke, „daß Fürsten und reiche Privatleute große Summen an die Werke der schönen Gartenkunst wenden. Allein ein Unternehmen dieser Art von seiten eines Stadtmagistrats ist das erste Beispiel, das sich mir in meinem Künstlerleben dargeboten hat.“

In gleicher Weise waren für die Anlage des ersten städtischen Friedhofs im Jahre 1827 hygienische Rücksichten ausschlaggebend, da sich innerhalb der engen Festungsmauern der Altstadt die Verhältnisse der alten an den Kirchen belegenen Begräbnisstätten der Kirchengemeinden immer schwieriger gestalteten. Daneben hat aber auch das Bedürfnis der städtischen Verwaltung selbst mitgewirkt, welche für die Bestattung der Armenleichen zu sorgen hatte. So hatte sich die Stadt, als nach Beendigung der drangvollen Kriegszeit wieder daran gedacht werden konnte, für die schon vorher lebhaft empfundenen Mißstände Abhilfe zu schaffen, im Jahre 1814 vom Staate einige Morgen im Norden der Stadt für einen Armenkirchhof gesichert. Als sich die Möglichkeit bot, hier eine größere Fläche zur Einrichtung eines städtischen Friedhofes zu erwerben, trat man mit den Kirchenbehörden in Verhandlung, und so kam es im Jahre 1823 zum Ankauf von 41 1/8 Morgen. Bei der Anlage des Friedhofes, der am 22. März 1827 eröffnet wurde, nahm man sogleich darauf Bedacht, ihm „durch Baum- und Blumenanpflanzungen ein möglichst freundliches Äußere zu geben", und zog deshalb den Gartenkünstler Lenné auch hier zu Rate.

Auch eine zentrale Wasserversorgung scheint in der Stadt ziemlich früh bestanden zu haben, vermutlich, weil das Wasser der Brunnen nur spärlich floß, auch für hauswirtschaftliche Zwecke, namentlich aber zur Benutzung für das wichtige und blühende Brauereigewerbe zu hart war. Die bei der Eroberung zerstörte Anstalt wurde 1701 von König Friedrich I. aus Staatsmitteln wieder hergestellt. Die Hebung des Wassers geschah ursprünglich durch Wasserräder, die von der Kraft des Stromes getrieben wurden, später durch ein mit Pferden betriebenes Göpelwerk. Die Gestellung von Pferden zum Betrieb wurde alljährlich an den Mindestfordernden vergeben. Als man im Jahre 1819 zur Dampfkraft überging, die damals auf dem Kontinent wohl erst spärlich Anwendung fand, übertrug man den Betrieb auf 25 Jahre einem Privatunternehmer, der eine aus England bezogene Dampfmaschine aufstellte, die zugleich im Gebäude der Ratsmühle eine ihm gehörige Dampfmahlmühle betrieb. Nach dem Vertrage sollte der Unternehmer jährlich von den Anschaffungskosten der Maschine, Pumpen und Steigeröhren 10 % (darunter 5 % als Vergütung für die Unterhaltungskosten), außerdem 100 Taler Entschädigung für eine kleinere Reservemaschine, 500 Taler für Arbeitslöhne der Heizer und eine nach den zu machenden Erfahrungen zu bemessende Vergütung für Feuerungskosten erhalten. Dem Unternehmer lag also nur die Förderung des Wassers ob, während das zunächst hölzerne, in den Jahren 1829 bis 1834 mit einem Kostenaufwande von 50 000 Taler neu verlegte gußeiserne Rohrnetz bis zu den öffentlichen und privaten Entnahmestellen der Stadt gehörte, die auch die Gebühren für das Wasser vereinnahmte. Über die Höhe der zu zahlenden Summe entstanden mehrere verwickelte und langwierige Prozesse, die erst 1838, also wenige Jahre vor Ablauf des Vertrages durch Vergleich beendet wurden. „Bei dem Herannahen des Ablaufs der Entreprise" — heißt es in einem amtlichen Bericht von 1845 — „bedurfte nun vor allem die Frage einer sorgfältigen Erwägung der Stadtbehörden, ob man wieder einen Entrepreneur suchen wolle, oder ob man es für ratsamer erachte, die Wasserförderung in eigene Verwaltung zu nehmen. Während der Dauer des bisherigen Verhältnisses hatten die Stadtbehörden vielfach Veranlassung gehabt, die Überzeugung zu gewinnen, daß es sehr große Bedenken habe, ein für die Gesamtheit der Einwohnerschaft so wichtiges Institut, wie das der Versorgung der Stadt mit Wasser, in die Hände der Verwaltung eines Privatmannes, der dem eigenen Interesse doch zuletzt das allgemeine im Zweifel nachsetzen werde, zu legen. Es waren nicht nur die oben erwähnten bedeutenden und kostspieligen Prozesse unvermeidlich gewesen, sondern es hatte sich namentlich auch bei allen vorgekommenen Beschwerden über nicht gehörige Wasserlieferung die entschiedene Unmöglichkeit herausgestellt, eine richtige, ununterbrochene Kontrolle zu üben, ob wirklich in jedem beliebigen Zeitmoment die kontraktlichen Verbindlichkeiten erfüllt seien, oder nicht, ohne eine solche Kontrolle war aber alles stets dem guten Willen des Entrepreneurs überlassen, und es fehlte jede sichere Garantie der richtigen Erfüllung seiner Verbindlichkeiten. Diese Motive aus den bisherigen Erfahrungen bestimmten daher die Stadtbehörden zu dem gemeinschaftlichen Beschlusse, nach Ablauf der bisherigen Entreprise, die Wasserförderung in städtische Verwaltung zu übernehmen." Tatsächlich erfolgte die Übernahme sogar aus praktischen Gründen bereits am 1. Mai 1843, also einige Monate vor Ablauf des Vertrages. Der gleichzeitige Betrieb der Mahlmühle wurde aufgegeben und für die Wasserförderung eine neue größere Maschine — diesmal eine einheimische aus einer Buckauer Fabrik — angeschafft, während die alte, vom Unternehmer käuflich übernommene als Reserve diente. Hiermit war die Wasserversorgung vollständig und endgültig in die städtische Verwaltung übergegangen.

Erheblich später ist das Gaswerk städtisch geworden. Die Frage einer Versorgung der Stadt mit Gas hat, wie in anderen Städten, so auch in Magdeburg ihren Ausgangspunkt unzweifelhaft von der Straßenbeleuchtung genommen, welche in Magdeburg seit 1788 bestand und seit 1808 allein von der Stadt unterhalten wurde. Die Art der Versorgung hat in der ersten Hälfte des 19. Jahrhunderts mehrfach gewechselt. So vergab man zunächst die Unterhaltung der Laternen und die Lieferung des Öls jährlich an den Mindestfordernden, während für das Anzünden ein städtisches Personal vorhanden war; während der 15 Jahre vom 1. August 1832 bis 1847 war die ganze Straßenbeleuchtung einem Cölner Laternenfabrikanten übertragen, und als dieser ausschied und die von ihm aufgestellten Laternen vertragsmäßig in das Eigentum der Stadt übergingen, übernahm man die Straßenbeleuchtung zunächst in eigene Regie, übertrug sie aber bereits im März 1850 an eine Hamburger Gesellschaft, welche eine Beleuchtung mit ätherischem Steinkohlenöl einführte. Diese vielfach wechselnden Versuche beweisen am besten, daß trotz aller Bemühungen ein befriedigender Zustand nicht erreicht werden konnte. Deshalb hatte man bereits seit dem Jahre 1826 der Frage der Einführung einer Gasbeleuchtung seine Aufmerksamkeit zugewandt. Da die Stadt unzweifelhaft durch die Straßenbeleuchtung der größte Gaskonsument werden mußte (der Bedarf an Gas für die Straßenbeleuchtung betrug bereits 1853: 3 481 388 englische Kubikfuß d. s. rd. 100 000 cbm), so hätte es nahe gelegen, das Gaswerk als städtische Anstalt zu erbauen. Ursprünglich war auch diese Auffassung überwiegend und noch im Jahre 1847 wird für die zu errichtende Gasanstalt städtischerseits ein Bauplatz angekauft. Als aber 1851 der von den städtischen Behörden eingesetzte Ausschuß die Beratung der seit den Ereignissen von 1848 in den Hintergrund getretenen Frage wieder aufnahm, erachtete man es „im Widerspruch mit den früheren Ansichten" nicht für zweckmäßig, auf alleinige Rechnung der Stadt eine Gasanstalt zu errichten, man lehnte aber die Heranziehung einer englischen Gasgesellschaft ebenfalls ab und entschied sich, weil „bei einem Geschäft, wie das in Rede stehende, der kaufmännische Betrieb der vorteilhafteste sei, welcher unter der städtischen Verwaltung, wenn dieselbe der Direktion auch möglichst freien Spielraum lasse, nicht zu erreichen sei", für die Zulassung einer aus Magdeburger Kreisen zu gründenden Aktiengesellschaft, an welcher sich die Stadt mit einer angemessen hohen Summe beteiligen sollte. An der 1852 mit einem Aktienkapital von 300 000 Tlr. ins Leben tretenden Aktiengesellschaft beteiligte sich die Stadt mit 100 000 Tlr., diese Summe wurde, wie in einem Bericht an die Regierung hervorgehoben wird, nicht durch Anleihe aufgebracht, sondern aus dem Kapitalvermögen der Stadt bestritten. Die Gesellschaft erhielt, „da es dem städtischen Interesse nicht angemessen sein könnte, für ewige Zeiten den Betrieb der Gasbereitungsanstalt einer Privatgesellschaft zu überlassen," ein Monopol für 25 Jahre. Nach Ablauf dieser Zeit stand der Stadt das Recht zu, gegen Zahlung des Nennwertes der Aktien nicht nur die Anstalt, sondern auch bestimmte Teile des Vermögens der Gesellschaft zu übernehmen; zugleich war Vorsorge getroffen, daß die Anstalt in gutem Zustand übergeben werde. Am 10. Februar 1853 eröffnete die Aktiengesellschaft ihren Betrieb mit der Beleuchtung des größten Teils der städtischen Straßen, bereits im Verwaltungsbericht für 1857 wurde aber berichtet, daß die Straßenbeleuchtung den Erwartungen des Publikums nicht entspreche, weil die Flammen zu klein seien; größere Flammen würden aber zuviel Kosten verursachen. „Bei der Sachlage sei es als Fehler zu beklagen, daß die Stadtbehörden sich nicht entschlossen hätten, das Unternehmen für eigene Rechnung herzustellen, sondern es einer Privatgesellschaft zu überlassen.“ Nichtsdestoweniger muß eine unparteiische Geschichtsschreibung hervorheben, daß die Stadt der Aktiengesellschaft auch gewisse Vorteile in der Gasversorgung zu danken hat. Eine städtische Anstalt wäre unzweifelhaft auf dem in der Stadt belegenen, von den städtischen Behörden zu diesem Zwecke angekauften Platze errichtet worden, die Aktiengesellschaft lehnte jedoch den Ankauf dieses ihr angebotenen Grundstückes wegen der ungünstigen Lage, der Unmöglichkeit einer späteren Erweiterung und des hohen Preises ab und erbaute die Anstalt in der bis 1886 selbständigen Nachbarstadt Neustadt an derjenigen Stelle, von der heute noch die Gasversorgung des gesamten Magdeburgs erfolgt. Den Mängeln des städtischen Bauplatzes werden sich auch die städtischen Behörden nicht verschlossen haben, innerhalb der durch die Festungsmauern außerordentlich eingeengten Stadt war eben die Beschaffung eines Bauplatzes überhaupt sehr schwierig und nur mit verhältnismäßig hohen Kosten möglich. Zur Anlage der städtischen Anstalt in einer fremden Gemeinde hätte man sich wohl beim Gaswerk nicht entschlossen, wenn man auch wenige Jahre später bei der Errichtung eines neuen Wasserwerks infolge der außerordentlichen Ansprüche der Festungsbehörde für den innerhalb der Stadt in Aussicht genommenen nach unseren heutigen Anschauungen ebenfalls sehr ungeeigneten Platz dazu gezwungen war. Die Verbindung der Magdeburger Gasgesellschaft mit Neustadt brachte den weiteren Vorteil, daß seit 1855 das gleiche Gaswerk auch die Versorgung dieser Stadt bewirkte, so daß der Stadt Magdeburg zunächst als Aktionärin, später als Rechtsnachfolgerin der Aktiengesellschaft aus dem von Neustadt auf 30 Jahre zugestandenen Monopol der Gasversorgung erhebliche Gewinne zuflossen. Endlich hat diese Entwicklung bewirkt, daß, als 30 Jahre später die Festungsmauern fielen und damit die Möglichkeit einer Verschmelzung von Neustadt und Magdeburg gegeben war, bei der Eingemeindung in diesem größten der Vororte (Neustadt zählte zur Zeit der Einverleibung über 29000 Einwohner) in der Gasversorgung Schwierigkeiten durch den Eintritt in Verträge mit Privatgesellschaften nicht erwuchsen. Auch die Versorgung des Vorortes Sudenburg übernahm die Gesellschaft im Jahre 1856, allerdings unter Erbauung einer besonderen Anstalt, so daß auch bei der Eingemeindung dieses Vorortes (1867) bezüglich der Gasversorgung das gleiche Verhältnis wie in Magdeburg bestand. Dagegen wurde in dem 1887 eingemeindeten Vororte Buckau 1862 einem besonderen Unternehmer eine Gasanstalt auf 30 Jahre konzessioniert, die nach Ablauf dieser Frist (1893) von der Stadt Magdeburg zum Preise von 366 378 ℳ übernommen, aber bereits 1897 stillgelegt wurde. Auch sonst hat die starke finanzielle Beteiligung der Stadt wenigstens einen erheblichen Anteil an den Überschüssen der Gesellschaft gesichert und ihr in der Verwaltung des Gaswerks, der neben 4 Aktionären der Oberbürgermeister und ein Vertreter der Stadtverordneten-Versammlung angehörten, einen wichtigen Einfluß verschafft. Diesem Verhältnis ist es wohl auch zu danken, daß Streitigkeiten, wie sie sonst mit solchen Verträgen unausbleiblich verbunden sind, auf ein Minimum reduziert waren. Erst als der Vertrag sich seinem Ende zuneigte, ergaben sich ernste Differenzen zwischen Stadt und Gesellschaft, da die letztere nicht geneigt war, für den Rest der Konzession noch diejenigen großen Kapitalien zu investieren, die der steigende Bedarf erforderte. Die Folge war, daß die Gesellschaft nur noch ungenügend im stande war, dem Verbrauch Rechnung zu tragen und z. B. durch die in ihrem Geschäftsplane nicht vorgesehenen zu Ehren der Siege der deutschen Truppen 1870 veranstalteten Illuminationen in arge Verlegenheit kam. Dieses Verhältnis wurde durch die in Aussicht stehende Stadterweiterung vollständig unhaltbar, so daß die Stadt genötigt war, das Unternehmen bereits vor Ablauf der Konzession auf 6 Jahre pachtweise gegen eine den Aktionären zu zahlende Entschädigung von 100 Tlr. jährlich für die Aktie zu 500 Tlr. zu übernehmen.

Auch in der neueren Zeit hat die Frage, ob eine im öffentlichen Interesse notwendige Veranstaltung von der Stadt oder von einem privaten Unternehmer eingerichtet und betrieben werden solle, mehrfach lebhafte Erörterungen hervorgerufen. Namentlich war dies bei der Erbauung des Hafens und des Elektrizitätswerkes der Fall.

Der 1893 eröffnete städtische Hafen liegt auf dem Gebiete der bis zum 1. April 1886 selbständigen Gemeinde Neustadt; bereits 1878, also vor der Eingemeindung hatte die Neustädter Stadtverwaltung von der Regierung die Erlaubnis zur Anlage des Hafens erhalten. Da die kleine und nicht sehr steuerkräftige Gemeinde nicht daran denken konnte, ein so großes Unternehmen selbst auszuführen, so übertrug sie die ihr erteilte Konzession 1884 einem auswärtigen Unternehmer, der das in Aussicht genommene Gelände von der Stadt Neustadt auf die Dauer von 99 Jahren zur Anlage und zum Betriebe eines Hafens usw. gegen eine jährliche Entschädigung von 100 000 ℳ und mit der Auflage pachtete, nach Ablauf der Pachtzeit sämtliche Anlagen ohne Entgelt der Stadt zu übereignen. Als die Stadt Magdeburg infolge der Eingemeindung als Rechtsnachfolgerin der Stadt Neustadt in diesen Vertrag eintrat, war bereits deutlich geworden, daß auf der Grundlage dieses für die Stadt so überaus günstigen Vertrages eine Finanzierung des Unternehmens nicht möglich sei. Um der Verschleppung dieser für Magdeburgs Handel so wichtigen Angelegenheit vorzubeugen, hatte sich daher aus den Kreisen der Kaufmannschaft ein Konsortium gebildet, das den Versuch unternahm, durch Verhandlungen mit der Stadt für eine zu errichtende Aktiengesellschaft zum Bau und Betriebe des Hafens eine geeignete Grundlage zu schaffen. Die der Stadt gemachten Vorschläge waren allerdings erheblich ungünstiger als nach dem Neustädter Vertrage, die Stadt sollte das Gelände an die zu gründende Aktiengesellschaft verkaufen und dafür 500 000 ℳ in Aktien erhalten, anderseits war die Möglichkeit eines allmählichen Übergangs des Unternehmens auf die Stadt vorgesehen, da die nicht städtischen Aktien aus den Betriebsüberschüssen in bestimmter Weise zu 110 bis 120 % amortisiert werden und ohne weiteres in den Besitz der Stadt übergehen sollten, außerdem der Stadt das Recht zustand, nach einer gewissen Zeit auch die nicht amortisierten Aktien zum Kurse von 120 % zu erwerben. Der Standpunkt des Magistrats zur Frage, ob die Erbauung durch die Stadt oder durch eine private Gesellschaft vorzuziehen sei, kam in der Vorlage an die Stadtverordneten-Versammlung folgendermaßen zum Ausdruck: „Für die alte Handelsstadt Magdeburg mit ihren günstigen Verbindungen auf dem Wasserwege und mit ihrer bevorzugten Lage im Herzen Deutschlands, welche sie gleichzeitig zum Knotenpunkt der wichtigsten Eisenbahnlinien geschaffen hat, erscheint es hiernach als eine städtische Aufgabe ersten Ranges, diejenigen öffentlichen Anlagen herzustellen, deren Notwendigkeit für die Erhaltung und das Gedeihen unseres Handels außer Zweifel steht, und es mußte sich daher in erster Linie die Frage aufdrängen, ob die Stadtgemeinde nicht berufen wäre, das Hafenunternehmen aus eigenen Mitteln ins Leben zu rufen. Wir würden glauben, diese Frage bejahen zu müssen, wenn dieselbe gegenwärtig zum ersten Male und ohne den Charakter der Dringlichkeit, welchen sie im Laufe der Jahre angenommen hat, an uns heranträte. Nach der Entwicklung aber, welche die Angelegenheit tatsächlich genommen hat, kann es uns nur erwünscht sein, wenn wir in dem Unternehmungsgeist und der Finanzkraft der beteiligten Handelskreise einen Bundesgenossen finden, welcher bereit ist, anknüpfend an die durch den Vertrag mit Damm & Wendland geschaffenen Verhältnisse uns zur sofortigen Lösung jener Aufgabe die Hand zu bieten. Bei der Fülle weitschichtiger Projekte, welche gegenwärtig die städtische Verwaltung und die Steuerkraft unserer Mitbürger in Anspruch nehmen, würde die Verwirklichung des Hafenprojekts durch die Stadtbehörden und aus städtischen Mitteln in naher Zeit nicht zu ermöglichen sein, während von den Bemühungen derjenigen Kreise, welche sich gegenwärtig für das Unternehmen engagiert haben, ein rascher Erfolg erhofft werden darf." In der Stadtverordneten-Versammlung war man zwar über die Notwendigkeit einer schleunigen Ausführung des Hafens einig, über die Frage, ob die Stadt oder ein Privatunternehmer ihn bauen solle, jedoch sehr geteilter Meinung. In der entscheidenden Schlußabstimmung wurde, nachdem die Grundlinien des mit dem Konsortium abzuschließenden Vertrages sowohl im vorberatenden Ausschuß als im Plenum selbst mehrfach Abänderungen zu Gunsten der Stadt erfahren, schließlich dem Magistrat die verlangte Ermächtigung zum Abschluß des Vertrages in namentlicher Abstimmung mit 26 gegen 23 Stimmen erteilt, wobei die Gegner der Vorlage eine Erklärung zu Protokoll gaben, daß „keineswegs die Abneigung gegen die Anlage eines Hafens ihre Abstimmung geleitet habe, daß sie vielmehr, durchdrungen von der Überzeugung, daß die baldigste Anlage eines Hafens, von dem Interesse des hiesigen Handels und infolgedessen von dem Interesse der Stadt, dringend geboten ist, gern bereit gewesen wären und eintretendenfalls bereit sein werden, zu einer Erbauung des Hafens durch die Stadt und auf Rechnung der Stadt selbst, die Hand zu bieten." Von der Leidenschaftlichkeit, mit welcher um die grundsätzliche Frage gekämpft wurde, zeugen auch die erhobenen Verwahrungen, daß diejenigen Stadtverordneten, welche sich zur Zeichnung von Aktien bereit erklärt hatten, an der Abstimmung teilnähmen. Diese Proteste sind jedoch sowohl von der Stadtverordneten-Versammlung als auch von dem nach § 49 der Städteordnung angerufenen Regierungs-Präsidenten zurückgewiesen worden. Es kamen aber schließlich doch noch die Wünsche der Minderheit zur Ausführung. Da das Konsortium auf der zu seinen Ungunsten veränderten Grundlage eine Aktiengesellschaft nicht zu stande zu bringen erklärte, blieb der Stadt nichts übrig, als den Bau der Hafenanlagen *selbst* und aus städtischen Mitteln zu bewirken. Mit diesem Beschluß lag jedoch, wie es in der amtlichen Denkschrift zur Eröffnung des Hafens heißt, „bei den städtischen Behörden keineswegs die Absicht vor, demnächst auch den Betrieb der Anlage selbst zu übernehmen." Vielmehr überwog die Anschauung, daß man nach Fertigstellung des Hafens für den Betrieb einen *Pächter* finden würde, tatsächlich lag aber, nachdem die sehr erheblichen, über den ursprünglichen Kostenanschlag der Privatunternehmer weit hinausgehenden Mittel einmal seitens der Stadt aufgewendet waren, die Sache noch viel schwieriger. So konnte es nicht wundernehmen, daß trotz eifriger Bemühungen des Kollegiums der Ältesten der Kaufmannschaft eine geeignete Grundlage für die Begründung einer Hafenbetriebsgesellschaft nicht gefunden wurde. Die in Verhandlungen des Magistrats und der Ältesten der Kaufmannschaft getroffenen vorläufigen Vereinbarungen wurden durch die Stadtverordneten-Versammlung soweit zu ungunsten der Pächter abgeändert, daß die Verpachtung scheiterte und die Stadt sich nunmehr genötigt sah, auch den Betrieb des Hafens „bis auf weiteres" selbst zu übernehmen. Die Frage der Verpachtung des Hafens ist damit keineswegs für immer entschieden, sie ist vielmehr auch späterhin infolge der ungünstigen finanziellen Ergebnisse wieder aufgetaucht, ohne jedoch weiter verfolgt worden zu sein.

Sehr wechselnd kamen die Anschauungen, ob städtischer oder privater Betrieb vorzuziehen sei, in den Vorarbeiten zur Errichtung des Elektrizitätswerks zum Ausdruck. War in der älteren Zeit für die Einrichtung einer zentralen Gasversorgung in erster Linie das eigene Bedürfnis der Stadtverwaltung nach einer angemessenen öffentlichen Beleuchtung maßgebend, so kam dieses Moment natürlich bei dem städtischen Lichtwerke, welches der neueren Zeit seine Entstehung verdankt, überhaupt nicht in Betracht. Denn der Gedanke einer elektrischen Straßenbeleuchtung, der auch heute erst in ganz geringem Umfange ausgeführt erscheint, lag den 80er Jahren, in denen zuerst die Frage der städtischen elektrischen Zentrale auftauchte, wohl ganz fern. Ebensowenig war das sonstige Bedürfnis nach elektrischem Lichte in städtischen Gebäuden und Betrieben irgendwie von Einfluß, da hierfür der Weg der Einrichtung von besonderen Anlagen beschritten wurde. Solche Anlagen bestanden vor der Errichtung der ersten elektrischen Zentrale im Stadttheater, im städtischen Hafen, im Schlachthofe, der Krankenanstalt Sudenburg, der Pumpstation. Vielmehr war für die Beurteilung der Frage einzig und allein der Gesichtspunkt des Wettbewerbs der elektrischen Beleuchtung mit dem in städtischen Anstalten erzeugten Gase ausschlaggebend. Die glänzenden Ergebnisse der ersten elektrischen Ausstellungen in Paris (1880), München (1882) und Wien (1883) hatten lebhafte Besorgnisse veranlaßt, daß die Zeiten der zentralen Gasversorgung vorüber seien, an der die Städte durch die großen in den Gasanstalten angelegten Kapitalien und die beträchtlichen dem städtischen Etat zu gute kommenden Überschüsse erheblich interessiert waren. Diese Besorgnisse führten am 15. Februar 1883 in der Stadtverordneten-Versammlung zu dem Antrage: „den Magistrat zu ersuchen, bei der Vorlegung des nächsten Gasetats sich über die Fortschritte der elektrischen Beleuchtung zu äußern." Auch die Frage tauchte auf, ob es nicht ratsam sei, aus den Einnahmen des Gaswerks einen Fonds zur Deckung der eventuellen Einführung des elektrischen Lichts anzusammeln. Aus der gleichen Erwägung heraus wurden die ersten Konzessionsgesuche von Privatunternehmern abgelehnt. „Außerdem", heißt es in einem Bescheide aus dem Jahre 1884, „gibt uns die von ihnen gestellte

Offerte noch nicht ausreichend sichere Garantie dafür, daß die den städtischen Gaswerken etwa entstehenden Ausfälle durch den angebotenen Gewinnanteil unter allen Umständen werden gedeckt werden." Allein dieser negative Standpunkt konnte hier um so weniger beibehalten werden, als die Einrichtung von Blockstationen bewies, daß eine Versorgung ganzer Häuserviereeke mit elektrischem Licht ohne eine die Genehmigung der städtischen Behörden voraussetzende Benutzung öffentlicher Straßen möglich war. Es war daher notwendig, der Frage der Errichtung einer elektrischen Zentrale näher zu treten. Dabei wäre man an und für sich, wie es in einer Drucksache des Magistrats an die Stadtverordneten vom 24. September 1887 heißt, nicht abgeneigt gewesen, die Einführung der elektrischen Beleuchtung — an die Verwendung der Elektrizität zu Kraftzwecken dachte man damals kaum — „der industriellen Privattätigkeit zu überlassen," um der Stadt ein immerhin vorhandenes finanzielles Risiko in Betreff der Rentabilität zu ersparen. Es stellte sich aber bei den Verhandlungen mit den in Betracht kommenden Personen heraus, „daß schwerlich ein Unternehmer gewillt sein würde, diejenigen finanziellen Leistungen zu versprechen, welche unter allen Umständen Deckung für eventuelle Ausfälle der Gasanstaltseinnahmen sichern würden." Der Magistrat beantragte daher bei der Stadtverordneten-Versammlung, daß „unter Ausschluß privater elektrischer Beleuchtungs-Unternehmungen von der Straßenbenutzung die Errichtung und der Betrieb einer Zentralstation für elektrische Beleuchtung durch die städtische Verwaltung selbst in Aussicht genommen wird." „Der Charakter eines Konkurrenzunternehmens kann einer Zentralstation für elektrische Beleuchtung nur dann genommen werden, wenn ihre Verwaltung in derselben Hand ruht wie die Verwaltung der Gaswerke." „Daß in solcher Konkurrenz eine behördliche Organisation gegenüber einem Privatunternehmer eine für sie ungünstige Stellung einnimmt, liegt auf der Hand." Da auch die Stadtverordneten am 13. Oktober 1887 dem Magistratsantrag ohne Widerspruch beitraten, so schien die Errichtung einer elektrischen Zentrale durch die Stadt gesichert. Aber schon die Auswahl eines Grundstückes für die zukünftige städtische Zentrale stellte die technische Frage: Gleichstrom oder Wechselstrom zur Debatte, deren Entscheidung damals, da über die Wechselstromzentralen genügende Erfahrungen nicht vorlagen, besondere Vorsicht erheischte. Dem gemischten Ausschuß, den die Stadtverordneten-Versammlung am 12. April 1888 zur weiteren Erörterung der Projekte einsetzte, wurde daher bereits das Programm mit auf den Weg gegeben, „daß die Erörterung der Frage, ob die Einrichtung und der Betrieb von elektrischen Beleuchtungsstationen durch die Stadt oder durch private Unternehmer zu erfolgen hat, nicht ausgeschlossen sein soll".

Damit wurde die Debatte über die scheinbar endgültig zu gunsten des städtischen Regiebetriebs entschiedene Frage von neuem aufgenommen, jedoch blieb der eingesetzte Ausschuß mit allen gegen eine Stimme auf dem früheren Standpunkt stehen, und so erfolgte im September 1889 die öffentliche Ausschreibung für den Bau einer elektrischen Zentrale für Rechnung der Stadt. Allerdings wurden zugleich die Bewerber ersucht, „anzugeben, ob, auf welche Zeitdauer und unter welchen Bedingungen sie den Betrieb der Anlage zu übernehmen bereit seien". Der Widerstreit der Meinungen unter den mit der Prüfung der eingegangenen Offerten von den städtischen Behörden betrauten Sachverständigen, die Fortschritte der Elektrotechnik, wie sie auf der Ausstellung in Frankfurt a/M. zum Ausdrucke kamen und die ungünstigen finanziellen Ergebnisse, welche die ersten städtischen Zentralen vorerst aufwiesen, bewirkten zunächst eine abwartende Haltung bei den städtischen Behörden, später einen vollständigen Umschwung der Stellungnahme, man scheute das finanzielle Risiko und die durch die rastlosen Fortschritte der Elektrotechnik drohende Gefahr der Entwertung der Anlage. Dazu kam vor allem, daß man nunmehr die Konkurrenz des Gas- und elektrischen Lichtes mit ganz anderen Augen ansah. Die Erfahrung hatte gezeigt, daß an eine Unterbietung des Gaslichtes durch die Tarife für den elektrischen Strom nicht zu denken sei, und die Erfindung des Gasglühlichts hatte dem Gas einen weiteren erheblichen Vorsprung gesichert. So kam im April 1894 der Beschluß zustande, Verhandlungen einzuleiten, „um die Errichtung einer elektrischen Zentrale auf Kosten eines Unternehmers unter entsprechender Sicherung der Interessen der Stadt zu ermöglichen."

Diese Verhandlungen führten zu einem Vertrage mit der Allgemeinen Elektrizitätsgesellschaft in Berlin vom 2. Mai 1895, in den später die Tochtergesellschaft der A.E.G., das Magdeburger Elektrizitätswerk A.G. eintrat. Die wichtigsten Punkte dieses Vertrages waren kurz folgende: Der Unternehmer erhielt ein ausschließliches Recht nicht eingeräumt. Als Gegenleistung hatte er der Stadt 10 % der Bruttobetriebseinnahme und außerdem einen Anteil an dem 6 % des Anlagekapitals übersteigenden Reingewinn (nach Abzug bestimmter Abschreibungen) zu gewähren, der bei einer Rentabilität von über 6 % ein Viertel ausmachte und mit jeder Steigerung der Rentabilität um 1 % (bis über 9 %) sich um weitere 5 % erhöhte (bis 40 %). Die Konzession galt für 40 Jahre, jedoch behielt sich die Stadt das Recht der Übernahme bereits nach Ablauf von 10 Jahren zum Herstellungspreise abzüglich bestimmter Abschreibungssätze vor. Endlich war der Stadtgemeinde ein maßgebender Einfluß auf die Tarife und die Neu- und Erweiterungsanlagen vorbehalten. Die Errichtung der Zentrale erfolgte auf städtischem Grund und Boden, welcher der Gesellschaft zu einem Jahrespachtzins von 1 ℳ für das qm überlassen wurde.

Die Eröffnung der elektrischen Zentrale erfolgte am 1. September 1896. Für die Frage, wie der geschlossene Vertrag sich in der Praxis bewährte, ist ein Bescheid von Interesse, der vom Magistrat im Dezember 1899 auf die Anfrage einer anderen Stadt erteilt wurde. Es heißt darin: „Die Erwägungen, welche uns veranlaßt haben, den Bau und Betrieb einer elektrischen Zentrale nicht in eigene Regie zu übernehmen, haben in der seit der Betriebseröffnung verflossenen Zeit volle Bestätigung erhalten." Übelstände haben sich nicht gezeigt. „Dagegen müssen wir bezweifeln, ob eine städtische Verwaltung gleich große Verbreitung der Abnahme des elektrischen Stromes hätte erzielen können und ebenso, daß es ihr gelungen wäre, soviel für die Stadtkasse herauszuarbeiten, als der Stadt auf Grund des abgeschlossenen Vertrages vom Magdeburger Elektrizitätswerk zusteht. Wir würden daher kein Bedenken tragen, denselben Vertrag von neuem einzugehen, den wir im Jahre 1895 abgeschlossen haben." Allein der weitere Verlauf der Dinge ließ das Verhältnis zwischen Stadt und Elektrizitätswerk in einem weniger günstigen Lichte erscheinen. Bereits im nächsten Jahre (1900) zeigten wiederholte Betriebsstörungen und Spannungsungleichheiten im Leitungsnetz, die zu lebhaften Klagen über das mangelhafte Funktionieren der elektrischen Beleuchtung Anlaß gaben, daß auch die Privatunternehmungen, deren umsichtige Geschäftsführung gegenüber der angeblich mangelnden Voraussicht einer staatlichen oder kommunalen Verwaltung man so gern rühmt, nur mit Wasser kochen. Die vorhandenen maschinellen Anlagen erwiesen sich gegenüber der Beanspruchung durch den Konsum, namentlich den in diesem Umfange nicht vorhergesehenen Anschluß von Elektromotoren als ungenügend, und die notwendigen Erweiterungen konnten nicht rasch genug in Betrieb gesetzt werden. Dazu kam, daß bei diesen Erweiterungen das Verhältnis der Mutter- zur Tochtergesellschaft hinsichtlich der in Anrechnung zu bringenden Preise zu manchen Meinungsverschiedenheiten mit den städtischen Behörden führte, die zum Teil eine schiedsrichterliche Entscheidung notwendig machten. Die hierdurch verursachte veränderte Beurteilung des Vertrages zeigt sich wieder in einer im Juni 1900 einer Stadtgemeinde auf ihre Anfrage erteilten Auskunft: „Es mag dahin gestellt bleiben, ob es uns bei eigenem Betriebe möglich gewesen sein würde, in gleich kurzer Zeit eine so große Abgabe von elektrischem Strom zu erzielen, die Rücksichtnahme auf die Erträgnisse des Gaswerks könnte der Energie der Propaganda für die elektrische Beleuchtung und den Betrieb der Motoren etwas Abbruch getan haben. Allein gleichwohl würde die städtische Verwaltung, wenn sie jetzt vor die Entscheidung gestellt würde, die Frage ob sie ein Elektrizitätswerk selbst bauen und betreiben sollte, voraussichtlich bejahend beantworten." Auch in der Folgezeit blieben die Streitigkeiten aus dem Vertrage nicht aus, namentlich ergaben sich, als die Rentabilität des Werkes zunahm, hinsichtlich der Berechnung des der Stadt zustehenden Anteils am Reingewinn Meinungsverschiedenheiten, die zu einem durch drei Instanzen durchgefochtenen Rechtsstreit führten, der nur teilweise zu gunsten der Stadtgemeinde entschieden wurde. Es bestand daher innerhalb der städtischen Behörden darüber kein Zweifel, daß das Elektrizitätswerk zum ersten zulässigen Termine d. i. dem 15. August 1906 in städtische Verwaltung zu übernehmen sei.

VI. Konzessionierte Betriebe, die Magdeburger Straßenbahnen.

Seit der Übernahme des Magdeburger Elektrizitätswerkes ist seitens der Stadt — abgesehen von kleineren Veranstaltungen, wie z. B. dem Plakatwesen — nur noch eine Unternehmung vertragsmäßig dem Betriebe durch eine Privatgesellschaft überlassen, die Straßenbahn.

Auf die Entwicklung der Magdeburger Straßenbahnen ist die Tatsache von bestimmendem Einfluß gewesen, daß die Konzession zu der ersten und verkehrsreichsten Strecke nicht von der Stadt, sondern von der Königlichen Regierung — am 28. März 1877 — gegen den Willen der Stadt erteilt worden ist. Maßgebend war dabei die Auffassung, daß der Stadt ein Verfügungsrecht über die wichtigste Verkehrsstraße, weil deren Unterhaltung früher dem Staate obgelegen habe und von diesem auf den Provinzialverband übertragen worden sei, nicht zustehe. Eine von der Stadt gegen die Straßenbahn auf Wegnahme der Schienen angestrengte Klage wurde in zwei Instanzen abgewiesen. Erst nachdem inzwischen die ehemals fiskalischen Straßenzüge von der Stadt übernommen waren, folgten 7 Jahre später weitere Straßenbahnlinien durch eine zweite Gesellschaft, die jedoch in ihren geschäftlichen Ergebnissen, da ihr die rentabelste Linie fehlte, niemals denjenigen des älteren Unternehmens gleichkommen konnte. Als der geplante Übergang zum elektrischen Betriebe neue erhebliche Geldmittel erforderte, zog es deshalb die jüngere Gesellschaft vor, sich mit der älteren zu verschmelzen, und es kam im Dezember 1897 ein Vertrag mit der Stadt zustande, welcher die gegenwärtige Grundlage des Unternehmens bildet. Die Vorteile dieses Vertrages sind in der Festlegung des Zehnpfennigtarifs mit einmaliger Umsteigeberechtigung für alle Strecken mit Ausnahme einer Außenlinie zu erblicken, im übrigen hat die Erfahrung gezeigt, daß er nur in geringem Maße der Stadt die Möglichkeit einer Einwirkung auf den Betrieb des Unternehmens gibt. Die Differenzen über die Verpflichtungen der Gesellschaft aus dem Vertrage sind allerdings zum Teile dem Preußischen Kleinbahngesetze und der auf Grund desselben erteilten Konzession zuzuschreiben, durch welche z. B. in Beziehung auf die Festsetzung des Fahrplanes die Rechte der Stadt empfindlich beeinträchtigt worden sind. Der Vertrag sieht als Entgelt für die städtische Konzession, abgesehen von einer einmaligen Zahlung von 1,2 Millionen Mark zur Ablösung der Beiträge für die Unterhaltung und Reinigung der Straßen, eine jährliche Abgabe von der Bruttoeinnahme vor, deren Höhe von der Durchschnittseinnahme pro Wagenkilometer abhängig ist und bisher stets nur den Mindestsatz von 3½ % erreicht hat. Die hauptsächlichsten Betriebsergebnisse, die Höhe der Betriebsüberschüsse und der an Stadt und Aktionäre zur Verteilung gelangten Summen zeigt für die Zeit seit der Einführung des elektrischen Betriebes die nachfolgende Zusammenstellung:

Jahr	Gesamtzahl der beförderten Personen	Betriebseinnahme	Betriebsausgabe	Betriebsüberschuß		Abgabe an die Stadt	Dividende an die Aktionäre	
		ℳ	ℳ	ℳ	in % des mittleren Anlagekapitals	ℳ	ℳ	in % des Aktienkapitals
1900	21 436 200	1 977 324	1 143 571	833 753	9,3	69 125	540 000	9
1901	21 474 825	1 958 130	1 196 583	761 547	7,2	68 468	360 000	6
1902	21 128 826	1 914 447	1 198 568	715 879	6,6	66 949	300 000	5
1903	21 977 178	1 983 256	1 204 350	778 906	7,2	69 382	360 000	6
1904	23 695 165	2 131 168	1 253 688	877 480	8,0	74 521	420 000	7
1905	25 662 015	2 294 964	1 287 256	1 007 708	9,1	80 245	480 000	8
1906	27 218 334	2 430 775	1 358 522	1 072 253	9,5	85 007	510 000	8½
1907	28 381 424	2 523 905	1 450 830	1 073 073	9,5	88 265	510 000	8½

Die Möglichkeit einer Übernahme durch die Stadt besteht einmal für den Ablauf der Konzession (1. Januar 1950), wobei Geleise und Wagen im wesentlichen unentgeltlich anheimfallen, zweitens vom 1. Januar 1915 ab von 5 zu 5 Jahren zu einem nach den vertragsmäßig festgelegten Grundsätzen zu berechnenden Kaufpreise. Die Frage, ob und evtl. zu welchem Termine die Stadt die Straßenbahn übernehmen wird, kann natürlich heute noch nicht beantwortet werden, sicher scheint jedoch, daß unter dem Eindruck des mangelnden Entgegenkommens, das die Straßenbahngesellschaft häufig auch den bescheidensten Wünschen gegenüber an den Tag legt, die Zahl der

Gegner des städtischen Betriebs, die von der Übernahme einen allzustarken Ausbau unrentabler Linien und deshalb eine ungünstige Wirkung auf den städtischen Etat befürchten, beständig geringer werden muß.

VII. Schlußbetrachtungen.

Die Darstellung der Entwicklung und Wirksamkeit der Magdeburger Betriebe zeigt, daß die eigene wirtschaftliche Tätigkeit der Stadt in der neueren Zeit durch die Begründung öffentlicher und die Übernahme privater Veranstaltungen beständig an Ausdehnung zugenommen hat, aber sie läßt auch zugleich erkennen, daß diese Erweiterung keine willkürliche gewesen ist, sondern sich vollzogen hat unter dem Gesichtspunkte der Wahrung des öffentlichen Interesses. Damit ist zugleich für den Kreis der städtischen Unternehmungen auch eine Grenzlinie gezogen, allerdings, wie natürlich, keine starre, für alle Zeiten unveränderliche, da schon durch die Entwicklung der Städte die Forderungen des öffentlichen Interesses immer weitergehende werden. So war es, um ein bezeichnendes Beispiel aus einem Gebiete zu wählen, bei dem uns die Tätigkeit der städtischen Verwaltung heutzutage selbstverständlich dünkt, in Magdeburg noch bis zum Jahre 1855 alte Observanz, daß — abgesehen von einigen Straßenteilen, für welche die Stadt oder der Fiskus unterhaltungspflichtig waren — die Grundstücksbesitzer für das Straßenpflaster vor ihrem Grundstücke bis zur Straßenmitte Sorge zu tragen hatten, und auch hier hat es beim Übergang der Pflasterunterhaltung von dem einzelnen auf die Gesamtheit, der mit dem Anwachsen des Straßenverkehrs notwendig wurde, an Widerständen nicht gefehlt. Auch da, wo die städtische Veranstaltung an Stelle der Versorgung durch die großen Privatgesellschaften trat, wie bei dem Gas- und Elektrizitätswerk, war es unzweifelhaft das öffentliche Interesse, das die Beseitigung eines Zustandes forderte, der ein, wenn auch nicht immer dem rechtlichen Verhältnisse, so doch dem tatsächlichen Zustande nach bestehendes Monopol einer privaten Gesellschaft zur Ausbeutung überließ. War doch von dem ältesten Vertrage beim Magdeburger Wasserwerke an bis in die neueste Zeit stets die Erfahrung gemacht worden, daß es unmöglich sei, diese Verträge so zu fassen, daß in allen Fällen das öffentliche Interesse gewahrt bleibt. Es nötigt dies dazu, die Dauer des Vertrags möglichst kurz zu bemessen, wodurch erst recht, wie sich dies beim Gaswerk deutlich gezeigt hat, das Interesse der Privatgesellschaft, die nach dem Satze des „après nous le déluge" wirtschaftet, mit den Interessen der Allgemeinheit in Widerstreit tritt. Die

Entwicklung der städtischen Betriebe ist aber ferner auch geeignet, die Anschauung, als müsse der öffentliche Betrieb an Leistungsfähigkeit hinter dem privaten zurückstehen, zu widerlegen, wie anderseits bei den großen Privatgesellschaften, denen die Städte den Betrieb vertragsmäßig überlassen haben und überlassen, oft eine erstaunlich kurzsichtige Politik an den Tag tritt, die sicher auch nicht im wohlverstandenen Interesse der Aktionäre liegt. Zum Belege für die günstigen Ergebnisse des öffentlichen Betriebs sei auf die unter den schwierigsten Verhältnissen erzielte Entwicklung des Magdeburger Gaswerks, auf die Überschüsse des Gas- und Elektrizitätswerks hingewiesen. Wenn aus der Höhe dieser dem städtischen Etat zu gute kommenden Überschüsse der Vorwurf einer allzu fiskalischen Preispolitik abgeleitet wird, so darf nicht vergessen werden, daß die Stadt, wie wir gesehen haben, auch Betriebe besitzt, welche im öffentlichen Interesse mit erhalten bleiben müssen, obwohl sie erhebliche Zuschüsse erfordern, daß weiter der Weg, den eine städtische Finanzverwaltung einzuschlagen imstande ist, infolge der Einengung durch die Bestimmungen der Reichs- und Staatsgesetze, nicht sehr breit ist, daß endlich, wie die Geschichte zeigt, die finanziellen Ergebnisse der städtischen Betriebe nicht nur mit dem Auf und Nieder der wirtschaftlichen Konjunktur schwanken, sondern oft auch durch dauernde Verschiebungen des Wirtschaftslebens überhaupt ihre Grundlage verlieren.

(Abgeschlossen im November 1908).

Die wirtschaftlichen Betriebe der Stadt Naumburg a. S.

Von

Dr. med. G. W. Schiele,
Stadtverordneter in Naumburg a. S.

Inhaltsverzeichnis.

I. Die Stadt Naumburg als wirtschaftendes Subjekt.

Naumburg an der Saale war im Mittelalter eine Bischofsstadt und hat aus jener Zeit noch als ehrwürdiges Denkmal seinen berühmten Dom aufzuweisen. Es war im 18. Jahrhundert eine bekannte Kaufmannsstadt, deren Messe mit der Leipziger wetteiferte. Aus dieser Zeit erzählen noch die stattlichen Patrizierhäuser, die den Markt umgeben. Als es durch den Wiener Frieden von Kursachsen getrennt und Preußen zugeteilt wurde, war es mit dieser Blüte zu Ende. Es bekam aber dafür den Charakter einer Gerichtsstadt, denn es erhielt das höchste Gericht der Provinz Sachsen. Außerdem entwickelte es sich im letzten Drittel des 19. Jahrhunderts zu einem beliebten Ruhesitz von pensionierten Militärs und Beamten. Von den ersteren allein zählt man etwa 150. Es konkurriert mit Erfolg gegen die Städte Weimar, Eisenach, Gotha, Kassel, Potsdam und ähnliche. Es hat diesen gegenüber den Vorteil, daß kein fürstlicher Hof denen unbequem wird, die nur noch die Ruhe suchen. Außerdem hat es sich im letzten Jahrzehnt noch den Charakter einer Schulstadt hinzu erworben. Denn es hat ein Domgymnasium, ein Reformrealgymnasium mit Realschule, ein Seminar mit Präparandenanstalt, ein Kadettenkorps und außerdem in nächster Nachbarschaft das altberühmte Schulpforta. Es beherbergt ferner eine vergleichsweise starke Garnison. An Industrie ist nur wenig da: einige Kammfabriken, etwas Heimarbeit, eine große Buchdruckerei, Woll- und Strumpfwaren-, Möbel-, Spielwarenfabrikation und Weinhandel, und eine gute Anstalt für Glasmalerei.

Indem wir die Erträgnisse der Hauptsteuern hierher setzen, geben wir dem Kenner die Physiognomie der Stadt:

Voranschlag 1908:	Einkommensteuer	140 %	bringt	324 511,74 ℳ
	Gewerbesteuer .	200 „	„	51 152,— „
	Gebäudesteuer .	200 „	„	133 756,28 „

Vor 30 Jahren trug Naumburg schon denselben Charakter, aber wieviel bescheidener damals. Seit dem Jahre 1888 (Beginn der Verwaltung des jetzigen Oberbürgermeisters) hat sich die Stadt modernisiert. Kanali-

sation, Wasserwerk, Gasanstalt, zahlreiche aufs beste gepflasterte Villenstraßen, ein Schlachthof, eine elektrische Zentrale, Straßenbahn und anderes mehr, wovon im weiteren die Rede sein wird, machen das Leben da so bequem und angenehm, wie es der moderne Mensch verlangt.

Diese erworbenen Vorzüge zusammen mit den angebornen der herrlichen Lage auf der Terrasse des anmutigen Saaletals, nicht zu vergessen die guten Eisenbahnverbindungen, geben der Stadt die Möglichkeit eine Wohnstadt vornehmster Art und sozusagen der angenehmste Vorort der Beamtenweltstadt Berlin zu werden, wenn sie ihren Beruf versteht.

Das alles hat aber viel Geld gekostet. Seit dem Jahre 1889 haben sich die Schulden der Stadt von 890 000 auf 9 1/2 Millionen ℳ erhöht. Der bei weitem größte Teil dieser Anleihen ist für kommunale Betriebe und Unternehmen aufgewendet und wir stellen nun die Frage: Ist aus dieser Schuldenlast eine Gefahr für die Zukunft des städtischen Gemeinwesens zu befürchten oder hat man dessen wirtschaftliche Kraft durch die nützliche Verwendung dieser Kapitalien erhöht?

Jede deutsche Stadt spekuliert und muß spekulieren, weil in Deutschland die Verhältnisse sich ständig vergrößern und diejenige Stadt zurückbleibt, die sich nicht für die Zukunft einrichtet. Sie spekuliert mit ihren sämtlichen Unternehmungen, und zwar auf das Wachsen überhaupt und besonders auf einen wachsenden Ertrag der Einkommensteuer. Diese ist das Konto, auf welchem der Reingewinn sichtbar wird. Der Wunsch ist möglichst viel große Steuerzahler zu haben. Zu diesem Zweck darf sie die Einkommensteuerzuschläge nicht zu hoch steigen lassen, denn sonst schreckt sie den Zuzug ab. Sie muß also Sparsamkeit üben. Trotzdem muß sie große Aufwendungen machen, eben in kommunalen Unternehmungen, wie Wasser-, Gas-, Kanal-, Elektrizitätswerken, Pflasterungen und ähnlichem, um den zukünftigen, wie den gegenwärtigen Bürgern viel zu bieten. Diese Unternehmungen müssen den Bürgern ihre Ware möglichst billig liefern, anderseits sich aber selbst unterhalten, um nicht auf die Steuerkraft zu drücken. Ja sie sollen womöglich einen Überschuß liefern, um sie zu entlasten. Außerdem kann die Stadt um die Einkommensteuer zu entlasten, die Grund- und Gewerbesteuer belasten. Das trifft die Hausbesitzer und Geschäftsleute, und diese sind zu Opfern bereit, solange sie das Vertrauen haben, daß sorgsam gewirtschaftet wird, und solange sie meinen, daß durch das Niedrighalten der Einkommensteuer der Zuzug wächst, von dem sie alle leben. Grundeigentum und Gewerbe dürfen aber auch nicht zu sehr belastet werden; denn die Mieten steigen, wenn das Grundeigentum viel

Steuern zahlt und die Häuserpreise steigen, wenn das Baugewerbe nachläßt, beides wenigstens solange, als der Zuzug, die Nachfrage, anhält. Die gewöhnlichen Bedarfsartikel des Lebens werden teuer und schlecht, wenn die Geschäftsleute entmutigt werden. Ganz besonders die Höhe der Miete und die Güte der Wohnungen bestimmt ebenso, wie die Höhe der Einkommensteuer für den Fremden die Wahl zwischen den Wohnorten.

Zwischen diesem Rechts und Links immer den richtigen Weg in der Mitte zu treffen, das eben heißt für eine Gemeinde wirtschaften. Die sämtlichen kommunalen Betriebe bilden, zusammengehalten durch die Identität des wirtschaftenden Subjektes, der städtischen Gemeinde, ein einheitliches Ganzes, ein einziges wirtschaftliches Unternehmen, von dem jeder einzelne Sonderbetrieb nur ein Teil ist, und welches als Ganzes Gewinn oder Verlust macht.

II. Die kommunalen Betriebe einzeln dargestellt.

Wir werden später die Wirtschaft der Stadt als Einheit betrachten. Zunächst aber stellen wir die Frage, aus welchen Sonderbetrieben setzt sie sich zusammen?

Es gibt folgende, geordnet nach ihrem Alter als Gemeindebetrieb:

A. Mit besonderem Haushalt

a.	Gasanstalt	+
b.	Wasserwerk	+ —
c.	Schlachthof	+ —
d.	Hennenbrücke	—
e.	Obstplantage	—
f.	Straßenbahn	+ —
g.	Elektrizitätswerk	+ —
h.	Friedhof	—

B. Ohne besonderen Haushalt

i.	Grundeigentum der Kämmerei	+
	α) Kasernenbauten, Seminar und Schulbauten	
	β) Andrer Besitz	
k.	Grundeigentum der Waisenhausstiftung	+
l.	Kanalisation und Kläranlage	—
m.	Pflasterungen	—
n.	Stadtgärtnerei	—
o.	Sparkasse	+

Diese Kommunalbetriebe sollen im folgenden einzeln besprochen werden. Sie sind in zwei Gruppen geteilt, je nachdem für sie ein besonderer Haushaltsplan angelegt ist oder nicht. Dieser Unterschied ist aber rein zufällig und äußerlich. Er hat nur Bedeutung für die Art und Weise wie die Einzelbetriebe mit ihrem Resultat (Zuschuß oder Überschuß) in den Kämmereietat eintreten. Je nachdem sie Überschuß- oder Zuschußbetriebe oder keines von beiden sind, sind sie mit + oder —, oder + — gekennzeichnet.

Die Aufstellung ist vorgenommen nicht nach der letzten Kostenrechnung, weil diese zumal bei der kameralistischen Buchführung durch zufällige und außerordentliche Momente entstellt sein kann, — sondern nach dem Voranschlag für das laufende Jahr 1908, welcher die Durchschnittserfahrungen der letzten Jahre darstellt. Soweit die Betriebe Sonderetats haben, ist versucht worden, sie nach demselben Schnitt zu behandeln, nämlich die reinen Betriebskosten zu finden und diesen den gesamten Rohertrag gegenüber zu stellen. Dabei ist noch zu erwähnen, daß jeder dieser Betriebe Verwaltungskosten an den Kämmereietat zahlt, welche bei gewinnbringenden Unternehmungen mit 5 % der Betriebskosten berechnet werden. Diese haben wir immer den Betriebskosten zugerechnet. Bei den größeren Werken haben wir versucht eine Vermögensbilanz zu geben. Diese kann natürlich nicht aussehen wie eine richtige kaufmännische Bilanz; denn dazu fehlt die Inventur, das ist die Aufnahme des derzeitigen wirklichen Gebrauchs- und Verkaufswertes. An städtischen Unternehmungen interessiert nur der Buchwert, und nicht der Verkaufswert; denn sie können nicht verkauft werden. Bei einer Inventur muß der Buchwert auf den wirklich rentierenden Wert unter Umständen gekürzt werden; aber in der öffentlichen Verwaltung können keine Werte verschwinden und darum auch keine wirklichen Abschreibungen vorgenommen werden. An deren Stelle stehen die regelmäßigen Tilgungen. Wenn eine städtische Unternehmung rentiert, so zahlt sie mit Ablauf der Tilgungsfrist das gesamte Gründungskapital zurück, so daß sie dann schuldenfreies Eigentum der Stadt geworden ist. Außerdem sammelt sie einen Reservefonds, welcher der Wertverminderung gleichen muß, die das Werk im Laufe der Zeit durch Altwerden erfahren hat. Das Werk gibt also scheinbar mehr Kapital wieder als es erhalten hat. Wie weit das Unternehmen auf diesem Wege gekommen ist, suchen wir in dieser sogenannten Bilanz darzustellen. Dabei bleibt außer Ansatz die Kapitalvermehrung, welche das Werk durch Erweiterung (Neuberohrung von Straßen) aus laufenden Mitteln und aus Reservefonds gewöhnlich erhalten hat.

Die Finanzierung eines städtischen Betriebes geschieht immer so, daß entweder das Geld durch städtische Anleihe (Inhaberpapiere) beschafft wird, oder daß es von der städtischen Sparkasse oder einer ähnlichen Kasse entliehen wird, oder daß der Betrieb ein sogenanntes Kämmereidarlehen erhält, d. h. von der Stadt aus eigenem Vermögen finanziert wird. Es werden selbstverständlich auch alle drei Wege zugleich begangen. Während für den Etat des einzelnen Kommunalbetriebes alle drei Kapitalarten Schulden bedeuten, welche verzinst und getilgt werden müssen, — bedeuten für den Gesamthaushalt nur die beiden ersten Kapitalien Schuldenwerte, während die Kämmereidarlehen werbendes Vermögen der Stadt sind.

Indem durch die Tilgungen die Schulden eines bestimmten Kommunalbetriebes fallen, fallen zugleich auch die nötigen Zinszahlungen. Aber weil die ersparten Zinsen nach den Tilgungsplänen regelmäßig zum jährlichen Tilgungsbetrag hinzutreten sollen, so bleiben die Aufwendungen für Zinsung und Tilgung zusammen genommen immer konstant, bis zu dem Tage, an welchem der letzte Rest der Schuld bezahlt ist, was in unseren Betrieben noch nirgend eingetreten ist. Weil diese Aufwendungen konstant bleiben, so kann man aus ihnen leicht den Betrag der ursprünglichen Schuld erschließen.

a. Gasanstalt.

α) Geschichte. Der älteste Kommunalbetrieb ist die städtische Gasanstalt. Der Anstoß zur Gründung wurde im Jahre 1858 von drei hervorragenden Geschäftsleuten der Stadt gegeben. Diese machten der Stadt den Vorschlag, sie wollten die städtische Beleuchtung, wofür damals 1250 Taler ausgegeben wurden, für 1500 Taler in besserer Form mit Gas liefern und zugleich auch für den bürgerlichen Verbrauch eine Gasanstalt auf Aktien gründen, regten auch an, ob die Stadt nicht selbst eine Gasanstalt errichten wolle. Aus den Verhandlungen entstand eine Aktiengesellschaft, zu deren Gründung die Stadt 10 000 Taler und die drei genannten Herren 25 000 Taler hergaben. Die Gasanstalt wurde von einer englischen Firma erbaut, nach wenigen Jahren von deutschen Unternehmern verbessert; brachte danach im Jahre 1864 schon 6 % Reingewinn. Der grundlegende Vertrag mit der Stadt war auf 30 Jahre vorgesehen. Nach Ablauf dieser Frist kaufte die Stadt die noch in Privathänden befindlichen Anteile zum Nennwert auf. Also wurde die Gasanstalt im Jahre 1886/7 städtischer Betrieb. Sie wurde mit neuen Kapitalaufwendungen erheblich vergrößert. Im Jahre 1892 wurde Regenerativfeuerung eingeführt.

β) Die Leistung stieg von 87 500 cbm im Jahre 1862/63 auf 1 281 100 cbm im Jahre 1907/08:

Das Werk gibt ab	630 000 cbm	Leuchtgas an Private zu	19 Pfg.
	250 000 „	Kraftgas „ „ „	14 „
	240 000 „	für die öffentliche Straßenbeleuchtung . .	12 „

Der Verbrauch betrug im Jahre 1907: 46,8 cbm pro Kopf und Jahr. Er ist auch trotz Einführung des elektrischen Lichtes in dem letzten Jahre gestiegen.

Den großen Konsumenten wird kein Rabatt gerechnet.

Der Durchschnittspreis betrug 1906 und 1907: 16,3 Pfg. für den cbm.

Aus der Gasabgabe wird eingenommen	184 059,— M
Aus den Überschüssen des Installationsgeschäftes . . .	8 000,— „
(Das Werk konkurriert bei der Installation mit den privaten Geschäften.)	
Aus Gasmessern und Leitungsmieten	1 000,— „
Aus anderen	4 366,— „
Summe der Einnahme	197 425,— M

γ) Der **Betrieb**: 430 Doppelwagen westfälische Gasförderkohle à 228 M kosten einschließlich Wagenanfuhr (8225 M)	101 372,50 M
Beamtengehälter (einschließlich eines Verwaltungskostenbeitrages von 13 000 M), Löhne, Gebäudeunterhaltung und andere Betriebsauslagen betragen	54 307,41 „
Für Rohrnetz und Gasmesser	10 650,— „
Andere Kosten	4 809,19 „
Summe	171 139,10 M
Das Werk gewinnt aus den Nebenprodukten	46 275,— „
Die reinen Betriebskosten betragen also	124 864,10 M

Das macht rund 10 Pfg. für den cbm.

δ) Aus dem **Rohertrag** werden gezahlt für Zinsung und Tilgung 4 + 1½ %	20 758,90 M
An den Reservefonds und Erneuerungsfonds etwa 3 % .	13 500,— „
Reinertrag an den städtischen Haushalt etwa 7 % .	29 000,— „
Außerdem leistet das Werk die Löhne und andere Unkosten für die Arbeit der öffentlichen Beleuchtung. Das ist auch Reinertrag etwa 2 %	9 302,— „
	72 560,90 M
Summe der Ausgabe	197 425,— M

ε) Das **Werk** hat erhalten:

1. Ursprüngliches Anlagekapital aus Kämmereivermögen .	227 703,— M
2. Erweiterung 1892/93 aus Anleihe	194 857,78 „

Das Werk hat gegeben:

Tilgungen	157 263,96 ℳ
Reservefonds	46 512,57 „
Erneuerungsfonds	18 369,09 „

Das Werk hat zu geben:

Restschuld des Kämmereidarlehns	144 666,82 „
Restschuld der Anleihe	120 630,— „

ζ) An Personal beschäftigt das Werk:

1 Direktor, 1 Buchhalter, 1 Rohrzeichner, 1 Boten, diese sind zugleich für das Wasserwerk da. Außerdem 1 Gasmeister, 8 Feuerleute, 1 Maschinenwärter, 1 Heizer, 3 Hofarbeiter, in Summe 18 Angestellte.

b. Wasserwerk.

α) Geschichte. Bis zum Jahre 1890 bezog die Bevölkerung ihren Wasserbedarf aus vielen Privatbrunnen, 30 öffentlichen Pumpbrunnen und 13 öffentlichen Laufbrunnen, welche letztere gespeist wurden vom benachbarten Walde her durch eine Quelle, die in einer Steinrinne mehrere Meter unter Terrain zufloß und auch heute noch fließt.

Im Jahre 1890 wurde ein neues zentrales Wasserwerk errichtet. Dieses entnimmt sein Wasser aus 5 Kesselbrunnen, die im Kiessand des Saaletales 8 bis 9 Meter abgesenkt sind mit einer Zubringerpumpe, die mit einer 80 bis 100 P. S. Dampfmaschine ausgerüstet, 4500 cbm Tagesleistung schafft. Mit einem Druck von 8 bis 9 Atmosphären wird das Wasser nach dem auf dem Berge liegenden Hochbehälter von 1000 cbm Fassung gebracht und kommt in der Stadt zur Verwendung mit einem mittleren Straßendruck von $5^1/_2$ Atmosphären.

β) Leistung:

Der Verbrauch ist gestiegen im Jahre 1890 von 153 300 cbm auf 608 460 cbm im Jahre 1907/08; von 21,2 l auf Kopf und Tag auf 65,7 l.

Dadurch sind mehrfache Erweiterungen nötig geworden.

Für öffentliche Zwecke werden 26,5 % abgegeben und mit einem geringen Preise bezahlt.

An den Privatgebrauch werden 73,5 % abgegeben.

Es wird ein Wassergeld erhoben von 4 % des Gebäudesteuernutzungswertes. Bei vollem Verbrauch des dafür zustehenden Wassers beträgt das 30 Pfg. für den cbm, Überverbrauch wird mit 25 Pfg. für den cbm berechnet.

Das Werk nimmt ein für abgegebenes Wasser	95 000,— ℳ
Das Werk konkurriert nicht mit den privaten Installationsgeschäften, weil Wasseranschluß durch Ortsstatut verlangt wird. Das Werk verlegt den Hausanschluß nur bis zur Uhr. Dies Installationsgeschäft bezahlt sich selbst und gab in den letzten Jahren einen durchschnittlichen Gewinn von	2 500,— „
Aus anderen Einnahmen	7 500,— „
Summe der Einnahme	105 000,— ℳ

γ) Der Betrieb kostet:

An Gehältern und Löhnen	18 987,06 ℳ
An Unterhaltung des Werkes und Rohrnetzes	16 521,— „
An sonstigen Ausgaben	5 037,78 „
Summe	40 545,84 ℳ

δ) Aus dem Rohertrag werden gezahlt:

Für Zinsung und Tilgung des Kapitals für Werkanlage 4 % + 1½ %.	38 773,20 ℳ
Für Zinsung und Tilgung des Kapitals für Wassermesser und Zuleitungen 4 + 1½ %.	9 478,— „
An den Reservefonds rund 2 %	16 202,96 „
	64 454,16 ℳ
Summe der Ausgabe	105 000,— ℳ

Reinertrag wird nicht gewonnen aber Zuschuß nicht verlangt.

ε) Das Werk hat erhalten:

Ursprüngliches Anlagekapital 1. aus Anleihe	591 742,- ℳ
2. Aus Kämmereidarlehen	126 480,- - „
Erweiterung 1900: aus Sparkassendarlehen	65 000,— „

Das Werk hat gegeben:

Tilgungen	254 622,— „
Reservefonds	29821,71 „

Das Werk hat zu geben:

Restschuld der Anleihe	462 460,— „
Restschuld des Kämmereidarlehens	36 200,— „
Restschuld des Darlehens der Sparkasse	30 000,— „

ζ) An Personal beschäftigt das Werk:

1 Direktor, 1 Buchhalter, 1 Materialienverwalter, 1 Betriebsassistent, diese sind zugleich für die Gasanstalt da. Außerdem 1 Maschinenmeister, 1 Kesselwärter, 1 Maschinenwärter, 1 Rohrwärter, 3 Arbeiter, 1 Wassermesserkontrolleur, in Summe 8 Mann Personal.

c. Schlachthof.

α) Gegründet im Jahre 1891 mit einem Kapital von	349 641,— M
erweitert im Jahre 1898 mit einem Kapital von . . .	2 000,— „

β) Leistung: Es wurden geschlachtet im Jahre 1907: 2847 Rinder, 9197 Schweine, 7258 Kleinvieh, 69 Pferde.

Dafür kamen ein aus Gebühren	53 022,50 „
Aus anderen Einnahmen	7 177,00 „
Summe der Einnahme	60 200,50 M

γ) Der Betrieb kostet:

An Unterhaltung der Gebäude und Maschinen	14 777,56 M
An Gehältern und Löhnen und Verwaltungskostenbeitrag .	16 847,— „
An sonstigen Ausgaben	6 627,— „
Summe	38 251,67 M

δ) Aus dem Rohertrag wurden gezahlt:

Für Zinsung und Tilgung des Anlagekapitals $3^1/_2 + 1^1/_2$ %	17 456,40 „
An den Reservefonds (1 bis 2 %, je nach dem Erträgnis)	4 491,93 M
Summe	21 948,33 M
Summe der Ausgabe	60 200,50 M

Reinertrag soll das Werk nicht bringen und verlangt auch keinen Zuschuß.

Das Werk hat erhalten:

Ursprüngliches Anlagekapital aus Anleihe von 1889 und 1898	349 641,— M

Das Werk hat gegeben:

Tilgungen	74 981,— „
Reservefonds jetziger Bestand	55 950,09 „
Das Werk hat zu geben die Restschuld der Anleihe	274 981,— M

ε) An Personal beschäftigt das Werk:

1 Direktor, 1 Kassierer, 1 Hallenmeister, 1 Maschinenmeister, 1 Heizer, 3 Arbeiter, also 8 Angestellte.

d. Hennenbrücke.

Die Hennenbrücke wurde an Stelle einer alten Fähre im Jahre 1889/90 mit einem Aufwand von 160 790 M gebaut.

Zur Verzinsung und Amortisation werden jetzt noch ausgegeben 7127,55 M. Getilgt sind 32 121 M.

Ein Reservefonds ist angesammelt von 35 797,79 M, an welchen 2444,12 M gezahlt werden.

Das Einkommen kommt aus der Brückenpacht im Betrage von 6860 M und aus einem Kämmereizuschuß von 2052,88 M.

e. Obstplantage.

Im Jahre 1894 wurde zur Einrichtung des Exerzierplatzes für die hier garnisonierende Infanterie von verschiedenen Bauern eines benachbarten Dorfes ein Gelände von 43 ha 65 a 90 qm zusammengekauft. Dafür wurde ein Gesammtaufwand von 208 681 ℳ nötig. Das macht etwa 50 Pfg. auf den Quadratmeter.

Nachdem aber im Jahre 1901 beschlossen worden war ein neugebildetes Feldartillerieregiment hierher in Garnison zu nehmen, wurde es nötig, einen größeren Exerzierplatz an anderer Stelle anzulegen. Dadurch wurde das alte Gelände überflüssig und man suchte es durch Verpachtung zu verwerten. Das gelang nicht zu befriedigenden Preisen.

Darum wurde beschlossen darauf eine Obstplantage anzulegen. Zugleich wurde eine Abschreibung vorgenommen bis auf die Hälfte des obigen Geländewertes. Nach der Bepflanzung und Errichtung des Gärtnerwohnhauses betrug der Wert der Obstplantage einschließlich des verkleinerten Grundwertes . . . . 165 447,— ℳ

Da die Anlage in den ersten Betriebsjahren von 1901 bis 1907 keine oder nur sehr geringe Einnahmen hatte, so mußten aus der Kämmereikasse Zuschüsse gewährt werden, die im Laufe dieser Jahre anstiegen bis auf eine Gesamtsumme von	71 990,61 „
Dazu kommen die Zinsverluste in diesen Jahren 3 ½ % in einer Gesamthöhe von	50 681,86 „
Die Obstplantage steht also zu Buch mit einem Werte von	288 119,47 ℳ
Oder wenn der abgeschriebene Grundwert noch . .	81 128,42 ℳ
hinzu gerechnet wird, so beträgt der Wert	369 247,89 ℳ

Der ursprüngliche Grundwert ist aus Anleihemitteln entnommen und wird dort noch gezinst und getilgt. Dagegen sind die Kosten der Anpflanzung und die Zuschüsse aus Kämmereivermögen entnommen.

Ein Reservefonds wird nicht angesammelt, weil nach 7 Jahren noch keine Erträge da sind. Die Hoffnungen auf Ernten sind bis jetzt immer noch enttäuscht worden. Der Volksmund nennt daher die Anlage die Obstblamage.

Sie unterscheidet sich insofern von allen anderen Kommunalbetrieben als sie nicht einem allgemeinen Bedürfnis der Bevölkerung dient, sondern lediglich ein Gewinnunternehmen, eine Spekulation ist.

Leistung aus Obstnutzung	+	1 200 ℳ
Betriebskosten einschließlich des Gehaltes des Obergärtners (2700 ℳ)	—	14 940 „
Hausmiete vom Obergärtner	+	180 „
Kämmereizuschuß	+	13 560 „
	ℳ + —	0

Dem Kämmereizuschuß sind aber mindestens noch hinzuzufügen die aufzubringenden Zinsen im Betrage von . . 7 932,43 ℳ

An Personal wurden beschäftigt im letzten Jahre: Ein Obergärtner und Tagelöhner nach Bedarf.

f. Die Straßenbahn.

α) Geschichte. Die Straßenbahn wurde im Jahre 1892 als Aktiengesellschaft mit einem Kapital von 124 000 ℳ gegründet. Sie war eine ca. 3 km lange Verbindung zwischen Bahnhof über den Markt und nach dem Wenzelstor und fuhr als Dampfbahn mit Maschine und 1 bis 4 Personenwagen.

Im Jahre 1900 wurde sie von der Stadt für 51 000 ℳ übernommen und weiter betrieben.

Wegen ihres verbrauchten Äußeren, ihres stoßenden Fahrens, ihres 15 Pfg. Tarifs und der geringen Zahl ihrer Fahrten, befriedigte sie den Verkehr nicht.

Darum machte im Jahre 1906 der Magistrat eine Vorlage, die darauf ausging, ein städtisches Elektrizitätswerk einzurichten und durch dieses die Straßenbahn zu elektrisieren. In der Bürgerschaft und in der Stadtverordnetenversammlung erregte das Projekt ebensoviel Interesse, wie Streit. Da man einen Zuschußbetrieb fürchtete, so wurden auch die alten Prinzipienfragen durchgefochten, ob es für die Allgemeinheit besser ist, ein solches Unternehmen aus öffentlichen Mitteln herzustellen oder durch eine Privatgesellschaft im Vertragsverhältnis herstellen und betreiben zu lassen. Es siegte aber bald die Ansicht, daß nur der eigene Betrieb in Frage kommen dürfe. Aus drei Gründen:

Einmal, weil sowohl das Elektrizitätswerk wie die Straßenbahn, in einer Mittelstadt wie Naumburg, notwendig konkurrenzlos wirtschaftet, aber ein Privatunternehmen nur dann die Interessen seiner Konsumenten wie eigene wahrnehmen wird, wenn es durch Konkurrenz dazu gezwungen wird, daß also, wo der Betrieb Monopolcharakter hat, das öffentliche Interesse nur dann für die Zukunft gesichert ist, wenn die Stadt selbst das Unternehmen in der Hand hat.

Zweitens kann von vornherein ein Privatunternehmen nicht so billig finanziert werden, weil es das Geld viel teurer erhält und viel teurer verwerten muß, als ein städtisches Gemeinwesen. Städtische Anleihen haben den Zinsfuß bester Hypotheken, nämlich 3 1/2 bis 3 3/4, dagegen muß ein Privatunternehmen das Geld mit 6 bis 7 % bezahlen. Für eine Kapitalanlage von 650 000 ℳ ist das ein Ausfall von 16—20 000 ℳ. Das städtische Unternehmen ist also noch rentabel, wo das Privatunternehmen nicht mehr rentabel ist.

Drittens, weil bei Verkehrsunternehmungen nie genau der Gewinn oder Verlust zu berechnen ist, so muß das Privatkapital ein Risiko berechnen. Eine große Bank, die dergleichen finanziert, muß das lukrative Unternehmen benutzen, um das mißglückte zu decken. Es entzieht also den rentablen Unternehmen den Kapitalgewinn. Ist aber das Unternehmen nicht rentabel, so wird endlich die Stadt vom öffentlichen Interesse genötigt werden, es zu subventionieren, damit es nicht eingeht oder vernachlässigt wird.

Die Bahn wurde gebaut in der Zeit vom Oktober bis Dezember 1907 von der Firma Siemens Schuckert, mit einem Aufwand von 251 928,50 ℳ.

Die Bahn ist nur 3,7 km lang, in der Luftlinie nicht einmal 2 km. Sie läuft vom Bahnhof auf demselben Wege wie die alte Bahn nach dem Markt und noch ein Ende darüber hinaus und ist vielleicht eine der kürzesten elektrischen Bahnen, die gesondert existieren, trotzdem rentiert sie, wie folgender Etat beweist:

β) Leistung: Mit 49 bis 50 Fahrten täglich, betrieben mit 4 bis 6 Motorwagen und 1 bis 2 Anhängewagen wird ein Verkehr bewältigt, welcher einbringt	67 190 ℳ
Die alte Bahn brachte 30 000 ℳ, das macht beim 10 Pfg. Tarif 20 000 Fahrten. Die neue Bahn hat nach Jahresfrist mehr als den dreifachen Verkehr gehabt, ein Beweis, wie sehr die Leistung von der Güte und vor allem von der Frequenz des Verkehrsmittels abhängt.	
Aus anderen Einnahmen	210 ℳ
Summe der Einnahme	67 400 ℳ

γ) Der Betrieb hat gekostet:

An Verwaltung und Löhnen	16 216,36 ℳ
An Materialkosten und Strom (12 Pfg. pro K.W.) . .	30 356,— „
An sonstigem	1 964,60 „
Summe	48 536,96 ℳ

δ) Aus dem Rohertrag wird gezahlt:

Für Zinsung und Tilgung (3 1/2 + 1 1/2 %)	12 063,04 ℳ
An den Reserve- und Erneuerungsfonds 3 %	6 800,— „
Summe	18 863,04 ℳ
Summe der Ausgabe	67 400,— ℳ

Neuerdings ist sogar beschlossen worden 4 % des Anlagekapitals an den Reservefonds zu zahlen.

Reinertrag bringt das Werk noch nicht.

ε) Die Kapitalbilanz ist ohne Interesse, weil das Werk noch neu ist.

ζ) An Personal beschäftigt das Werk: 1 Betriebsleiter, 1 Betriebskontrolleur, 10 Wagenführer, 1 Depotschlosser, 2 Depotarbeiter, also 15 Angestellte.

g. Elektrizitätswerk.

α) Gebaut wurde das Werk in der Zeit vom Juli bis Januar 1906 mit einem Aufwand von zunächst 450 000 ℳ.

Es wurde gebaut von den Siemens Schuckert-Werken zugleich mit der Straßenbahn. Es wurde ausgestattet mit 3 Dieselmotoren, welche zusammen 300 Pferdekräfte hatten.

Im nächsten Jahre mußte das Kabelnetz schon nicht unbedeutend erweitert und außerdem ein neuer Dieselmotor aufgestellt werden, welchen man gleich mit 250 Pferdekräften wählte. Die Dieselmotoren haben sich sowohl für den Bahnbetrieb, als für das Licht- und Kraftnetz sehr gut bewährt.

β) Leistung: Das Werk gibt ab:

90 400 K.W. für Licht zu 50 Pfg. und erhält . . .	45 200,—	ℳ
49 000 „ für Kraft zu 20 Pfg. und erhält . . .	9 800,—	„
150 000 „ für Bahnbetrieb zu 12 Pfg. und erhält .	18 000,—	„
Für Zählermiete und neue Anschlüsse erhält es	7 500,—	„
Aus sonstigen Einnahmen erhält es	2 600,—	„
Summe der Einnahme	83 100,—	ℳ

Bei der Inneninstallation konkurriert das Werk nicht mit den privaten Geschäften. Das Installationsgeschäft trägt sich selbst und balancierte im letzten Jahre mit über 80 000 ℳ.

γ) Betrieb: kostet an Verwaltung	14 867,96	ℳ
„ „ Material	20 951,50	„
„ „ sonstigen	3 282,29	„
Summe	39 101,75	ℳ

Aus dem Rohertrag wird gezahlt für Zinsung und Tilgung der Schuld 3 ½ % und 4 % + 1 ½	28 425,75	ℳ
Für Ansammlung des Reserve- und Erneuerungsfonds vom größeren Teil der Anleihe 3 %, vom kleineren 4 % . .	15 572,50	„
Summe	43 998,25	ℳ
Summe der Ausgabe	83 100,—	ℳ

Das Werk braucht keinen Kämmereizuschuß und bringt auch keinen Reinertrag.

δ) Das ursprüngliche Anlagekapital betrug . . .	450 000,— ℳ
Das Kabelnetz hat schon erweitert werden müssen mit einem Kostenaufwand von	79 614,86 „
Außerdem ist ein vierter Dieselmotor aufgestellt worden mit 300 Pferdekräften im Werte von	100 000,— „
	629 614,86 ℳ

Der Etat wird sich dementsprechend im nächsten Jahr ändern.

Die Kapitalien des Elektrizitätswerks sowohl wie der Straßenbahn sind von der Sparkasse entnommen und werden an diese direkt unter Umgehung der Kämmereikasse verzinst und getilgt. Es erscheint mir das finanztechnisch fehlerhaft. Diese Unternehmungen sind keine juristischen Personen, können also auch nicht selbständig Schulden machen. Sondern die Stadt macht diese Schulden als Gesamtwirtschafterin und haftet mit ihrem ganzen Vermögen. Darum müssen diese Schulden auch im Gesamtetat sichtbar werden. In der Darstellung des Kämmereietats, die wir unten geben werden, fehlen diese Schulden und wir erwähnen sie dort nicht noch einmal, um nicht das Bild zu verwirren.

ε) An Personal beschäftigt das Werk: 1 Maschinenmeister, 3 Maschinen- und Schalttafelwärter, 1 Arbeiter, 2 Leitungsmonteure, also 7 Angestellte.

Das Elektrizitätswerk wird zusammen mit der Straßenbahn, der Gasanstalt und dem Wasserwerk von ein und demselben Betriebsdirektor geleitet, auch werden der oben genannte Buchhalter, Materialienverwalter und Betriebsassistent mit beschäftigt.

h. Friedhof.

α) Geschichte. Gehört denn das Begrabenlassen auch zu den wirtschaftlichen Unternehmungen einer Stadt? Gewinn verlangt man freilich nicht davon, aber es soll auch keinen Verlust bringen. Das Gemeinwesen kann auch die Leistung des Begrabenlassens nicht verschenken, weil es niemals etwas übrig hat, weder an Einkommen, noch an Vermögen. Die Vielheit aller Zweckbewegungen des menschlichen Lebens wird am besten gegeneinander ins Gleichgewicht gesetzt durch das Geld, welches weiter nichts ist als ein gegeneinander Aufrechnen aller dieser Zwecke. Darum ist eben das Geld der Nervus rerum in allen Dingen, weil es die Ausrechnung des menschlichen Lebens bedeutet. Was etwas kostet, wird bezahlt, ein Grundsatz, den man nur ausnahmsweise verlassen kann.

Es gibt in Naumburg vier kirchliche Gemeinden und drei kirchliche

Friedhöfe, von denen einer zwei Gemeinden dient. Im Jahre 1890 und 1894 beantragten die beiden größten Gemeinden, weil ihre Friedhöfe nicht mehr ausreichten, die Schaffung eines kommunalen Friedhofs. Dem wurde stattgegeben und im Jahre 1901 ein neuer kommunaler Friedhof eröffnet.

Dieser hat gekostet:

für Geländebeschaffung, Erbauung einer Leichenhalle und eines Wohnhauses für den Friedhofswärter usw. 164 182,19 *M*, wovon der größte Teil aus einer Anleihe entnommen wurde, nämlich (mit 3 ½ % zu verzinsen und 1 % zu tilgen) 140 000 *M*.

Der Rest wurde teils aus Vermächtnis, teils aus laufenden Kämmereimitteln genommen.

β) Die Begräbnisgebühren sind nach dem Einkommen des Zahlenden progressiv eingerichtet und bringen nach dem Voranschlag von 1908 12 150 *M*.

γ) Es wird ein Friedhofswärter beschäftigt, der 1000 *M* fest und außerdem 885 *M* für Einzelleistungen erhält. Außerdem wird kontraktlich ein Fuhrunternehmer beschäftigt, der das Gespann des Leichenwagens, die Stellung des nötigen Personals und die Unterhaltung der dazu nötigen Wagen und Kleidungsstücke übernommen hat und dafür durchschnittlich erhält 3758 *M*.

Diese durch Vertrag aufgegebene Besorgung des Leichenkondukts mit allen feierlichen Zutaten ist der einzige konzessionierte Privatbetrieb, den wir haben.

Die Betriebskosten betragen also einschließlich einiger anderer kleiner Ausgaben, Gebäudeunterhaltung u. dgl. 7257,05 *M*.

δ) Zur Verzinsung und Amortisation werden aufgewendet 6142 *M*.

Die Kämmereikasse muß einen Zuschuß liefern im Betrage von 1121 *M*, welcher aber nicht in allen Jahren gebraucht worden ist.

ε) Ein Reservefonds existiert nicht. Es wird nur die Anleihe mit 1 % getilgt.

Es folgen nun die Kommunalbetriebe, die keinen Sonderetat haben, sondern deren Ausgaben und Einnahmen erst aus dem Kämmereietat herausgelöst werden müssen.

i. Grundeigentumsverwaltung.

Der Besitz einer Stadt an Baulichkeiten ist zweierlei Art: nämlich Häuser, die zu Verwaltungszwecken oder Schulzwecken oder als Krankenhäuser, Siechenhäuser oder dergl. vorhanden sind. Diese bringen keinen Ertrag. Wenn auch für die Schulbauten ein fingierter Ertrag eingesetzt wird, so stammt er doch letzthin aus dem Steuerertrag, der für Schulzwecke aufgebracht werden muß. Da es sich für uns um das Gemeindegrundeigentum als wirtschaftlichen Betrieb, also soweit es ertragsfähig ist, handelt, müssen diese Werte ausgeschaltet werden.

Ertragsfähiger Besitz der Stadt sind die Häuser und Hausteile, Läden und Wohnungen, Äcker und Wiesen, die gegen Entgelt vermietet werden. Dieser Teil des Grundeigentums bringt die stattliche Summe von 234 758 + 72 140,47 ℳ.

Darunter befinden sich die großen Kasernenbauten, die allein 234 758 ℳ Miete bringen und einen Wert von 4 1/2 Millionen repräsentieren. Die Stadt hat die Kasernen gebaut und der Militärfiskus leistet dafür eine Miete, die eine Verzinsung von 5 % einbringt, und leistet außerdem die bauliche Unterhaltung. Wirtschaftlich angesehen ist das eine glückliche Spekulation der Stadt, welche dabei nichts zu verlieren hat, wohl aber auf dem Umweg über den Wohlstand ihrer Bürger und über den Steueretat dabei gewinnt.

Im nächsten Etat wird dazu gehören der Neubau eines Seminargebäudes, der zur Zeit begonnen wird. Allerdings zahlt der Kultusfiskus nur einen Mietsbetrag von 4900 ℳ und übernimmt die Unterhaltung des Gebäudes. Da dieses Grundstück bebaut ca. 370 000 ℳ kosten wird, so scheint das ein schlechtes Geschäft zu sein. Dafür nimmt aber das neue Seminar der Stadt, 220 Schulkinder ab, das ist der 10. Teil der Kinderzahl der Stadt, eine Entlastung, die im Laufe der Jahre zu einer entsprechenden Ersparnis führen muß. Da jedes Schulkind der Stadt 56 ℳ kostet, wird die Ersparnis 12 500 ℳ betragen. Die 1100 ℳ, welche noch an einer 5 %igen Verzinsung fehlen, werden gedeckt durch den Gewinn, welchen die Stadt am Gas-, Wasser- und Elektrizitätsverbrauch des Seminares machen wird, und welchen die Stadt an Steuern von den neu zuziehenden Lehrerfamilien hat; ganz abgesehen von dem Gewinn, den die Geschäftsleute der Stadt beim Bau und beim Verbrauch der Schüler und Lehrer machen und versteuern werden. Diese Betrachtungsweise illustriert, wie die Stadt die wirtschaftliche Bedeutung eines neuen Unternehmens, auch wenn es nicht eigentlich geschäftlicher Natur ist, einschätzt.

Die Stadt hat außerdem aus Grundeigentum einen
Ertrag von . . . . . . Summe der Einnahme 72 140,47 ℳ

Aus früheren Jahrhunderten stammt wohl nur das alte Rathaus.

Der größere Teil des Grundeigentums ist im Laufe der letzten Jahrzehnte erworben, so besonders große und kleine Privathäuser an Stellen, die für die Zukunft zum Bau öffentlicher Gebäude sich eignen. Außerdem sind in und außerhalb der Naumburger Flur Ländereien erworben und übrig geblieben, z. B. bei der Herstellung des großen Exerzierplatzes, des Wasserwerks, des Bahnbaus Naumburg-Teuchern oder lediglich auch bei guter Gelegenheit gekauft worden.

Die Stadt hat zu vermieten 20 Läden, 5 herrschaftliche Wohnungen, 46 Kleinwohnungen und Einzimmerwohnungen im Preise von 30 bis 100 und 250 ℳ; sie hat verpachtet 3 große Schankwirtschaften, ferner das zweite Stockwerk des Rathauses an den Justizfiskus für das Landgericht und endlich Ländereien.

Letzterere bringen Pacht (in obiger Summe enthalten 15 052,47 ℳ).
Aus Forst- und Weidenutzung (in obiger Summe enthalten 4 713,— ℳ).

Von den Ländereien kann als fertiges und unfertiges Bauland gelten 14 ha 87 a 48 qm.

Davon wurden in den Jahren 1903 bis 1907 verkauft: in 12 Verkäufen zu 2 bis 15 ℳ der Quadratmeter; im ganzen 2 ha 35 a 36 qm zu einem Preise von 152 627 ℳ. Das macht durchnittlich für den Quadratmeter 6,5 ℳ.

Zur Unterhaltung des Gebäudebesitzes wurden ausgegeben	14 662,35 ℳ
Für Brandversicherungen	3 137,26 „
Für Pflege der Äcker, Wiesen und Weiden	2 128,— „
Also im ganzen für Grundbesitzverwertung Sa. d. Ausgabe	19 927,61 ℳ
Das macht einen Rohertrag von	52 212,86 ℳ

Als Reinertrag darf dieser nicht bezeichnet werden, — auch abgesehen davon, daß einige Häuser noch unbedeutende Hypothekenlasten tragen, die wir hier nicht anführen, weil wir sie mit den Gesamtschulden der Stadt zusammen berechnen werden; — sondern besonders auch darum, weil wir bei den wirtschaftlichen Unternehmungen nur dasjenige als Reingewinn bezeichnen, was nach Verzinsung des gesamten Anlagekapitals, auch des unverschuldeten übrig bleibt. Ein genauer Nachweis der Grundbesitzverwertung könnte überhaupt erst geliefert werden, wenn das ertragsfähige Grundeigentum von dem ertraglosen genau getrennt würde.

k. Grundeigentum der Waisenversorgungsanstalt.

Das Bild vom städtischen Grundbesitz würde nicht vollständig sein, wenn wir nicht neben das Grundvermögen der Kämmereikasse, auch das der milden Stiftung stellten. Der Chef unserer Verwaltung ist in der glücklichen Lage in Grundbesitz sozusagen zweihändig arbeiten zu können. Wenn ein guter Gelegenheitskauf in Aussicht steht, so sucht er zunächst für das Kämmereivermögen zu kaufen. Dazu braucht er die Genehmigung der

Stadtverordnetenversammlung. Eine so vielköpfige Versammlung ist häufig nicht entschlußschnell genug, um zuzugreifen. Die Bedächtigen und Bedenkenden behalten in der Debatte leicht die Übermacht über die Kühnen und Vorausschauenden. Damit die Gelegenheit nicht unbenutzt verloren geht, kann der Bürgermeister den Kauf für die Kasse der milden Stiftungen anregen. Er hat dort mit weniger Köpfen zu tun.

Auf diese Weise hat die Waisenversorgungsanstalt in den letzten Jahrzehnten sehr glücklich im Grundbesitz spekuliert. Ihr Grundbesitz hat sich seit dem Jahre 1889 vermehrt von 70 ha 86 a im Werte von 225 800 ℳ auf 108 ha 80 a im Werte von 625 139 ℳ.

In den Jahren 1902 bis 1907 wurden 27 Verkäufe von Bauland eingegangen und zwar zum Preise von 2 bis 15 ℳ für den Quadratmeter, je nachdem Straßenkosten eingeschlossen oder nicht eingeschlossen waren und je nach der Lage.

Im ganzen wurden verkauft 8 ha 56 a 94 qm zu einem Gesamtpreise von 210 166,07 ℳ.

Das macht durchschnittlich für den Quadratmeter 2,45 ℳ.

Der Unterschied dieses Preises gegen den von der Kämmerei erzielten entsteht natürlich nur aus der verschiedenen Lage, dem verschiedenen Gebrauchswert des Landes.

Die Stadt hat keine bestimmte Preispolitik verfolgt. Sie hat nicht die Absicht gehabt, das Angebot an Baustellen zu vermehren oder die private Spekulation zu bekämpfen oder Kleinwohnungen herzustellen.

Auch hat sie kein Land zu beschränktem Eigentum ausgegeben (Erbbaurecht, Wiederkaufsrecht, beschränkte Benutzung).

Die Waisenanstalt ist juristische Person für sich und darum im Kämmereietat nicht vertreten. Wir führen sie hier nur an, um das Bild der städtischen Bodenpolitik zu vervollständigen.

Gebrauch des Grundeigentums.

Eine der zur Zeit lebhaftesten Frage ist die, wie der städtische Grundbesitz benutzt werden soll. Die Bodenreformer und Wohnungsreformer verlangen, daß die Stadt eine aktive Bodenpolitik, zur Bekämpfung der Spekulation und Verbesserung des Wohnens treiben soll, das würde bedeuten eine bedeutende Erweiterung des kommunalen Betriebes.

Die Stadt Naumburg hat sich bisher von solcher Politik fern gehalten. Sie hat gehandelt wie ein privater Wirtschafter, ein guter Kaufmann, der nicht aus Prinzip kauft, sondern wenn sich eine günstige Gelegenheit bietet, und nicht daran denkt, die Preise zu werfen.

Will eine Stadt etwa eine Anleihe aufnehmen, um ihren Grundbesitz zu vergrößern, so muß sie diese, wie alle anderen Anleihen, verzinsen und amortisieren, muß also auf dem Konto Grundeigentum entsprechende Gewinne machen. Das ist aber bei der Spekulation mit Rohland gar nicht so leicht. Je mehr die Stadt Rohland kauft, um so länger muß sie warten, bis dieses zum Ertragsland wird und hat so lange einen Teil ihres Kapitals tot liegen. Da sich nun Kapital zu 5 % in 22 Jahren verdreifacht, so müssen die Gewinne schon recht hoch sein, wenn sie die vorhergehenden Verluste wieder einbringen sollen. Wenn man vom landwirtschaftlichen Ertrag absieht, so müßte die Gesamtheit des umliegenden Baulandes jährlich um 4 % im Werte steigen, und das trifft sicherlich nicht zu. Je weiter die Stadt im Umkreise ihre Ankäufe erstreckt, um so sicherer wird sie mit Verlust arbeiten. Wir wissen aus dem Buch von Adolf Weber über Terrainspekulation, daß diese keineswegs so gewinnbringend ist, wie die Bodenreformer immer darstellen.

Beim Gebrauch des Grundeigentums geht es wie bei anderen Unternehmungen: in der Gesamtheit aller Geschäfte wird beinahe ebensoviel verloren als gewonnen. Nur der Klügere, Tüchtigere oder Glücklichere gewinnt, mancher andere verliert und der Durchschnitt aller Kapitalgewinne erscheint schon darum positiv, weil das verlustbringende Kapital aus der Rechnung verschwindet. Wollte eine Stadt nach dem Rezept der Bodenreformer möglichst viel Grundeigentum im Ring um die Stadt aufkaufen, so würde sie bald merken, daß sie entweder mit Verlust verkaufen muß oder, wenn sie den Buchwert retten will, ihr städtisches Gemeinwesen durch zu hohe Bodenpreise in der Entwicklung erstickt. Nichts wäre dem städtischen Gemeinwesen gefährlicher als ein Monopol des Grundstücksgeschäfts durch die städtische Verwaltung, welche wegen der Schwerfälligkeit ihrer Arbeitsweise den Boden nur sehr viel teurer liefern würde, als die private Spekulation und welche, wenn sie keinen Grundstücksmarkt mehr vorfindet, den wirklichen Wert jedes einzelnen Stücks gar nicht kennen kann.

Wohl aber kann ein kluger und weitblickender Chef der städtischen Verwaltung, wenn er nicht zu sehr durch die Kontrolle gefesselt wird, gelegentlich recht gute Käufe für die Stadt machen, weil er vielleicht besser als mancher andere Privatmann die Entwicklungsrichtung und Schnelligkeit vorher ahnen kann. Solches ist in Naumburg des öfteren geschehen, besonders von der Waisenhausstiftung.

1. Kanalisation und Kläranlage.

Es ist eine der gesundesten Einrichtung unserer kommunalen Wirtschaft der Grundsatz, daß die Stadterweiterung sich selbst bezahlt machen soll. Hierdurch werden die enormen Kosten, die in den aufblühenden Städten Deutschlands hierfür aufgewendet werden, weder zu einer Last noch zu einem Hindernis der Städteerweiterung.

Zur Stadterweiterung gehören: Der Straßenlandkauf und die Pflasterungen, welcher Aufwand aus Anliegerbeiträgen wieder einkommt; ferner die Erweiterung des Rohrnetzes der Wasserleitung, welche sich aus dem wachsenden Konsum bezahlt macht; die Erweiterung des Lichtnetzes, welche aus den Erneuerungsfonds der Gasanstalt und des Elektrizitätswerkes geleistet wird und sich ebenfalls aus dem wachsenden Konsum reichlich bezahlt macht. Ebenso wird jährlich die Kanalisation erweitert. Die wirklichen Kosten für die Kanallegung betragen durchschnittlich 35 ℳ für den laufenden Meter, bei großen Sammelkanälen bis 60 ℳ. Diese Kosten werden von den Anliegern nicht wieder eingezogen wie die Pflasterkosten. Allerdings werden in den Anliegerbeiträgen Zuschläge erhoben für die Beleuchtung und Entwässerung der Straße. Diese decken aber weder die Kosten der gesamten Gasrohrlegung, noch die Kosten der gesamten Kanallegung, sondern nur den Teil davon, den man dem Straßenplanum zur Last schreiben darf. Diese Zuschläge werden von Jahr zu Jahr von den beiden städtischen Körperschaften für die in dem Jahr neu herzustellenden Straßen neu festgesetzt, betrugen früher 2,50 ℳ, sind dann ständig gesteigert worden und betragen jetzt 5 ℳ für Beleuchtung und 5 ℳ für Kanal auf den laufenden Meter. Im ganzen geschieht also die Erweiterung des Kanalnetzes zu Unkosten der Stadt, weil wir keine Kanalgebühren erheben. Es ist das entschieden eine Lücke in unseren wirtschaftlichen Einnahmen, die hoffentlich in Zukunft und zwar ganz gedeckt wird.

Das wird geschehen, wenn die Stadt ihre Kläranlagen fertig gestellt hat. Bisher durften nur die Küchenabwässer, nicht die Fäkalien, in die Kanäle gelassen werden. Seit dem Jahre 1905 ist das Ostviertel der Stadt an eine Kläranlage angeschlossen worden, und ihm der Klosettanschluß erlaubt. Die Kläranlage ist von der Firma F. W. Dittler, G. m. b. H. in Berlin nach dem biologischen Verfahren angelegt, und zwar wegen der günstigen örtlichen Verhältnisse als ein Versuch der Firma. Der Versuch scheint sich bewährt zu haben. Die Regierung hat sich bereits damit einverstanden erklärt, daß die Abwässer in die Saale gelassen werden. Danach werden wir wahrscheinlich eine zweite größere Kläranlage für den übrigen Teil der Stadt bauen. Dann werden wir auch für die ganze Stadt Kanalgebühren erheben müssen in der Weise, daß Anlagekosten und Betrieb durch die Gebühren gedeckt werden.

Die Kanalisation wurde erbaut im Jahre 1889.

Es wurden aufgewendet 677 730 *M*.

Hiervon sind zurückgezahlt 186 710 *M*.

Im Etat stehen noch jährlich 30 329 *M* für Verzinsung und Tilgung. Sie fließen aus den Steuern.

Die Erweiterung des Kanalnetzes geschieht jedesmal dann aus Anleihe, wenn die Pflasterung aus Anleihe bestritten wird. Während aber die Pflasterkosten wieder einkommen, kommt der Teil der Anleihe nicht wieder ein, der auf Kanalisation verwendet war. Trotzdem wird er natürlich verzinst und getilgt. Seine Größe ist leider nicht nachzuweisen, weil kein Sonderetat dafür geführt wird.

Die Aufwendungen für Verzinsung und Tilgung der Kanalanlage sind also noch größer als jene Summe von 30 329 *M* ansagt.

Außerdem macht das Kanalwesen noch Betriebskosten, nämlich für das Reinigen der Kanäle 9 133 *M*.

Das Kanalwesen ist der städtische Betrieb, welcher nächst den Pflasterungen den größten Zuschuß verlangt.

m. Pflasterungen.

Die Pflasterungen betreibt die Stadt selbst. In früheren Jahren kaufte sie Braunkohlensandsteine dritter Klasse. Jetzt werden Melaphyrsteine (Klasse 1 b) und Mansfelder Schlackensteine (Klasse 1 a) verwendet. Einige Straßen sind auch mit Kleinpflaster hergestellt, das für Wohnstraßen die beste Decke darstellt. Für Bürgersteige brauchen wir Bordschwellen und Mosaikpflaster.

Die Ausführung der Pflasterung vergibt die Stadt an einen Steinsetzmeister. Sie zahlt zur Zeit an Arbeitslohn für 1 qm Reihenpflaster herzustellen, zu rammen und zu besanden 0,65 *M*, für 1 qm Mosaikpflaster 1,60 *M*, 1 qm Kiesweg 0,25 *M*, 1 qm Regulierung des Planums 0,60 *M*.

Der Sand wird aus der städtischen Kiesgrube angefahren.

Die Stadt hat es für vorteilhaft befunden immer einen der hiesigen drei Steinsetzmeister zu beauftragen und die Arbeit so zu verteilen, daß die Arbeiterschaft möglichst gleichmäßig beschäftigt ist.

Es hat das nur den einen Übelstand, daß, wenn die Arbeiter, wie es vor einigen Jahren geschah, höheren Lohn verlangen, die Meister, weil sie alle fast nur für die Stadt arbeiten, die Lohnerhöhung zusichern und sich sofort gegen ihren einzigen Konsumenten, die Stadt, wenden und entsprechende Erhöhung des Einheitssatzes für den Quadratmeter Pflaster verlangen. Bewilligt das die Stadt, so kommen sie mit mehr, lehnt sie es ab, so wenden sich die Arbeitgeber gegen die Arbeiter und schlagen die Lohnerhöhung ab. Die Stadt muß den Preis diktieren, sie findet keinen Marktpreis, der von selbst am Orte entstände, weil der private Konsum zu klein ist.

Allerdings lassen die Steinsetzmeister auch sehr viel auf dem Lande arbeiten und zahlen dort den Steinsetzern höhere Löhne als bei den Arbeiten in Naumburg. Aber diese Preise richten sich nach dem Naumburger Preis. Also muß die Stadt, um den ehrlichen Preis zu finden, die Preise anderer Städte oder anderer Arbeiter, wie der Maurer, zur Hilfe nehmen, deren Arbeit einen wirklichen Markt findet. Die Steinsetzerarbeit wird, weil sie im Jahre große Beschäftigungspausen hat, immer um einige Pfennige die Stunde höher bezahlt.

Diese Auseinandersetzung wurde nur unternommen um zu zeigen, wie bei weitgehender Kommunalisierung oder Sozialisierung einer bestimmten Arbeit der natürliche Preis, der sich nur auf einem Markte bildet, verschwindet, und wie dann an Stelle der objektiven Gerechtigkeit das subjektive Ermessen tritt. Fänden auch die Maurer und ähnliche Arbeiter keinen Arbeitsmarkt mehr, sondern fänden nur den einen Arbeitgeber, die Kommune, so müßte ihr Lohn wie Gehalt fixiert werden.

Finanzwirtschaftlich angesehen sind die Pflasterungen von zweierlei Art, nämlich entweder Pflasterungen neuer Straßen im Sinne des Fluchtliniengesetzes, oder Pflasterungen alter Straßen. Die für Pflasterungen neuer Straßen aufgewendeten Gelder kann die Stadt von den Anliegern wieder einziehen. Neue Straßen sind solche, die bisher noch nicht vollständig im Sinne des Fluchtliniengesetzes hergestellt waren.

Weil die Gelder wieder einkommen, werden sie aus Anleihen beschafft, und da sie in wenigen Jahren wieder zurücklaufen, so können sie bis zur Amortisation der Anleihe mehrmals verwendet werden.

Die Anliegerbeiträge betragen gewöhnlich 60 bis 100 ℳ für den laufenden Meter.

Durch diese Anliegerbeiträge sind gedeckt Straßenlanderwerb und Pflasterkosten. Dieser Teil der Stadterweiterung macht also der Stadt keine weiteren Unkosten. In dem Falle, wo die an der Straße liegenden Baustellen nicht einem Eigentümer, sondern mehreren gehören, können allerdings Zinsverluste entstehen, weil die Beträge erst fällig werden, wenn die einzelnen Anlieger anfangen neu zu bauen und die dazu nötige Baukonzession einholen. Das ist der Fall, wenn vorhandene Chausseen oder andere öffentliche Wege, die aus der Stadt herausführen, im Sinne des Gesetzes hergestellt werden. Es liegt im finanziellen Interesse der Stadt, nicht zu viel derartige Straßen auf Vorrat herzustellen. Wollte sie das tun, so würde sie die Baulustigen, welche ja immer nur eine beschränkte Zahl sein können, über eine große Oberfläche zerstreuen; würde lange warten müssen, bis sich das Areal füllt, würde für eine geringe Zahl Steuerzahler große Pflasterflächen, große Kanallängen, Gas- und Wasserrohre herstellen und dadurch sich mit großen Unkosten belasten. Es wird von den Wohnungsreformern verlangt, es sollte, um das Baustellenangebot zu vermehren und das Monopol der Besitzer des schmalen Randes zu brechen, von der Stadt möglichst viel baufähiges Land, eigenes oder privates, aufgeschlossen werden. Das Experiment ist in der kleinen Stadt Wermelskirchen gemacht worden, worüber ein sehr schätzenswerter Bericht von dem dortigen Bürgermeister in dem neusten Buch Karl von Mangoldts: „Die städtische Bodenfrage", Göttingen 1907, zu finden ist. Er führte allerdings zum Preissturz der Baustellen, aber es war auch dafür nicht möglich, die Baustellen in moderner Weise mit Pflaster, Kanal, Gas und Wasser zu versehen, ohne ganz erhebliche Belastung der städtischen Finanzen. Die moderne Stadt ist ein durch gepflasterte Straßen, Kanäle, Wasser, Gas und elektrische Adern eng verbundener Organismus. Die darin wohnende Menschenmenge kann nicht beliebig auseinandergezogen werden, ohne daß das Ganze unwirtschaftlich und schließlich unmöglich wird. Will die Stadt ihr Wasserwerk, ihr Gaswerk rentabel haben, und nicht unsinniges für Pflasterung ausgeben, so muß sie entweder ihre Bewohner zusammenhalten oder sie muß darauf verzichten, eine moderne komfortable Stadt zu sein, sondern sich entschließen, ein größeres Dorf zu bleiben, wie viele amerikanische Großstädte sein sollen.

Im anderen Falle sind die sogenannten neuen Straßen Unternehmerstraßen, d. h. ein Unternehmer, größerer Maurermeister oder dergl. hat Gelände zusammengekauft und wünscht zur weiteren Aufschließung die Straße hergestellt. Die Stadt baut die Straße, aber nach vorheriger Hinterlegung sämtlicher Kosten. Manchmal ist die Stadt auch selbst dieser Grundeigentümer und Unternehmer. In beiden Fällen entstehen keine Verluste.

Endlich kann auch der Bebauungsplan zu einer Straße festgelegt werden, wo noch kein Weg ist und durch ein Gelände, das mehreren gehört. In diesem Falle ist zweierlei möglich, entweder die Stadt verlangt, ehe sie an irgend einen Anlieger eine Baukonzession erteilt, die Hinterlegung der gesamten Straßenkosten. Dadurch zwingt sie die Mehrzahl der Grundeigentümer ihr Land zu verkaufen an einen einzigen Unternehmer, der dieses übernimmt, oder die Stadt erteilt Baukonzession an den einzelnen Anlieger gegen Hinterlegung nur seines Anteils; stellt die Straße her, wenn eine Anzahl gebaut hat und trägt den geringen Zinsverlust bis die Straße voll bebaut ist. Will man das bebaute Grundeigentum auf dem Wege zur Bebauung nicht durch die Hände eines einzigen Spekulanten hindurch treiben, so muß man den letzten Weg wählen. Die Finanzpolitiker der Stadtverordnetenversammlung sind aber bei uns mehr für den ersten Weg. Sie monopolisieren damit das Grundeigentum, während doch eine gesunde Bodenpolitik dafür sorgen müßte, daß das Grundeigentum in möglichst viel Hände verteilt wird.

Handelt es sich nicht um eine neue Straße im Sinne des Gesetzes, sondern um eine sogenannte historische Straße, welche vor dem Fluchtliniengesetz bestand, das sind besonders die Straßen der inneren Stadt, so können von den Anliegern keine Beiträge verlangt werden. Sondern, wenn solche Straßen neu gepflastert werden müssen, muß die Stadt die gesamten Kosten aufbringen und selbst verzinsen.

Es ist zwischen unseren städtischen Körperschaften ein interessanter Streit darüber entstanden, ob man berechtigt ist, derartige Neupflasterungen alter Straßen, deren Kosten von den Anliegern nicht wieder einkommen, aus Anleihen zu bestreiten oder nicht. Die Stadtverordnetenversammlung behauptet, derartige Ausgaben seien keine werbenden Kapitalanlagen, wären wiederkehrende Ausgaben, und darum müßten sie aus laufenden Mitteln bestritten werden; der Magistrat wendet ein, das neue Pflaster würde 40 bis 50 Jahre liegen und es wäre darum nur recht und billig, daß Verzinsung und Amortisation über die ganze Zeit des Verbrauchs verteilt würde. Da die Kapitalien vom ersten Tage an aus Steuern verzinst und amortisiert würden, so würden ja vom ersten Tage an laufende Mittel mobil gemacht, um die Ausgabe zu beschaffen, auch sei es geradezu billiger eine Anleihe zu nehmen und diese zu amortisieren aus laufenden Mitteln, als das Geld 20 Jahre vorher den Steuernzahlern zu entziehen und zu thesaurieren, weil die Stadt zu billigerem Satze Geld geborgt bekommt, als es der Geschäftsmann aus seinem Geschäft hergeben kann. Die Stadt zahlt $3^{1}/_{2}$ % und der Steuerzahler verwertet sein Geld mit 6 bis 7 %. Auch würde, wenn gespartes Kapital vorhanden ist, nur schnell damit gewirtschaftet. Allerdings eine große Stadt, die jedes Jahr in großer Regelmäßigkeit einige Straßen umpflastert, braucht keine Anleihe, sondern kann aus der gleichen Summe, die sie aus laufenden Mitteln für Verzinsung und Amortisation aufwenden müßte, den jährlichen Kapitalaufwand bestreiten; aber eine Mittelstadt, die den Wunsch hat, ihre alte Stadtmitte möglichst bald neuzupflastern, um für den wachsenden Verkehr modernes Pflaster zu haben, kann das vernünftigerweise nur aus einer Anleihe machen.

Eine zweite interessante Streitfrage ist folgende: Die verpflasterten Kapitalien kommen zum Teil sehr bald in Anliegerbeiträgen wieder ein. Müssen sie sofort zur Verstärkung der Schuldentilgung verwandt werden oder dürfen sie nochmals für Neupflasterungen verwendet werden. Letzteres erscheint praktischer; denn es würde unnötige Kosten machen, wollte man das Geld mit der einen Hand zurückzahlen und zugleich mit der anderen wieder aufnehmen. Bei uns wandern diese Kapitalien in den Pflasterfonds und werden hieraus zu neuer Verwendung entnommen.

Über die Pflasterunternehmungen besteht kein besonderer Haushalt, sondern sie erscheinen im Kämmereietat.

Hier sind für Unterhaltung und Erneuerung der Pflasterungen ausgeworfen	29 518,26	ℳ
Aber das ist nicht alles. Von 1890 bis 1905 sind im ganzen verpflastert worden	1 981 925,88	„
Davon aus Anleihemitteln	1 308 845,80	„
Aus rückgezahlten Anliegerbeiträgen wieder verwandt	357 925,—	„
Und aus laufenden Mitteln des Kämmereietats durchschnittlich jährlich etwa 21 000 ℳ im ganzen . .	315 154,—	„
Mindestens die aus Anleihen entstammenden Kapitalien müssen verzinst und amortisiert werden, eigentlich auch die anderen Kapitalien. Von dem Anleihekapital ist getilgt ein Betrag von	594 600,—	„
Verzinsung und Tilgung geschieht aber noch von dem ursprünglichen Anleihekapital und macht also 5 %	65 442,—	„
Dazu diesjähriger Aufwand von	29 518,26	„
macht Summe	94 950,26	ℳ

Man sieht also, daß der Kommunalbetrieb Pflasterungen einen recht erheblichen Rang unter den städtischen Unternehmungen einnimmt. Er ist ein Zuschußbetrieb; aber nur durch den Aufwand für die alte Stadt. Im übrigen ist er der lukrativsten einer.

Denn, indem die Stadt neue Wohnungsgelegenheit schafft, gewinnt sie neue Steuerzahler und neue Konsumenten für ihre übrigen wirtschaftlichen Unternehmungen und kann so durch eine vernünftige Stadterweiterung und Stadtverschönerung ihre finanzielle Lage verbessern.

n. Stadtgärtnerei.

Der jetzige Stadtgärtner übernahm sein Amt im Jahre 1889. Damals bestand schon ein schöner großer Park vor den Toren der Stadt, der Bürgergarten. Aber die nähere Umgebung der Stadt sowie die Innenplätze waren noch in wüster Verfassung. Besonders die schönen alten Wallanlagen wurden noch verunstaltet durch offene stinkende Gräben, Schuttabladeplätze, Pferdeschwemme u. dergl.

Gegenwärtig ist die Stadt im Innern mit schönen Teppichbeeten geschmückt, in denen ca. 60 000 Stück (gegen früher 700 Stück) selbstgezogene Blumenpflanzen stecken, und mit feinen Teppichrasenplätzen, die jährlich 6 bis 8 mal gemäht werden. Der Bestand an Alleebäumen hat sich von 1000 auf 5000 erhöht. An zusammenhängenden Parkanlagen gibt es 65 Morgen und die darin befindlichen Kieswege und Promenaden haben eine Länge von über 8 km, ungerechnet die im Entstehen begriffenen und die alten Promenaden in der Stadt.

Der Etat ist gestiegen von 3551 ℳ im Jahre 1888 auf im Jahre 1907. Die letzten 2000 ℳ sind durch Lohnerhöhungen nötig geworden. Die Stadtgärtnerei beschäftigt zur Zeit: 1 Stadtgärtner, 1 Gärtnergehilfen und 12 Arbeiter, worunter 3 Invaliden und Altersrentenempfänger. Die Löhne betragen im Sommer 2,10 bis 2,75 ℳ, im Winter 1,76 bis 2,50 ℳ.	13 429 ℳ
Ferner werden noch ausgegeben:	
Für Unterhaltung der Obstanlagen und Obstbaumschule . .	1 500 ℳ
und für Unterhaltung der Flußufer und Zäune	895 „
Summe	15 824 ℳ
Dazu für Wegeunterhaltung, die auch von der Stadtgärtnerei besorgt wird	3 074 ℳ

Dem stehen keine nennenswerten Einnahmen gegenüber. Die Stadtgärtnerei ist also ein Zuschußbetrieb.

Einen Kommunalbetrieb Straßenreinigung haben wir nicht. Diese wird von den Anliegern besorgt.

o. Sparkasse.

Der Personal- und Materialaufwand der Sparkasse erscheint im Kämmereietat, welcher dafür wie von jedem städtischen Kommunalbetriebe einen Verwaltungskostenbeitrag erhält, der in diesem Falle 15 000 ℳ beträgt. Schon daraus geht hervor, daß die Sparkasse zu den wirtschaftlichen Betrieben der Stadt gehört.

Außerdem geht das auch daraus hervor, daß ein Teil ihrer Überschüsse an den Kämmereietat gezahlt wird und in diesem als Einnahme erscheint. Allerdings bedarf es zur Verteilung des Überschusses in der Ausgabe der besonderen Erlaubnis der aufsichtsführenden Behörde, des Regierungspräsidenten, die nur unter der Bedingung erteilt wird, daß diese Summen für Wohlfahrtszwecke ausgegeben werden. Bei uns wurde sie im Jahre 1908 wie folgt verwendet:

Für Reliktenversorgung der Beamten	4 639 ℳ
Zur Unterhaltung der Promenaden	13 429 „
Zur teilweisen Deckung des Fehlbetrages bei der Volksschul- und Armenkasse	35 000 „
Summe	35 068 ℳ
Der gesamte Bedürfniszuschuß der Volksschulen beträgt . .	122 205 ℳ
Der gesamte Bedürfniszuschuß des Armenetats beträgt . . .	21 130 „

Aber indem ohne diese Sparkassenüberschüsse ein Teil dieser Ausgaben doch bestritten werden müßte, entlasten sie die anderen Kräfte der Einnahmeseite, besonders die Steuerkraft und haben somit dieselbe Wirkung im Etat, wie etwa der Reingewinn der Gasanstalt. Man könnte die Frage aufwerfen, ob der Gewinn nicht besser den Sparern zugebilligt würde in Form einer Dividende. Man darf aber nicht vergessen, daß die Gemeinde das Risiko für die Sicherheit der Sparanlagen trägt.

Außerdem dient die städtische Sparkasse dem Gemeinwesen noch als sein nächster und liebster Gläubiger. Wenn die Stadt zu kleinen Unternehmungen, z. B. zu Pflasterungen, Geld braucht, so leiht sie zunächst von einer Sparkasse, am liebsten der eigenen, und erst wenn die zusammengeborgten Summen eine nennenswerte Summe erreicht haben, schreitet sie zur Begebung einer Anleihe, weil nur größere Anleihen von den Geldinstituten übernommen und an den Börsen gehandelt werden.

Übrigens ist die Summe, welche die Sparkasse zur Verfügung stellen darf, beschränkt, nämlich an die eigene Gemeinde dürfen Anleihen nur bis zu 25 % der Einlagen gegeben werden.

Warum geben die Städte nicht gemeinsam Anleihen aus, die doch einen größeren Markt haben würden, als die einer einzelnen kleinen Stadt?

Unser Oberbürgermeister Kraatz ist vor mehreren Jahren an alle städtischen Sparkassen herangetreten mit der Bitte, eine Zentralstelle für städtische Anleihen zu schaffen. Er hat ausgeführt, „daß die Städte dann viel Geld ersparen könnten, und daß die Zentralstelle zugleich als Regulator für den Zinsfuß dienen könnte, da ihr fast ungemessene Mittel zur Verfügung stehen würden, namentlich, auch wenn die Städte sich dieser Zentralstelle als Bankinstitut bedienten."

Das Unternehmen scheiterte an der Weigerung der großen Städte, bei denen die großen Banken wohl starken Einfluß haben. Die Idee ist unzweifelhaft für die Städte von ungeheurer Tragweite. Vielleicht gelingt es eher, wenn man sich nicht an die Gläubiger (Sparkassen), sondern an die Borger (Städte) wendet und nur die mittleren und kleineren Städte einer Provinz zusamenfaßt. Diese müßten gemeinsam Pfandbriefe ausgeben, und müßten ihre Schuldenwirtschaft untereinander kontrollieren.

III. Verwaltungsgrundsätze in den städtischen Unternehmungen.

Innerhalb des Etats besorgt der Magistrat die Vergebung der Arbeiten und Lieferungen und deren Kontrolle.

Er zieht vor dem Beschluß, die zuständigen Verwaltungsdeputationen, soweit solche im Sinne der Städteordnung gebildet sind, zu Rate.

Es bestehen folgende Deputationen:

1. Eine für Gas- und Elektrizitätswerk, Wasserwerk,
2. eine für den Schlachthof,
3. eine für den Friedhof,
4. eine für Straßenbahn und Verkehr,
5. eine für die Sparkasse,
6. eine für Obstanlage, Flur- und Verschönrungswesen,
7. eine für das Bauwesen und Kanalisation.

Eine der schwierigsten Fragen ist die der Vergebung der städtischen Arbeiten. Ein Privatmann kann seinen Auftrag vergeben, wie er will, desgleichen eine private Gesellschaft. Eine öffentliche Körperschaft braucht um der Öffentlichkeit willen und um des gemeinen Interesses willen, das sie vertritt, besondere Formen der Vergebung. Auch ist das städtische Gemeinwesen auf dem Markte der eigenen Stadt ein so starker Arbeitgeber und Käufer, daß alle privaten Wirtschafter, Gewerbetreibende und Geschäftsleute an seiner Handlungsweise ein bedeutendes materielles Interesse haben und als Bürger, die sie sind, diese zu kontrollieren suchen werden. Diese Handlungsweise wird nicht nur nach rein fiskalischen Gesichtspunkten beurteilt, sondern auch vom Interesse derer, die ihm als Verkäufer von Ware oder Arbeit gegenüberstehen.

Bei großen Massenleistungen geschieht die Vergebung nach öffentlicher Ausbietung an den Mindestfordernden. Die Ausbietung ist öffentlich, erstens im Interesse der Stadt, damit der Mindestfordernde gefunden wird, zweitens im Interesse der Bürger, damit jeder sich beteiligen kann, und nicht nur ein enger Ring von den städtischen Arbeiten lebt. Aber dies Verfahren hat auch seine Nachteile.

Erstens vom Standpunkt der Stadt:

Nicht jede Arbeit und Lieferung darf dem Mindestfordernden anvertraut werden. Dieser ist beinahe regelmäßig einer, der aus Dummheit oder Konkurrenzneid oder weil er halb bankerott ist und nichts mehr zu verlieren hat, einen Preis bietet, für den gute Arbeit oder Ware wirklich nicht geliefert werden kann. Oft aber kann die Güte und die Ehrlichkeit der Arbeit oder Lieferung nicht genaustens kontrolliert werden, sondern man ist darauf angewiesen, sich auf die Geschäftsehrlichkeit des Liefernden zu verlassen. In solchen Fällen darf man nicht dem Mindestfordernden die Arbeit geben, denn er würde sie nicht in der verlangten Güte liefern können.

Außerdem leidet das solide Geschäft unter dem Verfahren schrankenloser Submission, bei welchem der Auftrag beinahe nie an den soliden Unternehmer kommt. Es ist deshalb schon von Vertretern des Handwerks befürwortet worden, es sollte nicht an den Mindestfordernden, sondern an den, der dem Durchschnitt am nächsten kommt, vergeben werden.

Es gibt aber noch ein anderes Mittel dieser Gefahr zu begegnen.

Es ist das der Weg der beschränkten Submission, dabei wird nur eine beschränkte Zahl vertrauenswürdiger Firmen oder Handwerksmeister aufgefordert, ihr Gebot abzugeben. Es geschieht das, wenn es bei der Lieferung nicht nur auf Billigkeit, sondern mehr noch auf Güte der Leistung ankommt. Während das obige Verfahren mehr für Warenlieferung, z. B. Ziegelsteine, paßt, eignet sich die beschränkte Submission mehr für handwerksmäßige Arbeiten. Allerdings wird das Prinzip der Öffentlichkeit dabei verlassen, und es muß umsomehr verhütet werden, daß die Vergebung der städtischen Lieferungen zu einer Bevorzugung weniger führt. Um auch den immer regen Verdacht zu entkräften, sollte der Kreis der Aufzufordernden immer durch die Deputation im besonderen Beschlusse festgestellt werden. Die Vergebung erfolgt an den Mindestfordernden, der ja in diesem Falle auch zu dem Kreis der Vertrauenswürdigen gehört.

Außerdem gibt es noch die freihändige Vergebung der Arbeiten durch das Bauamt in allen Fällen, wo es sich um häufig wiederkehrende kleine Reparaturen handelt. Diese geschieht im regelmäßigen Wechsel zwischen den Handwerksmeistern, die sich dazu bereit erklärt haben.

Für den Verkauf von Land sind die Formen in der Städteordnung vorgeschrieben, es hat in der Regel nach öffentlicher Ausbietung zu geschehen.

Es ist eine oft umstrittene Prinzipienfrage, ob es erlaubt ist, daß Magistratsmitglieder und Stadtverordnete sich an den städtischen Lieferungen beteiligen. Auf keinen Fall kann diese Frage einfach mit nein beantwortet werden, denn das würde gerade diejenigen Kreise ausschließen, die nach dem Sinn der Städteordnung in erster Linie berufen sind, an ihr Teil zu nehmen. Das würde zurückführen zur Beamtenregierung, welche durch die Mitarbeit der Interessierten, der mit dem Gedeihen der Stadt wirtschaftlich eng Verbundenen, zu ersetzen, ja gerade die große Aufgabe der Selbstverwaltung ist. Das Interesse, von dem hier die Rede ist, ist immer ein materielles, ein Existenzinteresse und nicht ein bloßes Liebhaberinteresse, welches nie in der Selbstverwaltung genügen könnte: unsere Magistrate sind nicht denkbar ohne die Mitarbeit der unbesoldeten Stadträte, zu welchen gewöhnlich große, lang angesessene Geschäftsleute gewählt werden. Deren private Geschäfte, z. B. als Grundbesitzer, werden sich immer aufs mannigfaltigste mit den städtischen Interessen durchflechten. Wollte man sie deshalb für ungeeignet zu den öffentlichen Geschäften halten, so würde man die Städte der besten Kräfte der Selbstverwaltung berauben. Gerade die Mittelstädte können sie nicht entbehren. Die ständige Kontrolle der Öffentlichkeit sorgt schon dafür, daß sie ihr Amt nicht mißbrauchen.

Ein modernes städtisches Gemeinwesen braucht einen großen Beamtenkörper, um so größer, je mehr wirtschaftliche Unternehmungen es betreibt. Wie sind die Anstellungsverhältnisse?

Die Beamten werden entweder auf Lebenszeit unter Ausschluß einer Kündigung oder gegen den Vorbehalt einer dreimonatlichen Kündigung angestellt. Zur ersten Kategorie gehören 42 Stellen, zur zweiten 11. Außerdem werden 38 Angestellte auf Grund eines Privatdienstvertrages mit einmonatlicher Kündigung beschäftigt.

Arbeiter werden durchschnittlich 130 beschäftigt, sie erhalten an Lohn zwischen 2 ℳ und 3,50 ℳ pro Tag.

Die Beamten sind pensionsberechtigt. Die Angestellten und Arbeiter erhalten Ruhelohn. Voraussetzung der Gewährung eines Ruhelohnes sind:

a) die ohne eigenes Verschulden infolge eines körperlichen Gebrechens oder wegen Schwäche der körperlichen und geistigen Kräfte eingetretene dauernde Unfähigkeit, den bisherigen oder einen andern von dem Magistrate zu bestimmenden Dienst zu versehen,

b) eine mindestens zehnjährige ununterbrochene Beschäftigung im städtischen Dienste nach vollendetem 25. Lebensjahr.

Der Ruhelohn beträgt nach 10jähriger Beschäftigung $^{10}/_{60}$ und steigt mit jedem weiter zurückgelegten Dienstjahr um $^1/_{60}$ des Arbeitsverdienstes im letzten Jahre.

Der Ruhegehaltfonds beträgt zur Zeit 22 027,51 ℳ.

IV. Die Bedeutung der Gemeindebetriebe für den Gemeindehaushalt.

Welche Betriebe sind Zuschußbetriebe, und welche Betriebe sind Überschußbetriebe?

Zweifellos ein Überschußbetrieb ist die Gasanstalt, ferner die Sparkasse.

Zweifellos Zuschußbetriebe sind Obstplantage, Hennenbrücke, Friedhof, Kanalwesen, Pflasterungen, Stadtgärtnerei.

Weder Zuschuß noch Überschuß bringen Wasserwerk, Straßenbahn, Elektrizitätswerk, Schlachthof.

Welche Betriebe auf Gewinn berechnet sind, ist nicht ohne weiteres zu sagen, da ja die Absicht wechseln kann. Schlachthof und Friedhof werden nicht auf Gewinn betrieben. Dagegen wird man in Zukunft vom Wasserwerk, der Straßenbahn und dem Elektrizitätswerk gern einen Gewinn in Empfang nehmen.

Die kommunalen Betriebe 1 bis 8 haben bei uns ihre besonderen Etats und erscheinen im Kämmereietat nur mit ihren Überschüssen oder Zuschüssen; dagegen die von Nr. 9 an erscheinen mit der ganzen Ausgabe und Einnahme im Kämmereietat, mit Ausnahme von dem Vermögen der Stiftungen, das gesondert verwaltet wird.

Es ist das aber kein sachlicher Unterschied. Sie haben alle die gleiche enge Verwandtschaft mit der städtischen Wirtschaft als Gesamtunternehmen und es ist gerade die wichtigste Betrachtung diejenige, die wir jetzt über sie vornehmen wollen, wie sie sich nämlich allesamt im Haushalt der Stadt zusammensetzen.

Die von der Stadt aufgenommenen Schulden finden ihre Deckung und Rechtfertigung in den verschiedensten Anlagen, Betrieben und Unternehmungen. Für die Unternehmungen, die besondere Etats haben, wie Gas, Wasser, Elektrizität usw. ist es leicht nachzuweisen, welchen Teil der städtischen Schulden sie verzinsen und amortisieren. Aber von den anderen Unternehmungen ist das nur mit einiger Mühe aus dem Etat darzustellen, z. B. bei den Pflasterungen und der Grundeigentumsverwaltung. Um nun ein klares Bild zu bekommen, wie die einzelnen Unternehmungen die Gesamtwirtschaft der Stadt zusammensetzen und zur Deckung ihrer Schuldenlast beitragen, machen wir uns an die Zerlegung des eigentlichen Haushaltplanes der Stadt, des Kämmereietats.

Um die Vermögenslage einer Stadt zu prüfen, gibt es kein besseres Mittel als die Zerlegung des Etats. Der Etat ist zwar nur ein Voranschlag und ist, weil der Mensch die Zukunft nie ganz vorhersehen kann, immer nur unvollkommen. Auch erscheinen im Etat nur die ordentlichen Ausgaben und Einnahmen. Alle außerordentlichen und unvorhergesehenen werden außerhalb des Etats bewilligt und berechnet. Aber eben, weil alle regelmäßigen Einkünfte und alle regelmäßigen Verpflichtungen im Etat erscheinen müssen, ist an diesem am besten die wahre Finanzkraft, das wirkliche Vermögen einer Stadt zu ersehen.

A. 1.

Um $9^1/_2$ Millionen Schulden zu verzinsen muß Naumburg 315 345,17 ℳ in den Etat einstellen.

Woher kommt das zur Verzinsung nötige Geld?

Der Kämmereietat erhält von den wirtschaftlichen Unternehmungen zum Zinsendienst	57 230,36 ℳ
Außerdem hat die Kämmerei selber einen Teil ihres ersparten Vermögens in den wirtschaftlichen Unternehmungen angelegt, nämlich 205 387,67 ℳ und erhält daraus einen Zinsbetrag von	9 286,40 „
Um diesen Etatsteil vollständig darzustellen, fügen wir hinzu was an Zinsen aus mobilen Kapitalien, Betriebsfonds, Anleiherest und ähnlichen einkommt, nämlich	4 769,70 „
und die bei allerlei Separatfonds einkommenden Zinsen .	13 871,33 „

Wir haben das vollständige Bild des Zinsendienstes in folgendem:

Zinslast: Titel 2 des Etats der Ausgabe	315 345,17 ℳ
Zinseinkommen: Titel 2 des Etats der Einnahme . .	85 184,79 ℳ

A. 2.

Dazu kommt als nächstes Etatsbild die Schuldenabstoßung oder Kapitalbewegung überhaupt. Jede Anleihe muß nicht nur verzinst, sondern auch vom ersten Tage an amortisiert werden. Für die Amortisation bringt die Stadt in diesem Jahre auf: 161 139,98 ℳ. Woher kommt das Geld? Wiederum bezahlen die wirtschaftlichen Unternehmungen Amortisationsquoten, welche den für sie aufgewendeten Kapitalien entsprechen, nämlich 68 015,42 ℳ.

Außer dieser Kapitalbewegung findet noch manche andere nebensächlicher Art statt, nämlich bestimmte Fonds werden erhöht, wobei wir uns im einzelnen nicht aufzuhalten brauchen.

Die gesamte Kapital- und Schuldenverwaltung stellt sich nunmehr wie folgt:

A. Kapital- und Schuldenverwaltung.

1. einkommende Zinsen:		Schuldenzinsen:	
a) von den wirtschaftlichen Unternehmungen, Anleihekapital	57 230,36 M		
b) von den wirtschaftlichen Unternehmungen, Kämmereidarlehen	9 286,40 „		
c) aus mobilen Kapitalien	4 796,70 „		
d) bei den Separatfonds	13 871,33 „		
	85 184,79 M		315 345,17 M
2. Kapitalbewegung:		Kapitalbewegung:	
a) Rückzahlungsquoten der wirtschaftlichen Unternehmungen	68 015,42 M	Rückzahlungsquoten der Anleihen	161 160,26 „
b) Deckung aus dem Kämmereivermögen	13 560,— „	Anreicherung des Kämmereivermögens	11 150,03 „
c) Zur Anreicherung der Separatfonds und anderes	16 528,— „	Anreicherung der Separatfonds	38 585,56 „
	98 103,42 M		210 895,85 M
Summe	183 288,21 M	Summe	526 241,02 M

B.

Es fehlen zur Vollständigkeit des Bildes noch die Überschüsse, die die wirtschaftlichen Unternehmungen bringen und die Zuschüsse, die sie verlangen.

Wir bilden dazu einen zweiten Etatsteil, eine Gewinn- und Verlustrechnung der wirtschaftlichen Unternehmungen, insoweit diese besondere Etats haben.

B. Gewinn- und Verlustrechnung der wirtschaftlichen Unternehmungen mit besonderem Haushalt.

		Zuschuß an die Kasse	
		des Friedhofs	1 121,— M
		der Hennenbrücke	2 052,88 „
Reinertrag der Gasanstalt	29 000 M	der Obstplantage	13 560,— „
			16 733,88 M

A. + B.

Wenn wir danach die beiden Etatsteile A. und B. untereinander setzen, so ergibt sich, daß der Schuldendienst durch die Beiträge der wirtschaftlichen Unternehmungen nicht entfernt gedeckt wird.

A.	183 288,21 *M*	526 241,02 *M*
B.	29 000,— „	16 733,88 „
A. + B.	212 288,21 *M*	542 974,90 *M*
Differenz:	330 686,69 *M*	

C.

Die Erklärung wird kommen aus dem nächsten Etatsteile, den wir bilden aus der Grundeigentumsverwaltung. In dieser liegt zum andern Teil das Schwergewicht der wirtschaftlichen Unternehmung unserer Stadt.

Wir haben oben gesehen, daß der Grundbesitz der Stadt bringt:

An Kasernenmiete	234 758,63 *M*
Ferner aus dem ertragsfähigen Grundeigentum . . .	72 140,47 „
Außerdem steht im Etat ein Mietsertrag der Schulgebäude von	48 222,— „
Summe	355 260,10 *M*

Dieser Posten „Schulgebäude" ist allerdings wirtschaftlich angesehen von anderer Bedeutung als die obigen.

Jede Stadt hat zweierlei Arten Vermögen. Erstens solches, welches Ertrag bringt und darum verkauft und verpfändet werden kann, Vermögen wie es jeder Privatmann auch haben kann, nämlich Äcker, Baustellen und dergl.; außerdem aber Vermögen, das keinen Ertrag bringt, sondern nur kostet, wie z. B. Schulbauten, Verwaltungsgebäude, Kanalanlagen, Pflasterungen. Weil diese Vermögenswerte keinen Ertrag bringen, decken sie auch keine Schuldenzinsen. Trotzdem sind solche Ausgaben, um deretwillen ja sogar Schulden gemacht sein können, wirkliche Vermögenswerte, reelle Gegenwerte von Schulden, auch z. B. nötige Pflasterungen auf Straßen, an denen nichts wieder einkommt. Um nachzuweisen, wieviel für solche nicht werbenden Kapitalanlagen aufgewendet ist, tut man gut fingierte Einnahmeposten einzusetzen. Diese 48 222 *M* Mietsertrag der Schulen decken einen Teil der Ausgabeseite, nämlich die Verzinsung und Amortisation des für Schulenbauten aufgewendeten Anleihekapitals. Aber wo kommen sie her, da doch die Stadt in Wirklichkeit keine Miete einnimmt, sondern selbst zahlt? Dieser Posten begegnet uns im Etat noch einmal, nämlich im folgenden Etatsteil auf der Ausgabeseite in den Aufwendungen für Schulen, und diese wiederum fließen aus den Steuern. Er läuft also aus dem Steuereinkommen durch die Schulausgabe in die Einnahme aus Grundeigentum und von da aus in die Ausgabe des Schuldienstes. Leider ist nicht mit allen Schulmieten so verfahren worden, nämlich für das große Realschulgebäude, das ca. 500000 *M* gekostet hat, ist kein fingierter Mietsertrag eingesetzt, weil die Realschule ihren besonderen Etat hat, in welchen um eines Zuschusses willen das Provinzial-Schulkollegium hineinredet, und aus irgendwelchen Gründen den Ansatz der Miete gestrichen hat.

Die Unterhaltung und die Pflege des gesamten Grundeigentums hat gekostet:

Für Äcker, Wiesen und Forsten	2 128,— *M*
Für Brandversicherung	3 137,26 „
Für Gebäudeunterhaltung	14 662,35 „
Summe	19 927,61 *M*

Außerdem aber sind in unserem Etat bei und in der Grundeigentumsverwaltung nachgewiesen die oben behandelten Kommunalbetriebe, nämlich:

1. Die Ausgaben für Kanalisation und Kläranlage . .	39 462,65 *M*
2. Die Ausgaben für Erneuerungen und Unterhaltungen der Pflasterungen	29 518,26 „
3. Die Ausgaben der Stadtgärtnerei	15 824,— „
4. Die Ausgaben für Wegeunterhaltung	3 074,— „
5. Grundabgaben allgemeinerer Natur	2 573,42 „
Summe	110 379,94 *M*

Demgegenüber standen an Einnahmen . . . . . 355 260,10 *M*

Die Differenz ist der Rohertrag, welcher den Schuldenlasten gegenüber gestellt werden muß.

A. + B. + C.

In den drei Etatsteilen, die wir bis jetzt durchgesprochen haben, ist alles zusammengefaßt, was im städtischen Haushalt an wirtschaftlichen Unternehmungen zu finden ist, und ist zugleich nach seiner Natur und Zusammengehörigkeit gruppiert.

Stellen wir nun wiederum die drei Etatsteile zusammen, so erhalten wir folgendes Bild:

A. Kapital und Schuldenverwaltung .	183 288,21 ℳ	526 241,02 ℳ
B. Bilanz der wirtschaftlichen Unternehmungen	29 000,— „	16 733,88 „
C. Grundeigentumsverwaltung . . .	355 121,10 „	110 379,94 „
A. + B. + C.:	567 409,31 ℳ	653 354,84 ℳ
Differenz:	85 945,53 ℳ	

Diese Summe von 85 945,53 ℳ fehlt noch an der vollen Deckung des Schuldendienstes.

Woher kommt sie?

D.

Sie kommt, wie es nicht anders sein kann, aus den Steuern, und damit kommen wir zu dem vierten und letzten Abschnitt des Etats, dem Steuer- und Verwaltungsetat.

Jede Stadt ist ja nicht nur eine wirtschaftende Unternehmerin, wie eine Aktiengesellschaft, sondern hat öffentliche Pflichten, nämlich die Armenpflege, die Unterhaltung der Kirchen und Schulen, des Polizeiwesens usw. Das alles kostet viel Geld. Auch braucht sie um diese Pflichten zu erfüllen einen großen Beamtenstab. (Personaletat = 145 427 ℳ und 8 828,16 ℳ für Pension.) Stellen wir diese Pflichtausgaben zusammen, so erhalten wir die ansehnliche Summe von 629 439,10 ℳ.

Dies Geld muß geschafft werden und zwar in der Hauptsache aus den Steuern (594 906 ℳ). Außerdem stehen als Deckung zur Verfügung die Verwaltungskostenbeiträge, welche die wirtschaftlichen Unternehmungen Gasanstalt, Wasserwerk, Elektrizitätswerk, Schlachthof an die Kämmerei zahlen dafür, daß die kaufmännische Verwaltungsarbeit von dem Beamtenstab geleistet wird. Wir setzen sie hierher, weil sie ihr Gegenüber in den Personalausgaben der Verwaltung finden. Die Verwaltungskostenbeiträge betragen jedesmal 5 % der Betriebskosten. Wir sehen also, daß auch den Personaletat die Stadt wirtschaftlich zu behandeln sucht. Sie betragen rund 42 000 ℳ, also etwa ein Fünftel des Personaletats der gesamten Verwaltung, was mir, gemessen am Arbeitsaufwand, ziemlich wenig zu sein scheint.

Endlich stehen zur Verfügung die Überschüsse der städtischen Sparkasse, welche der Kämmerei zufließen, und welche hierher gesetzt werden müssen, weil sie laut Gesetz oder Verordnung nur für kommunale Wohlfahrtszwecke, also für die Ausgaben der rechten Seite verwandt werden müssen. Sie betragen . . . . 53 068 ℳ

Und sind verwandt worden:

1. Für Reliktenversorgung der Beamten . . . . 4 639 ℳ
2. Zur Unterhaltung der Promenaden, die in der Grundeigentumsverwaltung zur Ausgabe steht . . . . 13 429 „
3. Zur teilweisen Deckung des Fehlbetrages bei der Volksschul- und Armenkasse . . . . 35 000 „

Dieser Etatsteil zeigt sich also wie folgt:

D. Steuern und Verwaltungsetat.

1. Aus Kommunalsteuern	594 906,91 ℳ	Verwaltungsausgaben	
Aus Gebühren und Berechtigungen . .	12 546,— „		
2. Verwaltungskostenbeiträge der wirtschaftlichen Unternehmungen und Überschüsse der Sparkasse	97 251,67 „		
3. Insgemein	9 700,05 „		
Summe	715 404,63 ℳ	Summe	629 459,10 ℳ
Differenz:			85 945,53 „
		Summe	715 404,63 ℳ

A. + B. + C. + D.

Also dieser Abschluß ergibt einen Überschuß von 85 945,53 ℳ und dieser Überschuß, der natürlich aus den Steuern stammt, wird verwendet, um das zu decken, was in den drei andern Etatsteilen nach obiger Aufstellung noch fehlt. Wenn wir nunmehr alle Abschnitte untereinanderstellen, so kommt in Einnahme und Ausgabe die Summe heraus, mit der unser Etat abschließt, ein Beweis dafür, daß alle Posten herausgezogen und irgendwo hingesetzt sind, daß wir also im obigen ein vollständiges Bild des Etats gegeben haben.

1908.

	Einnahme:	Ausgabe:
A. Kapital und Schuldenverwaltung	183 288,21 ℳ	526 241,02 ℳ
B. Bilanz der wirtschaftlichen Unternehmungen	29 000,— „	16 733,88 „
C. Grundeigentumsverwaltung . .	355 121,10 „	110 379,94 „
D. Steuern und Verwaltungsetat .	715 404,63 „	629 459,10 „
Summe	1 282 813,94 ℳ	1 282 813,94 ℳ

Auf der beigefügten Tafel ist übersichtlich der Aufbau des städtischen Etats dargestellt.

Haushaltsplan der Kämmerei der Stadt

A. Kapital- und Schulden-Verwaltung.

A 1. Zinsendienst.

1. Einkommende Zinsen:				
a) Zinsen von Kapitalien, die aus Anleihen stammend in den wirtschaftl. Unternehmungen angelegt sind, nämlich der Gasanstalt, dem Wasserwerk, dem Schlachthof, der Hennenbrücke, dem Friedhof und dem Kanalwesen.		57 230,36		
b) Zinsen von Kapitalien der Kämmerei, bestehend in Darleben aus eigenen Vermögen an die städtischen Unternehmungen		9 286,40		
c) Zinsen von Kapitalien bei den Separatfonds, die diesen wieder zuwachsen		13 871,33		
d) Zinsen von Inhaberpapieren, vom Betriebsfond, vom Anleiherest und ähnlichen		4 796,70		
	Titel 2		85 184,79	

A 2. Kapitalbewegung.

1. Rückzahlungen der wirtschaftlichen Unternehmungen. .		68 015,42		
Aus Kämmereivermögen zur Deckung des Zuschusses der Obstplantage		13 560,—		
Zur Anreicherung des Separatfonds		11 669,—		
Zur Anreicherung des Fonds für Ruhegehalt der Arbeiter		3 900,—		
	Titel 10	97 144,42		
	„ 9	959,—	98 103,42	
	A			183 288,21
B. Bilanz der wirtschaftlichen Unternehmungen (soweit sie einen besonderen Haushalt haben).				
Der Reinertrag der Gasanstalt aus Titel 6				29 000,00

C. Grundeigentumsverwaltung.

Aus Mieten und Pächten:				
1. Von ertragsfähigem Besitz, Häusern und Grundstücken		72 140,47		
2. Von den großen Kasernenbauten		234 758,63		
3. Fingierte Miete der Schulen		48 222,—		
	Titel 1			
	C			355 121,10

D. Steuern- und Verwaltungsetat.

1. Aus Steuern, nämlich 140% Einkommensteuer (324 511,74), Gewerbesteuer, Grund- und Gebäudesteuer, Umsatzsteuer, Biersteuer usw. .	Titel 5		594 906,91	
2. Aus Gebühren und Berechtigungen	„ 3	5 138,—		
	„ 4	934,—		
	„ 8	3 945,—		
	„ 9	2 529,—		
			12 546,00	
3. Aus Verwaltungsbeiträgen der wirtschaftlichen Unternehmungen und der Sparkasse, welche ihr Gegenüber im Personaletat der Verwaltung haben		39 367,67		
4. Aus Verwaltungsbeiträgen der milden Stiftungen . .		3 545,—		
5 Aus Überschüssen der Sparkasse, welche hier verwendet werden müssen		53 068,—		
6. Aus anderem		2 271,—		
(Ohne den Überschuß der Gasanstalt)	Titel 6		98 251,67	
7. Insgemein	„ 11		9 700,05	
	D			715 404,63
				1 282 813,94

Naumburg für das Jahr 1908.

A. Kapital- und Schulden-Verwaltung.

A 1. Zinsendienst.

1. Zur Verzinsung der Anleihen

	Titel 2	315 345,17	

A 2. Kapitalbewegung.

2. Rückzahlungsquoten der Anleihen	161 160,26		
Anreicherung des Separatfonds	38 585,56		
Anreicherung des Kämmereivermögens	11 150,05		
Titel 23		210 895,85	
A			526 241,02

B. Bilanz der wirtschaftlichen Unternehmungen (soweit sie einen besonderen Haushalt haben).

Zuschüsse an die Kasse des Friedhofs	1 121,—		
der Hennenbrücke	2 052,08		
der Obstplantage	13 560,—		
B. Titel 20			16 733,88

C. Grundeigentumsverwaltung.

1. Für Äcker, Wiesen und Weiden	2 128,—		
2. Für Brandversicherungen	3 137,26		
3. Für Gebäudeunterhaltung	14 662,35		
4. Für Kanalwesen, Verzinsung und Tilgung	30 329,65		
Betrieb	9 133,—		
5. Für Unterhaltung und Erneuerung der Pflasterungen	29 518,26		
6. Für Wegeunterhaltung	3 074,—		
7. Für Unterhaltung der Promenaden, Anlagen, Gräben und Zäunen	15 824,—		
	Titel 6	107 806,52	
8. Noch andere Grundlasten	„ 15	188,38	
Dito	„ 3	2 385,04	
	C		110 379,94

D. Steuern- und Verwaltungsetat.

1. Personaletat	Titel 1	145 427,88	
	„ 4	8 828,16	
2. Für Kirchen und Schulen	„ 5	279 411,35	
3. Für Armenpflege	„ 11	31 130,53	
4. Für Straßenbeleuchtung	„ 10	29 359,—	
5. Für polizeiliche Zwecke	„ 12	11 027,—	
6. Für Kreis- und Provinzialabgaben	„ 22	78 290,49	
7. Für Verschiedenes: nämlich Titel 7, 8, 9, 13, 14, 16, 17, 18, 19, 21, 24		45 984,69	
	D		629 459,10
			1 282 813,94

Was bedeutet nun dieses Etatsbild? Es fällt auf, daß der Schuldendienst weder durch die wirtschaftlichen Unternehmungen im engeren Sinne, noch durch Hinzunahme der Grundeigentumsverwaltung gedeckt wird, sondern der Steuern- und Verwaltungsetat mit beansprucht wird und zwar eine Summe von 85 945,53 M abgeben muß. Aber das haben wir schon im vorhergehenden erklärt. Aus diesen Steuern müssen ja diejenigen Unternehmungen versorgt werden, die keine werbenden Anlagen sind.

Das sind in erster Linie die Schulbauten. Da steht allerdings die Summe von 48 222 M auch im Verwaltungsetat in Ausgabe unter den Aufwendungen für Schulen darf also zur Erklärung der Summe 85 945,53 M nicht nochmals herangezogen werden. Aber nicht steht im Etat ein fingierter Mietsertrag des Realschulgebäudes, für welches doch im Schuldendienst gezahlt werden an Verzinsung und Amortisation 5 % von 500 000 M: 25 000 M, sondern die Realschulmiete wird gezahlt in der Summe von 85 945,53 M, die wir hier aus dem Steueretat in den Schuldenetat fließen sehen. Also: 25 000,— M.

Ebenso fehlt ein fingierter Ertrag, der, solange die Obstplantage keinen Ertrag abwirft, den für Verzinsung und Tilgung der dort festgelegten Kapitalien aufgewendeten Betrag nachwiese. Sondern dieser Posten, der ja in Wirklichkeit aus den Steuern gezahlt werden muß, läuft durch die obige Summe ohne Umweg aus der Steuereinnahme in die Schuldenausgabe.

Er beträgt	7 932,43 M
Ebenso werden aus dem Steueretat gezahlt die Aufwendungen für die Kanalanlage, welche, wie wir oben gesehen haben, mindestens beträgt	39 462,65 "
Ebenso ferner die Aufwendungen für Pflasterungen im Betrage von	94 950,26 "
Ebenso die Aufwendungen der Stadtgärtnerei . .	15 824,— "
	183 169,34 M
	85 945,53 M
Differenz:	97 223,81 M

Nun ist diese Summe sogar größer als die Summe, welche aus dem Steueretat übrig ist. Was bedeutet das? Das bedeutet, daß der Steueretat nicht für alle diese ihm zukommenden Ausgaben in Anspruch genommen wird, weil sie zum Teil schon im vorhergehenden Etatsteil durch ausgabenfreies Einkommen gedeckt sind, nämlich hauptsächlich durch Ertrag des unverschuldeten Grundvermögens.

Genau genommen dürfen wir allerdings nicht sagen, das Grundeigentum, ein einzelner Vermögensteil, sei schuldenfrei. Denn die Stadt in ihrer Gesamtheit ist das wirtschaftende Subjekt die juristische Person, und haftet mit ihrem gesamten Vermögen für die kontrahierten Schulden.

Aber daß es ausgabenfrei ist, beweist eben diese Tatsache, daß um eine seinen Ertrag übersteigende Summe der Steuer- und Verwaltungsetat entlastet wird, seine ihm zukommenden Ausgaben zu bestreiten.

Es steckt in den wirtschaftlichen Unternehmungen ein ausgabenfreies Einkommen von 97 223,81 ℳ, das zu 4 % gerechnet einem schuldenfreien Vermögen von 2 430 000 ℳ entspricht, dessen Ertrag aber verzehrt wird durch die Aufwendungen, die für die Zuschußbetriebe der Stadt gemacht werden müssen, so daß außerdem ein Steueraufwand von 85 945,53 ℳ noch nötig wird.

Wie beurteilt man die Vermögenslage einer Stadt?

Nach Ausweis unseres Verwaltungsberichtes hatte die Stadt

	Schulden	Vermögen	schuldenfreies Vermögen
im Jahre 1889	892 691 ℳ	2 635 587 ℳ	1 742 896 ℳ
„ „ 1907	9 614 973 „	11 129 652 „	2 241 590 „

Dabei sind natürlich außer acht gelassen alle Reservefonds der wirtschaftlichen Unternehmungen und alle anderen Fonds, die für bestimmte Zwecke, z. B. Reliktenversorgung der Lehrer angesammelt werden, weggelassen, weil ihr Vermögensbestand nicht dazu da ist, Schulden zu decken. Das in solchen Fonds liegende Vermögen beträgt 1 231 814,54 ℳ.

Aber die obige Gegenüberstellung von Schulden und Vermögen hat wenig Wert für die Beurteilung der Finanzlage einer Stadt; denn es geht nicht daraus hervor, wieviel unter den Aktiven ertragloses Vermögen ist, welches keine Schuldenzinsen deckt.

Allerdings auch ein Privatmann kann ertragloses Vermögen haben und setzt es dennoch in seine Vermögensrechnung ein. Aber dann hat es wenigstens Verkaufswert. Dagegen die großen Schulbauten und ähnliche Vermögenswerte einer Stadt können eben nicht verkauft werden. Sie sind Vermögen nur, weil sie Aufwand sind, der schon gemacht ist, und darum nicht noch gemacht zu werden braucht. Aber im privatwirtschaftlichen Sinne sind sie überhaupt kein Vermögen. Denn sie werden nichts bringen, sondern immer nur kosten. Es ist darum nach meiner Ansicht eine privatwirtschaftliche kaufmännische Berechnung der Vermögenslage einer Stadt nicht möglich, wenn man nicht das Verwaltungsvermögen vom privatrechtlichen Vermögen trennt.

Also nicht die Aufrechnung des Vermögens und der Schulden, sondern die Aufrechnung der jährlichen Ausgaben und Einnahmen, also die Zerlegung des Etats in seine ihrer Natur nach verschiedenen Kräfte und Lasten, wie wir sie eben vorgenommen haben, gibt ein gutes Bild von der wirtschaftlichen Lage einer Stadt.

Aber auch damit wäre das Bild nicht vollständig ohne Berücksichtigung der Steuerlast selbst.

Neben den beiden Vermögensarten, von denen wir schon oben gesprochen haben, nämlich dem werbenden Vermögen der verkäuflichen Grundstücke, wirtschaftlichen Unternehmungen usw., und zweitens dem Verwaltungsvermögen, das in Schulbauten, Verwaltungsgebäuden, Kanälen und Pflasterungen festliegt und keinen wirklichen Ertrag bringt, aber doch wirkliches Vermögen ist, hat jede Stadt noch ein drittes Vermögen, nämlich das Recht, ihre Bürger zu besteuern. Dies Recht hat auch Vermögenswert. Das geht schon daraus hervor, daß man daraufhin Anleihen aufnehmen kann, die durch den Steuerertrag ebensogut gedeckt sind, wie eine Hypothek durch den Mietsertrag. Denn dieses Vermögen bringt Ertrag.

Man könnte sich wohl eine Stadt denken, die zwar ein sehr großes werbendes Vermögen hat, Grundeigentum oder Kapitalien, die aber durch irgendwelche ungünstige Umstände auch so hohe Ausgaben hat, daß sie die Steuerkraft ihrer Bürger aufs äußerste anstrengen muß. Z. B. eine Stadt, die gemeint hat, aus Prinzip Grundeigentum kaufen zu müssen, und dazu Anleihen aufgenommen hat, die sie, weil das Geschäft noch nichts bringt, aus Steuern verzinsen muß. Oder eine Stadt, die zuviel gepflastert hat. Oder eine Stadt, die durch einen hohen Schul- und Armenetat belastet ist. Andrerseits kann man sich eine Stadt denken, die gar kein werbendes Vermögen hat, aber die Steuern bisher hat sehr niedrig halten können. Solche Stadt hat in der geschonten Steuerkraft ihrer Bürger einen reellen Vermögenswert, für den sie sich z. B. alle Tage Grundeigentum kaufen könnte, wenn sie es für vorteilhaft hielte.

Es ist also unmöglich, die finanzielle Lage einer Stadt nur nach ihrem Kapital und Grundvermögen allein zu beurteilen. Das würde ein unvollständiges Bild geben.

Das eigentliche Kriterium der Vermögenslage einer Stadt ist immer, ob sie noch Steuerreserven hat oder nicht. Jede Stadt ist ein Konkurrenzunternehmen. Sie konkurriert, wenn sie aufblühen will, mit anderen Städten gleicher Art um den möglichen Zuwachs, besonders um das im Deutschen Reiche zuwachsende steuerfähige Einkommen oder Gewerbe. Damit der Zuwachs kommt, muß sie ihren Steuersatz niedrig halten, niedriger als die Konkurrenzstädte, zugleich aber allen möglichen Komfort bieten, den die anderen für die gleichen Steueropfer nicht bieten können. Was sie bietet, erscheint hauptsächlich in den Wirtschaftsunternehmungen und in der Schuldenlast, was sie verlangt im Steueretat.

Beides zusammen aber macht erst das ganze Bild der Wirtschaft einer Stadt.

Unsere Stadt erhebt 140 % Einkommensteuer,
200 % Gewerbesteuer,
200 % Gebäudesteuer

und steht damit unter den mittleren Städten der Provinz Sachsen an dritter Stelle.

Die städtische Wirtschaft ist oben als eine Spekulation auf die Zukunft bezeichnet worden. Diese Spekulation kann als gelungen bezeichnet werden, wenn die Erfüllung moderner Anforderungen hat geschehen können, ohne daß die Einkommensteuer wesentlich hat erhöht werden müssen. Das ist bei uns 15 Jahre lang der Fall gewesen. Erst im Jahre 1906 haben die wachsenden Aufwendungen für Schulen und Gehälter eine Erhöhung von 14 % nötig gemacht, bei der es vielleicht angesichts der kommenden Gehaltsaufbesserungen nicht bleiben wird.

V. Über das Anleihewesen.

Im Jahre 1908 ist vom Finanzminister an unsere Stadt wie an andere Städte die Aufforderung ergangen, in dem weiteren Eingehen von Schulden recht vorsichtig zu sein und es sind offiziöse Darstellungen erschienen, die in der Anleihewirtschaft der Städte eine Gefahr sehen.

Hat man ein Recht auf diese Weise zu warnen? Ich glaube das Studium des oben dargestellten Etats hat ergeben, daß die Schulden der Stadt Naumburg sämtlich in wirtschaftlicher Weise aufgewendet sind.

Höchstens könnte das bezweifelt werden von dem Realschulgebäude, welches ohne Grund und Boden ca. 460 000 *M* gekostet hat. Aber gerade dagegen wird der Staat am wenigsten einwenden, daß die Städte ihre Steuerkraft für höhere Bildungsanstalten aufwenden; denn das entlastet ihn selbst.

Die übrigen Schulbauten haben an Aufwendungen gekostet 630 591,27 *M*.

Diese Bauten sind einfach Pflichten der Stadt. Sie sind vielleicht kostspieliger hergestellt, als man in früheren Jahren zu sehen gewöhnt war. Aber bekanntlich ist das teure Bauen nicht immer unwirtschaftlich, dagegen rächen sich manche scheinbaren Ersparnisse an Material oder Raum bitter. Wenn man einmal baut, so soll man auch ausreichend bauen. Mit den Fortschritten der technischen Kultur wachsen beständig die für irgend einen

Zweck üblichen Kapitalaufwendungen, aber das geschieht gerade, um die Unterhaltung, den Betrieb billiger und wirtschaftlicher zu machen.

Eine entbehrliche Kapitalanlage wäre die Obstplantage gewesen, die 208 681 *M* Anleihekapital zur Zeit ertraglos festgelegt hat. Aber ein Teil dieses Kapitals 87 128 *M* wurde verloren gegeben in einem Augenblick, wo ein größeres Geschäft, nämlich das Herkommen eines neuen Artillerieregiments, das alte Gelände überflüssig machte. Das übrige Kapital wird hoffentlich noch zu Ertrag kommen.

Die Kapitalaufwendungen für Kanalisation 606 580 *M* sind gewiß zweckmäßig und nötig gewesen.

Die Aufwendungen für Pflasterungen 1 308 845,80 *M* hätten geringer sein können, wenn man Villenstraßen nicht gepflastert, sondern chaussiert hätte. Aber wirtschaftlich wäre das nicht gewesen. Zumal unter der Herrschaft des Fluchtliniengesetzes tut eine Stadt gut, die Herstellung der Straße, die sie nur das eine Mal auf den Anlieger abwälzen kann, so vollwertig wie möglich zu machen.

Chaussierte Straßen sind immer unsauber, entweder staubig oder schmutzig und bedürfen fortgesetzter teurer Reparaturen.

Die großen Kasernenbauten, welche 4 500 000 *M* gekostet haben, sind eigentlich verkappte Staatsanleihen. Der Bauaufwand für diese Sache ist sehr groß gewesen. Das System, daß der Staat die Kasernen von der Stadt mietet, verführt vielleicht dazu, ganz besonders große Ansprüche an Material und dergleichen zu stellen. Jedenfalls scheint mir der Militärfiskus von allen öffentlichen Körperschaften am glanzvollsten zu bauen oder zu wohnen. Aber es gilt auch hier das oben Gesagte: billiger wäre vielleicht nicht wirtschaftlicher gewesen.

Was das Gaswerk (414 000 *M*), Wasserwerk (783 222 *M*), Elektrizitätswerk (500 000 *M*) und Straßenbahn (250 000 *M*) anbetrifft, so sind die darin aufgewendeten Kapitalien sehr nützlich verwendet. Alle diese Unternehmungen machen Rücklagen, nämlich sie amortisieren ihr Kapital in der Regel zu 1½ %. Sie sammeln außerdem einen Reservefonds, die Gasanstalt außerdem noch einen Erneuerungsfonds und die Gasanstalt bringt dabei noch einen Überschuß.

Hätte die Stadt alle diese Unternehmungen nicht gewagt, und die dazu nötigen Schulden nicht auf sich genommen, so wäre sie heute nicht reicher, sondern ärmer.

Sie wäre keine blühende Stadt geworden, und die Bürger, die dann das kleinere Naumburg zusammensetzten, hätten vermutlich einen höheren Steuersatz zu zahlen, als jetzt.

Würden alle deutschen Städte ähnliche Anleihen unterlassen haben, so hätten sie den ungeheuren Aufschwung des städtischen Geschäftsleben unterbunden. Es kann auch nicht daran gedacht werden, daß die Städte dazu etwa die Kapitalien erst ansammeln sollten, statt sie aus Anleihen zu ziehen. Das heißt auf die Ernte warten, ehe man gesäet hat. Die Städte würden auf diese Weise bankrott, anstatt reich werden. Unser ganzes mächtiges Wirtschaftsleben ist auf den Kredit, auf das Vertrauen, auf das Borgen gegründet, und würde ohnedem nicht das sein, was es ist. Das Kapital wandert immer von der Stelle, wo es gewonnen wird, an eine andere Stelle, wo man hofft (credit), daß es nützlich verwendet werden kann. Sowohl die Landwirtschaft, wie das kaufmännische Geschäft, wie auch die öffentlichen Unternehmungen, wie jede Arbeit überhaupt, werden in Zukunft immer mehr anvertrautes Kapital brauchen. Es ist ja die menschliche Wirtschaft überhaupt ein Unternehmen auf Hoffnung, auf Kredit. Ein Kaufmann, der um ein, wie es scheint, sicheres Geschäft zu machen, keinen Wechselkredit in Anspruch nehmen wollte, sondern erst das bare Geld ersparen wollte, würde nie zu etwas kommen. So auch eine Stadt, die keine Anleihen aufnehmen wollte. Für diese handelt es sich nur darum, ob sie das nötige Kapital ersparen, d. h. durch Steuerzwang ihren murrenden Bürgern im voraus abpressen will, oder von willigen Gläubigern borgen und aus dem Gewinn des Gebrauchs zurückzahlen will; entweder das Unternehmen ist nötig und nützlich, dann möge sie borgen, oder es ist nicht nötig und nützlich, dann möge sie den Kapitalaufwand unterlassen. Da nun jede Stadt ihre Anleihen amortisieren muß, und zwar immer schneller als das Geschaffene verbraucht ist, neuerdings mit 2 %, worauf der Staat ein väterlich wachsames Auge hat, so kann von einer Überschuldung deutscher Städte keine Rede sein. Wenn der Staat und besonders das Reich in ihren eigenen Geschäften nur dieselbe Gewissenhaftigkeit üben wollten, die von der Stadt verlangt wird, dann würde auch deren Finanzwirtschaft unanfechtbar und ihr Kredit gut sein. Jedenfalls darf nicht aus der wachsenden Größe des städtischen Anleihebedarfs überhaupt auf irgendwelche Gefahr geschlossen werden. Auch die privaten Hypothekenschulden wachsen, auch die der Industrie und der Landwirtschaft geborgten Kapitalien wachsen. Mit dem allgemeinen Reichtum wachsen auch die allgemeinen Schulden. Denn der Reichtum muß von einer Hand zur anderen gehen, um verwertet zu werden. Nur die Einzelforschung kann erweisen, ob das Schuldenmachen unwirtschaftlich gewesen ist.

Allerdings wenn der allgemeine Kredit das gegenseitige Vertrauen, auf dem unser ganzes wirtschaftliches Leben gegründet ist, erschüttert wird durch

Krieg oder Revolution, dann sinkt der Gaskonsum, der Elektrizitätskonsum, der Straßenbahnkonsum, die Stadterweiterung, die Zahlungsfähigkeit der Grundeigentümer, dann sind alle städtischen Unternehmungen mehr oder weniger unrentabel geworden. Aber das Unglück wäre nicht weniger groß, wenn die Stadt diese wirtschaftlichen Unternehmungen nicht gemacht hätte. Im Gegenteil diese bringen vielleicht voller ihren Ertrag, als die Steuern.

VI. Grenzen der kommunalen Wirtschaft.

Mancher Sozialpolitiker meint vielleicht in den kommunalen Betrieben eine Art frühgeborenen Sozialismus zu sehen, meint diese städtischen Betriebe hätten nicht nötig auf das Gewinninteresse zu sehen, und seien darum in der Lage sich lediglich einzurichten nach den Interessen des Konsums einerseits, und der Arbeiter anderseits, der verbrauchenden und der herstellenden Bürgergenossen. Mancher meint vielleicht auch, daß zwischen diesen Beiden der Arbeit der Vorrang gebühre, und daß es für die Städte eine Ehrenpflicht sei, ihre Arbeiter möglichst gut und besser, als es im kapitalistisch organisierten Arbeitsleben möglich ist, zu stellen. Die Praxis lehrt uns aber, daß das kommunale Wirtschaften, genau so wie das private in den kapitalistischen Formeln verläuft und in diese Formelwelt hineingebannt ist, wie das physische Menschenleben in den dreidimensionalen Raum. Kein kommunaler Betrieb kann nur aus Menschenliebe und nur im Interesse der Arbeiter geführt werden, sondern er wird immer eingerichtet vom Gewinninteresse des wirtschaftenden Subjekts. Wirtschaften heißt eben gewinnen oder mindestens nicht verlieren wollen. Nicht einmal so ein Unternehmen wie das eines Friedhofs, kann ganz ohne Berechnung vom Gewinn und Verlust geführt werden. Wohl kann die Kommune dem einen Betriebe etwas schenken, was ein anderer übrig hat, wie es auch jeder private Wirtschafter in einem größeren Unternehmen machen muß; aber das Ganze wird reguliert vom Gewinninteresse, von dem Wunsch der steuerzahlenden Bürgerschaft mit möglichst wenig Steueropfer möglichst viel Wohlfahrt zu genießen.

Kommune hat also nichts gemein mit Kommunismus. Die deutsche Sprache als die philosophischere führt auch hier weiter und sicherer als das Fremdwort. Das wirtschaftende Subjekt, nämlich die Kommune, heißt auf deutsch, das gemeine Wesen, das bedeutet dasjenige Interesse, welches alle Bürger gemeinsam haben an dem Blühen und Gedeihen ihrer Stadt und des Marktes, an dem sie sitzen. Dieses Interesse haben nicht alle Bewohner einer Stadt und nicht alle im gleichen Maße. Die flüchtige

Lohnarbeiterschaft sowohl wie die reichen Zuzügler, die hier die letzten zehn Jahre ihres Lebens verbringen wollen, haben es nicht in dem Maße, wie die Grundeigentümer und Geschäftsleute, deren Lebenserfolg aufs innigste mit dem Gedeihen des Orts oder Marktes, an dem sie sitzen, zusammenhängt. Sie sind es, die wirklich Lebensinteresse, nicht nur Liebhaberinteresse am gemeinen Wesen haben. Das Interesse, was die Vielheit der Einzelwirtschafter einer Stadt gemeinsam hat, ist das öffentliche Interesse, in dessen Namen gewirtschaftet wird.

Daraus geht hervor, daß der einzelne kommunale Betrieb nicht etwa ein Lebewesen für sich ist, an dem etwa gerade der Arbeiter, der darin arbeitet, eine Art Herrenrecht hätte. Die städtische Kommune schuldet ihren Arbeitern nicht mehr, als der private Unternehmer auch. Sie schuldet es vielleicht sich selbst und ihrer Ehre, daß sie kein schlechter Dienstherr ist und sie schuldet es ihrer eigenen Sache, daß sie keine schlechtgelohnte Arbeiter hält, welche dem Werke schaden, aber dem Arbeiter schuldet sie nicht mehr als der private Wirtschafter auch. Wollte sie anders handeln, so würde sich das rächen, wie sich jeder Rechenfehler im wirtschaftlichen Leben rächt; denn die Zahlen kennen kein Erbarmen.

Vielleicht ist in unseren Großstädten eher ein kommunal-sozialistischer Versuch möglich, als in den Mittelstädten. Bei uns ist die Kontrolle des Bürgertums zu stark. Hausbesitzer und Handwerksmeister, welche letzteren im täglichen Kampf mit den Ansprüchen ihrer Arbeiter leben, sind am wenigsten für solche Experimente zu haben, und weil sie selbst in individualwirtschaftlichen Vorstellungen leben, sind sie stärkere Feinde aller sozialistischen Ideen im Wirtschaftsleben, als etwa das konservative Beamtentum in unserer Staatsregierung.

In der städtischen Verwaltung ist nach der Städteordnung die Laienvertretung, das Bürgertum, im Gegensatz zum Beamtentum so stark, daß sein Wille schließlich entscheidend ist, und allen Entschlüssen das Maß gibt, wirkliche Selbstverwaltung, wie sie die starke Hand Steins im bewußten Gegensatz zur Beamtenregierung geschaffen hat. Ob es richtig ist, an Steuern zu sparen, oder umgekehrt unter Steueropfern mehr kommunalen Aufwand zu machen und wo, und welchen und wieviel; das Beamtentum kann diese Fragen wohl vorbereiten und durch Darstellung und Überredung das seinige tun oder, wenn es das nicht tut, viel versäumen, aber die Entscheidung liegt bei den Bürgervertretern.

Diese Bürgervertreter sind im Privatleben Individualwirtschafter, die an der öffentlichen Wirtschaft ein wiederum wirtschaftliches Interesse, und zwar ein privatwirtschaftliches, ein Gewinninteresse haben. Sie werden am öffentlichen Gewinninteresse, wie an ihrem privaten Gewinninteresse die Wirtschaftlichkeit jedes Entschlusses, zum Beispiel einen kommunalen Betrieb zu eröffnen, prüfen, notabene ganz im Sinne Steins, der gerade der früheren Beamtenregierung vorwarf, daß sie ohne Eigentum und Interesse sei und darum für die Leitung der öffentlichen Angelegenheiten nicht genüge. Während heute eine politische Gruppe dann schon als widerlegt und gerichtet gilt, wenn sie ein materielles Interesse vertritt und womöglich den Grundeigentümern und Geschäftsleuten ihr Einfluß auf das städtische Gemeinwesen beschnitten werden soll, weil sie interessiert sind, so war nach Steins Ansicht, gerade das das Nötigste, daß die mit der Selbstverwaltung betrauten Kreise ein Interesse — und das meint nicht ein Liebhaberinteresse, sondern Lebensinteresse, Existenzinteresse, materielles Interesse — am Gedeih und Verderb des städtischen Gemeinwesens haben müssen und durch Eigentum mit seiner Zukunft verbunden sein müssen. Daß auch heute noch die wirkliche Selbstverwaltung von diesen Voraussetzungen abhängig ist, habe ich an anderen Orten nachzuweisen versucht[1].

Wenn nun trotzdem die deutschen Städte so großartige kommunale Betriebe geschaffen haben und auch die mittleren und kleineren Städte die Breite ihres Etats auf diese Weise verdreifacht haben, so ist das nicht kommunistischer Idealismus, sondern wirtschaftliche Notwendigkeit gewesen. Die Konkurrenz der Städte und der darin lebenden Einzelwirtschafter um den wachsenden Reichtum Deutschlands zwingt zu solchen Aufwendungen, wie Kanal, Wasser und Gaswerke, elektrische Bahnen und dergl., welche das wirtschaftliche Leben sicherer und berechenbarer und die Arbeit leichter und lohnender machen.

Mit diesen Unternehmungen entsteht ein starkes Beamtentum, das viel zahlreicher ist, als es wäre, wenn sich die städtische Verwaltung auf das Steuerwesen und die nötigen Verwaltungsausgaben, wie Schulen, Armenpflege usw. beschränkte. Es ist interessant zu sehen, wie das wachsende Beamtentum von dem Bürgertum immer mit etwas Mißtrauen angesehen wird. Beide sind ja in ihrer ganzen Existenzweise und der damit zusammenhängenden Anschauungsweise Widersacher. Das Beamtentum versteht nicht, daß es von dem Laienelement der Stadtverordnetenversammlung mitregiert werden soll, und das Bürgertum fürchtet instinktiv, daß einem allzugroßen Beamtenkörper gegenüber die Laienkräfte der Selbstverwaltung zu schwach werden könnten. Da die städtische Beamtenschaft und Arbeiterschaft Wahlrecht hat, so bedeutet sie unter normalen Verhältnissen, das heißt, wenn sie

[1] Schiele, Kommunales Wahlrecht. Preuß. Jahrbücher. Bd. 130, 2.

treu für ihren Verwaltungschef eintritt, eine Verstärkung der monarchischen Gewalt desselben und eine Schwächung der republikanischen Gewalt der Stadtverordnetenversammlung.

Die bürgerliche Selbstverwaltung aber lebt und stirbt mit der bürgerlichen individuellen Freiheit im Wirtschaftsleben. Zum Selbstregieren der Regierten gehört, daß das Regieren auf ein Minimum beschränkt wird. Diese für die Zukunft Preußens und Deutschlands sehr wichtige Lehre und Erfahrung würde in der Bureaukratisierung, die der Kommunalisierung folgt, verloren gehen.

Die Sozialisierung oder Kommunalisierung des städtischen Lebens, ich meine die Ausdehnung der städtischen Betriebe auf neue Gebiete, darf nie weiter gehen, als das gemeine Interesse der Individualwirtschaften verlangt. Denn die städtische Wirtschaft ist kein Lebewesen für sich, kein Sonderwesen, das dem Bürger der Stadt fremd oder feindlich gegenüber treten dürfte oder könnte.

Die Wirtschaft des städtischen Gemeinwesens ist ein gemeinsames Wirtschaften der die städtische Gesellschaft zusammensetzenden Individualwirtschafter und somit aufs engste verwandt mit den Individualwirtschaften, soweit sie eben ein wirkliches Lebensinteresse an dem Gedeihen der Stadt haben. Man kann sogar sagen, sie ist ein Teil jeder einzelnen Individualwirtschaft, sei es nun, daß diese in Grundeigentum oder in einem Geschäft oder auch nur im Verkauf der Arbeitskraft besteht. Es wäre ein großes Unglück, wenn man aus der Verwaltung der Städte etwa ein Recht der Minderinteressierten gegen die Interessierten oder ein Recht der Zuzügler gegen die vorhandenen Grundeigentümer machen wollte, wenn man die städtische Verwaltung benutzen wollte, um die im wirtschaftlichen Leben Unmündigen gegen die Mündigen stark zu machen, eine Art Arbeiterschutz gegen die Besitzenden daraus machen wollte. Nicht daß die Verwaltung notwendig den Besitzenden zugehörte, aber sie gehört den Interessierten, deren wirtschaftliche Existenz am engsten mit der Gemeinwirtschaft der Stadt zusammenhängt. Sie allein sind imstande eine wirkliche Selbstverwaltung des städtischen Gemeinwesens zu leisten. Das ist der Sinn der Steinschen Städteordnung und die Wirklichkeit der kommunalen Sozialpolitik.

Die Betriebe der Stadt Frankfurt a. M.

Von

Dr. August Busch,
Direktor des Statistischen Amts der Stadt Frankfurt a. M.

Im Arbeitsplan der vorliegenden Untersuchung über die städtischen Betriebe ist die Forderung der Auseinanderhaltung von Zuschußbetrieben und Erwerbsbetrieben gestellt worden. Bei der hier vorliegenden Bearbeitung der Betriebe der Stadt Frankfurt a. M. ist nach Möglichkeit auf diese Forderung Rücksicht genommen, indessen darf besonders im Hinblick auf die Absicht, die gegebenen Einzeldarstellungen als Grundlagen zu einem allgemein zusammenfassenden Urteil über die Gemeindebetriebe zu verwenden, nicht unerwähnt bleiben, daß eine strenge Trennung nach Zuschuß- und Erwerbsbetrieben systematisch kaum durchführbar erscheint. Auch die hier erfolgte Anlehnung an die Forderungen des Arbeitsplanes geschah nur insofern, als im einen oder anderen Fall bei der Errichtung der Betriebe mehr die Tendenz des Erwerbs bzw. des finanziellen Ersparnisses, oder aber das öffentliche Interesse ohne Rücksicht auf direkte finanzielle Erfolge, vorherrschte. Zu einer weiteren Unterscheidung der von direkten finanziellen Erfolgen begleiteten Unternehmungen ist ferner der Unterschied zwischen der Monopolstellung der Stadt und dem Auftreten derselben als Konkurrent privater Betriebe sinngemäß durchgeführt. Auch bei den Betrieben, für deren Errichtung mehr das öffentliche Interesse maßgebend war, kommt es vor, daß die Stadt in Konkurrenz mit anderen Unternehmern tritt, indessen hat hier die Unterteilung in Monopolbetriebe und Konkurrenzbetriebe nicht mehr den gleichen Sinn wie bei der vorerwähnten Gruppe.

Was die Grenzen anbetrifft, bis zu welchen die verwaltenden Körperschaften der Stadtgemeinde die Zulässigkeit bezw. die Verpflichtung anerkennen, Betriebe zu errichten, sowie bis zu welchem Grade die Überschüsse von Erwerbsbetrieben ausgebeutet werden sollen um an der notwendigen Geldbeschaffung teilzunehmen, muß von Fall zu Fall studiert werden, da die Zeitverhältnisse, die augenblicklichen Absichten der Stadtverwaltung, die jeweilige Zusammensetzung der Stadtverordnetenversammlung, die Stimmung der Bürgerschaft, in jedem einzelnen Fall bei der Entscheidung mitzuwirken haben.

Die im Rahmen der vorliegenden Ausführungen zusammengefaßten Betriebe stellen einen Buchwert von rund 117 Millionen Mark dar, ohne Einrechnung des Vermögensbestandes an Grundstücken, welchen die Spezialkasse für städtischen Grundbesitz verwaltet und deren Werteinschätzung eine andere Bedeutung hat, als die hier angegebenen Buchwerte.

Die Finanzpolitik der Stadt Frankfurt a. M. geht seit einer langen Reihe von Jahren dahin, die allzu starke Belastung des Haushaltsplans durch die rechtzeitige Schaffung und laufende Dotierung von Unterhaltungs- und Erneuerungsfonds hintanzuhalten. Im Rahmen der hier gegebenen Ausführungen ist für die besprochenen Betriebe zur Zeit ein Bestand an Fonds von rund 10 Millionen Mark vorhanden. Die Anlegung dieser Fonds, die jeweils erfolgende Dotierung, die jährliche Inanspruchnahme bzw. die Ansammlung für den Fall des Eintritts von Momenten größeren Anschaffungsbedürfnisses und dergl. ist für die einzelnen Betriebe besonders geregelt.

Nach den Rechnungsabschlüssen der letzten Jahre beliefen sich die an das Ordinarium der allgemeinen Verwaltung abgelieferten Überschüsse einiger hauptsächlich in Frage kommender Betriebe im Mittel auf folgende runde Summen:

Marktverwaltung	7 000	Mk.
Öffentliche Wagstellen	32 000	„
Schlacht- und Viehhof	49 000	„
Wasserwerke	711 000	„
Fuhrpark	92 000	„
Elektrizitätswerke	1 200 000	„
Straßenbahnen	700 000	„
Zusammen	2 791 000	Mk.

Dagegen erforderten Zuschüsse folgende Anstalten:

Hafen- und Lagerhäuser	220 000	Mk.
Verbindungs- und Hafenbahn . . .	136 000	„
Pfandhaus	8 000	„
Badeanstalten	73 000	„
Kanalisation	15 000	„
Gaswerke[1]	41 000	„
Zusammen	493 000	Mk.

[1] Neuerrichtetes Vorortgaswerk.

Die Einwirkung der Überschüsse aus den genannten Betrieben und der Zuschüsse zu anderen auf den in den letzten Jahren mit etwa 38 Millionen Mark in Ausgabe und Einnahme balanzierenden Etat des Ordinariums der Hauptverwaltung mag durch Gegenüberstellung des Gesamtsteueraufkommens von rund 19 Millionen Mark erläutert sein. Vor einem rechnungsmäßigen Vergleich solcher Zahlen mit den Verhältnissen in anderen Städten muß aufs eindringlichste gewarnt werden, da die Überschüsse und Zuschüsse zum Teil lediglich Rechnungsergebnisse darstellen, durch die Art der Beschaffung von Fonds beeinflußt sind und endlich auch gewisse durchlaufende Posten, sowie in Anrechnung gebrachte Mieten der Kämmereikasse in sich schließen. Die hier gegebenen Zahlen mögen also weniger das Ergebnis einer Geschäftsbilanz darstellen, als vielmehr einen Anhalt für die Beurteilung des Gesamtanteils der Betriebe an den städtischen Einrichtungen bieten.

Die Stadt ist der größte Arbeitgeber ihrer näheren Umgebung[1]. Außer den beamtlich angestellten Personen der Betriebsverwaltungen (rund 450) und der durch die Betriebe veranlaßten Vermehrung des Personals in der Zentralverwaltung[2] beschäftigt die Stadt insgesamt rund 4000 ständige Arbeiter. Soweit vorübergehende Arbeiten zu verrichten sind, werden nach besonders hierfür vorgesehenen Krediten unständige Arbeiter eingestellt. Die Zahl derselben ist eine schwankende, sowohl von Jahr zu Jahr, als auch im Verlauf eines Jahres mit Rücksicht auf die gerade vorliegenden Arbeiten, sowie auch das Vorkommen regelmäßig sich wiederholender Saisonarbeiten. Durchschnittlich kommen für diese zum Teil vorübergehende Beschäftigung etwa 1000 Arbeiter in Betracht. Bei einer Anzahl der besonders für Saisonarbeiten herangezogenen Arbeiter ist die Beschäftigung bei der Stadt in die übrige Lebensführung so eingeordnet, daß saisonweise immer wieder die gleichen Personen zur Beschäftigung gelangen.

[1] Abgesehen selbstverständlich von den ein größeres Gebiet umfassenden staatlichen Instituten, Eisenbahn und Postverwaltung.

[2] Bezüglich der gesamten Beamtenschaft der Stadt Frankfurt a. M. einschließlich der Lehrer seien folgende Zahlen gegeben:

Im Jahre 1907 belief sich die Zahl der vorgenannten Personen auf rund 2600, für welche rund 8½ Millionen Mk. Gehälter aufgewendet wurden. Dazu kommen die Mannschaften des Feuerlöschwesens mit rund 190 Personen, welche rund 300000 Mk. Gehälter beziehen. Zu vorstehenden Personen die im Text erwähnten ständigen und unständigen Arbeiter, sowie Bediensteten hinzugerechnet, verausgabt die Stadt an Gehältern und Löhnen rund 16000000 Mk.

So kommen beispielsweise die Pflasterer aus ganz bestimmten Orten der Umgebung der Stadt täglich oder auch wöchentlich hereingefahren; sie haben auf ihren Ortschaften landwirtschaftliche Betriebe und dergleichen. Eine ähnliche Gruppe bilden die Waldarbeiter, welche ebenfalls aus Orten der näheren Umgebung, zum Teil aber auch aus Bayern stammen und vollständig auf den Saisonbetrieb eingerichtet sind. Eine Schwankung in der Zahl der Arbeiter bei der städtischen Gärtnerei, sowie auch bei der Straßenreinigungsverwaltung läßt sich selbstverständlich nicht vermeiden.

An Arbeitslöhnen verausgabt die Stadt zur Zeit unter Einrechnung von Natural- und sonstigen Bezügen im Jahre etwa 5 ½ Millionen Mk. Dazu kommen noch etwa 140 000 Mk. für Dienstkleider, Schutzkleider und Uniformen. Für Lohnfortzahlung in Krankheitsfällen, bei Beurlaubungen, zu Militärdienstleistungen und ähnlichen Dingen, sowie besondere Vergütungen für Überstundenarbeiten kommen weiter noch hinzu rund 250 000 Mk.

Durch die Arbeits- und Lohnordnungen der Stadt sind in den letzten Jahren eine Reihe von Fürsorgebestimmungen für die Arbeiter zum Teil erweitert, zum Teil neu geschaffen worden. Es seien hier beispielsweise genannt die Bestimmungen über die Urlaubsgewährung, die Gewährung von Mietzuschüssen an verheiratete Arbeiter, je nach der Zahl der Kinder, die allmähliche Reduktion der Arbeitszeiten, sowie auch die Schaffung von städtischen Arbeiterwohnungen. Die übrigen im Interesse der minderbemittelten Bevölkerung, insbesondere der Arbeiterbevölkerung, geschaffenen Einrichtungen, beispielsweise die Arbeiterfahrkarten auf den Straßenbahnen und ähnliche Dinge, kommen den städtischen Arbeitern ebenfalls zugute, und die ausgedehnte Stellung der Stadt als Arbeitgeber hat auch bis zu einem gewissen Grade auf die Schaffung der Einrichtungen beeinflussend gewirkt.

Für Zwecke der inneren Verwaltung

bestehen in verschiedenen städtischen Verwaltungszweigen Einrichtungen, welche in gewissem Sinne auch als Betriebe aufzufassen sind, einzelne Arbeiten der Verwaltung zwecks Vereinfachung und Verbilligung zentralisieren, oder auch wohl Geschäfte besorgen, welche durch Privatunternehmer erledigt werden könnten.

Eine Zentralkanzlei mit angegliederter Botenmeisterei ist für die Zentralisierung des Schreibwerks und zur Schaffung eines leicht lenkbaren Kanzlei- und Expeditionsbetriebes errichtet, ihr schließt sich eine Buchbinderwerkstätte und eine Steindruckerei an. Eine Telephonzentrale mit 500 Anschlüssen vermittelt Gespräche innerhalb der städtischen Verwaltung und nach außerhalb. Eine weitere Einrichtung, welche als städtischer Betrieb mehr in Frage kommt, ist die Materialverwaltung, welche weniger darauf bedacht ist, Überschüsse zu erzielen, als vielmehr durch den Großeinkauf Ersparnisse zu bewirken und lediglich unter Aufschlag eines Prozentsatzes für Verwaltungsunkosten ihre Materialien wieder an andere Dienststellen zu verkaufen. Diese ursprünglich vorwiegend für die Bauverwaltung bestimmte Einrichtung hat den Kreis ihrer Tätigkeit im Laufe der Jahre nach und nach erweitert und beschafft nun außer Baumaterialien auch sämtliche Schreib-, Zeichen- und Bureaumaterialien der städtischen Verwaltungen, sowie die nach der städtischen Kleiderordnung zu gewährenden Dienstkleider, mit Ausnahme derjenigen für die Angestellten der Straßenbahn. Mit Rücksicht auf die Eigenart des Geschäftskreises dieser Dienststelle wird dieselbe als selbständiger Betrieb nach kaufmännischen Grundsätzen geleitet, und sie ist in ihrer Buchführung so ausgestaltet, daß sie die Stelle eines Lieferanten für die einzelnen Verwaltungszweige darstellt, der seine Materialien entweder unter Benutzung des Kontokorrentverkehrs mit der Stadthauptkasse selbständig einkauft, auf Lager nimmt und den städtischen Dienststellen wieder verrechnet, oder aber die Beschaffung möglichst vorteilhaft zu Lasten der besonderen Kredite der städtischen Verwaltungszweige übernimmt. Durch allmählich herausgebildete Ausschreibungen, Nachprüfung einzelner Materialien in der eigenen Probieranstalt und Verkehr mit einer großen Anzahl konkurrierender Lieferanten ist es möglich, ohne eine, über ein zulässiges Maß hinausgehende, Preisbeschränkung zu angemessenen Preisen die besten Materialien anzukaufen. In der Materialsammelstelle werden ferner die an den einzelnen Dienststellen unbrauchbar oder überflüssig gewordenen Materialien, Mobiliarstücke und dergl. mehr zusammengebracht und entweder veräußert, oder aber durch Umänderung für andere Zwecke brauchbar gemacht. Der Effekt der Materialverwaltung läßt sich rechnerisch nur bis zu einem gewissen Grad bestimmen, indessen zeigt die Anschauung, daß durch die Entlastung der verschiedenen Dienststellen und die Zentralisierung des ganzen Betriebes sowohl erhebliche Vorteile, als auch nicht unbedeutende Ersparnisse erzielt werden. Besonders bezüglich der Beschaffung von Schreib- und Bureaumaterialien in der Verwaltung ist in den letzten Jahren durch die Angliederung der Beschaffung dieser Gegenstände an die Materialverwaltung eine jährliche Ersparnis von etwa 6000 Mk. erzielt worden, bei der

Beschaffung von Dienstkleidern handelt es sich um 2000 Mk. pro Jahr. Die eigentliche Abrechnung der Materialienverwaltung geschieht in Form einer Bilanz mit Führung eines Gewinn- und Verlustkontos. Um jedoch in dieser Berechnung nicht die Verwaltungsunkosten nach irgend einer Seite tendenziös erscheinen zu lassen, sind für die Beschaffung der verschiedenartigsten Materialien bestimmte Prozentsätze als Zuschläge für die Unkosten festgesetzt, welche nach dreijährigen Durchschnittssätzen jährlich ermittelt werden. Diese Zuschläge sind dazu bestimmt, Gewinn- und Verlustkonto auszugleichen und je nachdem die Kosten der Materialien im Laufe des Geschäftsjahres sich gestalten, wird also ein Gewinn oder Verlust herausgerechnet. Die Materialienverwaltung führt ein Materialienpreisverzeichnis, welches gegen 4000 Positionen aufweist und bei der Aufstellung von Kostenanschlägen vorzügliche Dienste leistet. An der Lieferung der Materialien sind etwa 428 Firmen beteiligt, durchschnittlich ist in den letzten Jahren mit einem Jahresumsatz von etwa 2 350 000 Mk. für die Lieferung von Bau- und Betriebsmaterialien zu rechnen, ferner kommen hinzu etwa 170 000 Mk. für die Beschaffung von Dienstkleidern, Schreib- und Zeichenmaterialien, sowie Drucksachen. Der Umfang des Materialverkehrs auf den Lagerplätzen beläuft sich zur Zeit etwa auf 11 800 Sendungen in der Höhe von 5400 Eisenbahnwaggons zu 10 000 kg pro Waggon, 100 Schiffsladungen und 6300 Fuhren und Karren. Die Materialienverwaltung besorgt die Reparaturen und Instandhaltung ihrer Immobilien und Werkzeuge, Geräte und Wagen in eigenen Werkstätten. Im Winter, sowie zur Zeit des Eintritts von Arbeitslosigkeit ist sie dazu bestimmt, auf ihren Lagerplätzen Notstandsarbeiten einzurichten; vorwiegend bestehen dieselben aus Steinschlagen, und es werden hier die in neugepflasterten Straßen abgängigen Pflastersteine entweder durch Behauen wieder verwendbar gemacht, oder durch Zerschlagen zur Verwendung bei Kleinschlagpflaster oder Chaussierung hergerichtet.

Das Personal der Materialverwaltung einschließlich einer Materialprüfungsstation besteht zur Zeit aus einem Vorstand im Range eines Obersekretärs, 13 Bureaupersonen, 5 Aufsichtspersonen in den Materialräumen und auf den Lagerplätzen, sowie 110 bis 120 Arbeitern.

Der städtische Bauhof ist an die städtische Berufsfeuerwehr angeschlossen. Derselbe beschäftigt eine Anzahl Handwerker, welche auf dem Feuerwehrdepot stationiert sind und für sämtliche städtische Dienststellen kleinere Schreiner- und Zimmerarbeiten verrichten. Ferner hat der Bauhof die provisorischen Einfriedigungen städtischer Grundstücke zu besorgen. An Stelle der bisherigen Einstellung besonderer Handwerker sollen für die

Folge lediglich Mannschaften des Feuerlöschwesens verwendet werden. Zur Zeit bearbeitet der Bauhof jährlich etwa 300 Aufträge, welche insgesamt einen Umsatz von rund 28 000 Mk. bewirken.

Die städtische Bau-Unfallversicherung ist im Jahre 1888 zur Einführung gekommen, nachdem durch Erlaß der Herren Minister für Handel und Gewerbe, des Innern und der öffentlichen Arbeiten die Stadtgemeinde gemäß § 4, Absatz 3 des Bau-Unfallversicherungsgesetzes vom Jahre 1887 für leistungsfähig erklärt worden ist, die Lasten zu übernehmen, welche durch die Unfallversicherung bei den von ihr als Unternehmerin in anderen als Eisenbahnbetrieben ausgeführten Bauarbeiten entstehen könnten. Die Aufsichtsbehörde über die Versicherung ist der Magistrat; der Sitz des Schiedsgerichts ist Frankfurt a. M. Die außerordentlich verzweigten Betriebe der städtischen Verwaltung und die verhältnismäßig große Zahl von versicherten Personen, sowie endlich die in den städtischen Anlagen bereits beim Bau ausgeübte Vorsicht und Rücksichtnahme auf die Verhütung von Unfällen hat es mit sich gebracht, daß sich die Einrichtung vorzüglich bewährte. Im Jahre 1906 betrug die Zahl der bei der städtischen Bau-Unfallversicherung versicherten Personen 1330, von denen 1238 auf das Tiefbauamt und 89 auf das Hochbauamt entfielen. Von besonderem Interesse ist die Regelung der Streitfrage hinsichtlich der Zugehörigkeit des Kanalisations- und Wasserleitungsbetriebes zur Berufsgenossenschaft für Gas- und Wasserwerke nach Anrufung des Reichsversicherungsamtes dahin, daß der gesamte Kanalisations- und Klärbeckenbetrieb, einschließlich der maschinellen Teile, der städtischen Bau-Unfallversicherung überwiesen worden sind. Was die Unfälle in den verschiedenen Betriebszweigen anbelangt (im Jahre 1906 waren es 110), so steht an erster Stelle der städtische Fuhrpark mit 40 Unfällen und die Straßenreinigung mit 29; hierauf folgen der Straßenbau mit 13 und die Kanalisation mit 15, der Rest verteilt sich in kleinen Zahlen auf die übrigen Betriebszweige. Die Leistungen der Stadtgemeinde für die Gewährung von Renten an Verletzte, Witwen und Kinder, Renten an Ehefrauen von in Krankenanstalten untergebrachten Verletzten, sowie an deren Kinder, Sterbegelder, Kosten für Heilverfahren, Unfalluntersuchung und Unfallverhütung, sowie Schiedsgerichtskosten betragen zur Zeit rund 16 000 Mk., wovon 15 000 Mk. auf die Gewährung von Renten entfallen. Was die Zweckmäßigkeit dieser Einrichtung anbelangt, so erspart sie denjenigen Dienstzweigen, welche Bauarbeiter beschäftigen, ein nicht unerhebliches Maß an Bureauarbeiten, besonders durch Wegfall der für die Berufsgenossenschaften vorgeschriebenen, sehr ins einzelne gehenden Lohnnachweisungen. Es darf aber nicht übersehen werden, daß diese Ersparnisse, abgesehen von den Kosten der ersten Einrichtung, durch eine Reihe anderer Ausgaben zum Teil aufgewogen werden. Die Führung der Unfall- und Rentenregister, die Vornahme von Wahlhandlungen, die Untersuchung und Feststellung von Unfallanzeigen, die Anweisung der Rentenzahlungen, die Abrechnungen über die von den Postanstalten geleisteten Rentenzahlungen und die Einreichung statistischer Nachweise an das Reichsversicherungsamt bilden eine immer mehr steigende Arbeitslast. Trotz alledem zeigt eine Vergleichsrechnung zwischen den Leistungen der städtischen Bau-Unfallversicherung und den gegebenenfalls notwendig gewordenen Leistungen bei Zahlung von Prämien an die verschiedenen Berufsgenossenschaften, daß bei der städtischen Einrichtung sehr erhebliche Ersparnisse eintreten, welche nach einer genaueren Durchrechnung im Jahre 1898, also nach zehnjährigem Bestehen, bereits einen Betrag von etwa 90000 Mk. ausmachten. Kritisch ist bereits hervorgehoben worden, daß nur mit Rücksicht auf die Ausgestaltung der Einrichtung und auf die Größe des gesamten Betriebs ein solch günstiges Rechenergebnis eintreten konnte. Ob bei dem geringeren Umfange der Betriebe in kleineren Städten die Übernahme der Versicherung in eigene Regie von Vorteil wäre, ist zum mindesten zweifelhaft, denn es darf nicht außer acht gelassen werden, daß bei den in solchen Fällen verhältnismäßig geringfügigen Prämien immerhin damit zu rechnen ist, daß einige wenige Unfälle bereits der Stadtverwaltung lange andauernde Rentenzahlungen auferlegen können, deren Beträge weit über die andernfalls zu zahlenden Prämien hinausgehen. Wie ja überhaupt die Grundlage jeder Versicherung lediglich eine Wahrscheinlichkeitsrechnung ist, so muß auch gerade bezüglich der Bau-Unfallversicherung damit gerechnet werden, daß durch die Beteiligung einer größeren Zahl von Gemeinwesen das Risiko des einzelnen herabgesetzt wird, und es wird von Interesse sein, zu beobachten, wie die in neuerer Zeit von als leistungsfähig erklärten kleineren Gemeinwesen erfolgte Inanspruchnahme des § 4 des Bau-Unfallversicherungsgesetzes wirken wird.

Nicht unerwähnt dürfen einige Betriebe im städtischen Rathaus selbst bleiben, nämlich die Erhebung von Gebühren für die Besichtigung der Sehenswürdigkeiten in dem alten Römer und in dem Neubau des Rathauses, sowie die Pachtsumme für den im Erdgeschoß des Rathauses eingerichteten Ratskeller. Die gesamte Einnahme aus diesen Betrieben beläuft sich zur Zeit auf rund 30000 Mk. pro Jahr, ein nicht unerheblicher Beitrag zur Verzinsung des Baukapitals des Rathauses.

Zum Schluß sei noch Erwähnung getan einer Anzahl von kleinen Betrieben, welche in den städtischen Siechenhäusern und Obdachlosenasylen eingerichtet sind. Wenn diese Betriebe auch vorwiegend dazu dienen, die Pfleglinge der charitativen Anstalten zu beschäftigen, so wirken sie doch bis zu einem gewissen Grade bei dem Betriebe derselben mit. So werden beispielsweise in den städtischen Siechenhäusern über 7000 Zentner Holz zerkleinert und verkauft, es werden Roßhaar- und Seegrasmatratzen und Polstermöbel zum Aufzupfen der Füllung übernommen, und vor allem besitzen sämtliche Anstalten, in ganz besonderem Maße auch die Anstalt für Irre und Epileptische, landwirtschaftliche Betriebe, welche vorwiegend Zwecken des Ackerbaues dienen, zum Teil auch ausgedehnte Schweine- und Schafzüchtereien enthalten.

Geschäftliche Unternehmungen außerhalb der Verwaltung.

Bereits in der Einleitung ist darauf hingewiesen worden, daß bei den eigentlichen geschäftlichen Unternehmungen eine Trennung nach Unternehmerbetrieben und Zuschußbetrieben nur insofern durchgeführt werden kann, als entweder die Absicht einer Gewinnerzielung, einer finanziellen Ersparnis, einer indirekten Förderung der städtischen Finanzen, oder aber die Absicht zur Schaffung eines gemeinnützigen Unternehmens vorherrscht. Gerade in der Stadt Frankfurt dürfte es besonders schwierig sein, die Frage nach der Zugehörigkeit des einen oder anderen Betriebes zu diesen Gruppen ohne weiteres zu entscheiden. Beispielsweise mag auf die Grundstücksunternehmungen und -Verwaltungen hingewiesen werden, welche im allgemeinen öffentlichen Interesse, im Sinne der Bekämpfung ungesunder Bodenspekulation und der Verbesserung der Wohnungsverhältnisse betrieben, andererseits aber auch so vorsichtig gehandhabt werden, daß das finanzielle Interesse der Stadt auf alle Fälle gewahrt bleibt, und welche, wenn auch aus den Jahresrechnungen nicht ohne weiteres ersichtlich, doch eine Eigentumsvermehrung der Stadt bewirken.

Bei der Bemessung der Tarife und dem Grad der Heranziehung städtischer Betriebe zur Deckung der Unkosten der städtischen Verwaltung ist, wie aus den folgenden Ausführungen hervorgehen wird, der Grundgedanke maßgebend, daß diese Inanspruchnahme der Betriebe unter weitgehender Berücksichtigung der minderbemittelten Bevölkerung und der öffentlichen Wohlfahrt erfolgt.

So wirkt man durch möglichste Erleichterung des Bezugs von Wasser und Elektrizität im Interesse der sanitären Verhältnisse und der Gewerbebetriebe. Auch bei der Übernahme der Straßenbahn waren außer der Aussicht auf direkte finanzielle Erfolge, Erwägungen allgemeinwirtschaftlicher und sozialer Art maßgebend. Abgesehen von der für das billigere Wohnen in den Vororten nötigen Tarifgestaltung, auf welche noch eingegangen werden wird, kommt bei der Kommunalisierung von Straßenbahnen die Möglichkeit hinzu, der Erschließung von Baugelände und der Bautätigkeit auch da Vorschub zu leisten, wo gesellschaftliche Unternehmungen infolge zeitweiliger Unrentabilität solcher Linien deren Bau nicht unternehmen würden.

Man hat im allgemeinen sich an die Ansicht gewöhnt, daß städtische Betriebe weniger rentabel arbeiten, als solche unter privater Leitung. Es sollte jedoch hierbei nicht vergessen werden, daß der Begriff der Rentabilität bei einem kommunalen Betrieb rechnungsmäßig eine vollständig andere Bedeutung hat, als in einem Privatbetriebe. Die infolge der größeren Verantwortlichkeit der Stadtverwaltung gegenüber der Allgemeinheit nicht zu umgehenden Mehraufwendungen für Verwaltungsunkosten werden jedoch wieder ausgeglichen durch eine Reihe von direkten und indirekten finanziellen Erfolgen, welche dann der Allgemeinheit auch wieder zugute kommen. Insbesondere darf nicht vergessen werden, daß durch die leichtere Einführung modernster technischer Verbesserungen die Lebenshaltung in den Städten gehoben wird und so unter Umständen an Stelle rein finanzieller Erfolge, solche mehr ideeller Natur treten.

Da, wo die Stadt mit anderen Unternehmern in Konkurrenz zu treten hat, ist man in Frankfurt bestrebt gewesen, tunlichst die Existenzberechtigung der privaten Unternehmer zu berücksichtigen, während man allerdings auch gelegentlich den Standpunkt vertreten hat, daß in Fällen momentaner Notlage, wie beispielsweise bei dem eventuellen Eingreifen der Stadt im Interesse der minderbemittelten Bevölkerung zuzeiten von Teuerungen und in ähnlichen Fällen, die Interessen einzelner weniger gegenüber denen der Allgemeinheit zurücktreten müssen. Handelt es sich aber gar um gemeinnützige Einrichtungen, welche zum Schutz der daran Beteiligten gegen Übergriffe privaten Unternehmertums gebildet werden, wie z. B. bei der Errichtung öffentlicher Arbeitsvermittelungsstellen, so muß eine Stadtverwaltung unter Umständen bis zur Unterdrückung der privaten Unternehmungen vorgehen.

I. Gruppe städtischer Betriebe,

bei welchen die Absicht einer Gewinnerzielung oder eines direkten oder indirekten finanziellen Erfolges vorherrscht:

Unter diese Betriebe sind zunächst als Monopolbetriebe die Einrichtungen zur Versorgung der Stadt mit Wasser, Gas und Elektrizität, sowie die für Handel und Verkehr getroffenen wie Hafen, Lagerhaus und Bahnanlagen, und eine Anzahl kleinerer, mit ihnen in Verbindung stehender Betriebe zu rechnen. Für Frankfurt a. M. kommt besonders noch der Betrieb der umfangreichen Forsten in Betracht. In Konkurrenz mit privaten Unternehmern tritt die Stadt durch Errichtung von Badeanstalten, die Erledigung von Bauten in eigener Regie, durch die neuerdings erfolgte Übernahme des Bestattungswesens, durch die Errichtung einer eigenen Apotheke im Krankenhaus, durch die Ausnutzung der Erzeugnisse ihrer Weinberge im städtischen Ratskeller. Eine Reihe anderer Betriebe, welche in manchen Städten direkt zur Verwendung der Überschüsse bei der Deckung städtischer Unkosten herangezogen werden, sind in Frankfurt unter die später behandelte Gruppe, der gemeinnützigen Bestrebungen, gezählt. Hierzu gehört unter anderen die Sparkasse, deren Überschüsse zur Schaffung eines umfangreichen Reservefonds dienen, aus dem lediglich Zinsen zur Unterstützung gemeinnütziger Bestrebungen verwendet werden.

Einen Betrieb, dessen Einordnung vielleicht fraglich erscheint, bildet die Stadtgärtnerei. Während einerseits ja wohl kaum daran zu denken ist, bei so umfangreichen Promenaden- und Parkanlagen die Pflege derselben in private Hände zu legen, besorgt die Gärtnerei andererseits auch die Ausschmückung öffentlicher Gebäude bei besonderen Veranstaltungen und Festlichkeiten, sowie gelegentlich auszuführende Gartenarbeiten. Hier ist sie unter die Monopolbetriebe eingeordnet worden.

1. Die städtische Wasserversorgung[1]

erfolgt durch Wasserleitungsanlagen zur Förderung von Quellwasser und von Flußwasser als Nutzwasser zur gewerblichen Benutzung. Die ältesten Quellwasserleitungen der Stadt Frankfurt a. M. bestanden bereits im 17. Jahrhundert. Zu diesen kamen im 19. Jahrhundert weitere Leitungen,

[1] Dieser Betrieb dürfte an der Grenze stehen, zwischen Erwerbsbetrieben und solchen, die im öffentlichen Interesse arbeiten.

darunter in den siebziger Jahren des 19. Jahrhunderts eine Gebirgsquellwasserleitung aus dem Vogelsberg und dem Spessart mit einem Rohrstrang von 66 km, Grundwasserfassungsanlagen im Stadtwalde, welche zusammen zur Zeit eine Maximallieferung von 38 000 cbm zu bewältigen imstande sind. Im Jahre 1895 kam mit der Eingemeindung Bockenheims ein Wasserwerk bei Praunheim in städtischen Besitz, dessen Leistungsfähigkeit durch fortgesetzte Erweiterung zur Zeit auf 13 500 cbm gesteigert worden ist. 1900 wurde sodann das im Jahre 1896 erbaute Wasserwerk der Vorortgemeinde Seckbach mit übernommen. 1901 erfolgte die Erweiterung der Bergwasserleitung durch Anschluß eines Grundwasserwerkes bei Wirtheim a. d. Kinzig. Zur Zeit ist ein weiteres Grundwasserwerk im Vorgelände des Taunusgebirges zwischen Hattersheim und Weilbach in Ausführung begriffen. An diese Wassergewinnungswerke sind zur Zeit in der Stadt zwei Hochbehälter angeschlossen, welche zusammen einen Fassungsraum von rund 56 000 cbm besitzen. Neben der Quell- und Grundwasserleitung besteht seit dem Jahre 1885 mit einer Erweiterung im Jahre 1901 ein Flußwasserwerk auf dem Gelände des städtischen Schlacht- und Viehhofes, welches dem Mainfluß direkt Wasser entnimmt für die Straßenbesprengung, Kanalspülung, Versorgung der Bedürfnisanstalten, für hydraulische Einrichtungen, Speisung der öffentlichen Springbrunnen, Begießung der öffentlichen Gartenanlagen, zur Abgabe von Nutzwasser an größere Gewerbebetriebe und an Privatgärten.

Der maximale Wasserstand in den Hochbehältern läßt nur die Wasserversorgung bis in die obersten Stockwerke derjenigen Stadtgebiete zu, in denen die Straßenoberfläche nicht über etwa + 120 m N. N. liegt. Da sich aber die Stadt über diese Höhenlage in den letzten Jahren bedeutend ausgedehnt hat, wurde zur Versorgung der sogenannten Bergzone ein besonderes Pumpwerk zur Zuführung des Wassers des Hochbehälters nach den höher gelegenen Stadtteilen angelegt. Die Anlage ist vorläufig für eine tägliche Leistung von 3000 cbm bei 40 m Förderhöhe eingerichtet. Am Ende des Druckrohrstranges dieser Pumpanlage ist ein Überlaufreservoir vorhanden, mit einem vorläufigen Fassungsraum von 790 cbm.

Nach der Statistik der Betriebsergebnisse hat sich der Wasserverbrauch in der Stadt Frankfurt nicht nur absolut, sondern auch auf den Kopf der Bevölkerung gerechnet, im Laufe der Jahre in ganz erheblichem Maße gesteigert. Noch zu Beginn der achtziger Jahre war der Wasserbedarf der Stadt bei einer Einwohnerzahl von 140 000 Seelen wenig mehr als 6 000 000 cbm pro Jahr. Mit der Vermehrung der Bevölkerung und nach der Eingemeindung der Vororte Bockenheim, Oberrad, Niederrad, Seckbach, sowie einschließlich der vertraglich übernommenen Versorgung der ländlichen Vororte Ginnheim, Hausen, Praunheim, Heddernheim, Eckenheim und Preungesheim ist der Wasserverbrauch zur Zeit auf ungefähr 20 Millionen gestiegen. Die höchstbeobachtete Tageswasserabgabe betrug 87 500 cbm (im Sommer 1908). Zur Bewältigung dieser Wassermenge dient ein Leitungsnetz von insgesamt 516 km Länge, wovon 376 km auf die Trinkwasserleitung und 140 km auf die Flußwasserleitung entfallen. Die Ergiebigkeit der Hochquellen aus dem Vogelsberg und Spessart schwankt zwischen 5 und 6,7 Millionen cbm pro Jahr. Die geringste tägliche Ergiebigkeit war nach den bisherigen Beobachtungen rund 10 000 cbm, die größte rund 19 000 cbm. Die Grundwasserpumpwerke hatten bis zum Jahre 1892 noch hauptsächlich die Aufgabe, zu diesem geringen Quellenzufluß den Mehrbedarf zu decken. Die außerordentliche Steigerung des Wasserverbrauchs hat jedoch dazu geführt, daß die Grundwasserwerke zur Zeit mehr als zwei Drittel der erforderlichen gesamten Wassermengen beschaffen. Die Anlagekosten der gesamten Wasserversorgungsanlagen belaufen sich auf rund 29 000 000 Mk., die jährlichen Betriebs-Unterhaltungs- und Verwaltungskosten auf rund 1 500 000 Mk. Die Wasserabgabe an Private erfolgt in den Stadtteilen Bockenheim und Seckbach nach Messung unter Zugrundelegung eines Mindestwassergeldes, im ganzen übrigen Stadtgebiet nach dem Ortsstatut vom Juni 1898, nach welchem für Wohnungen im allgemeinen ein Wassergeld in Höhe von 4 % des Mietwertes entrichtet wird; Wohnungen unter 250 Mk. jährlichem Mietwert sind von der Entrichtung des Wassergeldes befreit. Geschäftsräume, in denen Wasser zum Geschäftsbetrieb nicht erforderlich ist, vielmehr solches nur zum Trinken, Waschen, Reinigen der Räume usw. benutzt wird, werden im allgemeinen zur Zahlung des Wassergeldes in Höhe von 1 % des Mietwertes veranlagt.

Die Erhebung des Wassergeldes nach Messung findet statt bei Fabriken, bei gewerblichen oder landwirtschaftlichen Betrieben, ferner überall da, wo großer Wasserverbrauch festgestellt worden ist oder Wasservergeudung befürchtet wird. Zur Zeit sind 5000 Stück Wassermesser verschiedener Systeme im Betrieb. Der Preis des Kubikmeters Wasser bei Abgabe nach Messung beträgt während der Monate April bis September 25 Pf., während der Monate Oktober bis März 15 Pf. Die Verwaltungsbehörde ist berechtigt, je nach dem Fall statt Quell- oder Grundwasser für gewerbliche Zwecke auch Flußwasser zu liefern. Die Preise für das Flußwasser sind die gleichen wie vorher angegeben. In Gewerbebetrieben mit einem 500 cbm im Vierteljahr übersteigenden Verbrauch tritt eine Ermäßigung ein und zwar für die Monate April bis September auf 15 Pf. und für die Monate Oktober bis März auf 10 Pf. per Kubikmeter. In den Vororten des Landkreises sind besondere Abmachungen unter Annahme von Grundgebühren nach der Gestaltung der Wohnungen getroffen.

Infolge des Vorherrschens der unbeschränkten Wasserentnahme ist in Frankfurt der durchschnittliche Wasserverbrauch ein im Verhältnis zu anderen Städten großer.

Technisch hat das System die Einführung besonderer Kontrolleinrichtungen notwendig gemacht. Insbesondere sind zu erwähnen die bereits seit dem Jahre 1884 im Gebrauch befindlichen Distriktmesser, welche hauptsächlich dazu dienen, das Rohrnetz und die Hausleitungen auf ihre Dichtigkeit zu prüfen. Dies geschieht durch Daueraufzeichnung der fließenden Wassermenge auf Registrierwerken, welche in das Rohrnetz von Zeit zu Zeit in den einzelnen Distrikten eingesetzt werden. Mit Hilfe dieses Verfahrens sind tausende von größeren und kleineren Undichtigkeiten im Rohrnetz ermittelt worden, welche mit anderen Hilfsmitteln kaum entdeckt worden wären, insbesondere in denjenigen Fällen, in denen das entweichende Wasser sich einen unterirdischen Abfluß gesucht hat. Außer dem Rohrnetz werden die Hausleitungen durch besondere Kontrollbeamte untersucht, welche auch ihr Augenmerk auf etwaige Wasservergeudung zu richten haben.

Die Wasserwerke rechnen in den Einnahmen mit rund 3 500 000 Mk., in den Ausgaben mit rund 2 800 000, was einen Überschuß von ca. 700 000 Mk. ergibt.

2. Die städtischen Elektrizitätswerke.

Die zur Errichtung eines städtischen Elektrizitätswerks gepflogenen Verhandlungen und Beratungen haben sich seinerzeit jahrelang hingezogen, besonders unter dem Einfluß des Streites in Laien- und Fachkreisen über die größere Zweckmäßigkeit der Verwendung von Gleichstrom oder von Wechselstrom. Unter dem Einfluß dieser Unschlüssigkeit über den zweckmäßigsten Ausbau des geplanten Elektrizitätswerks ist im Jahre 1890 die erste internationale elektrotechnische Ausstellung zu Frankfurt a. M. ins Leben gerufen worden. Die Erfolge, welche zur damaligen Zeit bereits das Wechselstromsystem zu verzeichnen hatte, und die in ihrem ganzen Umfange völlig geglückte Kraftübertragungsanlage zwischen Lauffen a. N. und dem Ausstellungsplatz in Frankfurt a. M. haben zur Wahl des Wechselstromsystems geführt und zwar mit einphasigem Strom. In neuerer Zeit haben die Gegner der Verwendung des einphasigen Wechselstromes des öfteren wieder die Frage aufgeworfen, ob bei der Einführung von Wechselstrom nicht wenigstens lieber das dreiphasige Stromsystem verwendet werden sollte. Demgegenüber hat jedenfalls in Frankfurt die Erfahrung gezeigt, daß das einphasige Wechselstromwerk der Stadt zu keinerlei Bedenken Veranlassung gegeben hat. Auch der anscheinende Nachteil, daß die einphasigen Wechselstrommotoren nicht belastet anlaufen, hat zu Beanstandungen nur in wenigen Fällen geführt. Die allmähliche Verbesserung in der Motorentechnik und in ihrer Verbindung mit der Arbeitsmaschine durch geeignete Vorgelege und sonstige Übertragungen haben es verstanden, diese Schwierigkeiten zu überwinden, und die in den letzten Jahren erfolgten Neukonstruktionen von besonders gebauten, belastet anlaufenden, einphasigen Wechselstrommotoren lassen auch für die Zukunft eine weitere Verbesserung dieser Motorenart erhoffen.

Der immer wachsende Konsum an Elektrizität und die Vergrößerung der an das Werk angeschlossenen Umformerstation für die städtische Straßenbahn haben eine Erweiterung des Elektrizitätswerks erfordert, welches neuerdings auch zur Verwendung von Dampfturbinen, deren größte eine Leistung von 5000 Pferdekräften besitzt, übergegangen ist. Insgesamt beträgt zur Zeit die verfügbare Maschinenleistung des Elektrizitätswerks 27 000 Pferdekräfte.

An das Wechselstrom-Elektrizitätswerk ist die in der Mitte der Stadt liegende Umformerstation für die städtische Straßenbahn angeschlossen, welche unter Verwendung von Motorgeneratoren den hochgespannten Wechselstrom von 3000 Volt in Gleichstrom von 550 Volt Spannung umwandelt. Die Umformerstation besitzt zur Zeit, an den Motoren gemessen, 6000 verfügbare Pferdekräfte. Eine Pufferbatterie dient zur Ausgleichung der Schwankungen in dem Straßenbahnbetriebe, sowie zur Speisung der gegen Ende des Tagesbetriebes noch laufenden Personalwagen.

An das städtische Wechselstromwerk sind zur Zeit insgesamt ca. 34 000 Kilowatt angeschlossen, davon entfallen 19 000 auf Lichtkonsum, ca. 12000 auf Kraftkonsum, 2400 auf die Umformerstation der Straßenbahn und ca. 600 auf Straßenbeleuchtung und Selbstverbrauch. Insgesamt beträgt im Jahre die Zahl der nutzbar abgegebenen Kilowattstunden ca. 23 Millionen, und es berechnet sich ein Kohlenverbrauch von rund 1,6 kg Kohlen für die nutzbar abgegebene Kilowattstunde. Für Privatverbrauch werden ca. 5 1/2 Millionen Kilowattstunden abgegeben, für gewerbliche Zwecke 6 Millionen. Der Rest wird für die Straßenbahn, für öffentliche Beleuchtung und für eigene Zwecke verwendet.

Der Verkauf des elektrischen Stromes geschieht nach Zählern, für welche eine monatliche Zählermiete, je nach der Größe der Instrumente, erhoben wird, anfangend mit 1 Mk. für einen Zähler bis zu 3 Kilowatt, steigend bis 3 Mk. für Zähler über 6 Kilowatt.

Der Preis des Lichtstroms beträgt 50 Pf. pro Kilowattstunde bei Verbrauch bis zu 3000 Kilowattstunden, beim Konsum von über 3000 Kilowattstunden beträgt die Taxe 40 Pf.

Für Motorenstrom beträgt der Preis 15 Pf. pro Kilowattstunde, im Winter während der Abendstunden (Zeit des höchsten Lichtkonsums) 25 Pf.

Die Eigenartigkeit der gewerblichen Tätigkeit in Frankfurt a. M. hat es mit sich gebracht, daß das Elektrizitätswerk in ganz hervorragendem Maße der Verwendung von kleinen Motoren zu dienen imstande war.

Für die Rentabilität des Elektrizitätswerks bilden bekanntlich diese Motoren eine sehr willkommene Belastung während der Tagesstunden bei geringem Lichtkonsum.

Die Gesamteinnahmen des Elektrizitätswerks betragen gegen 4 500 000 Mk.; davon entfallen 2 500 000 Mk. auf Lichtstrom, 2 000 000 Mk. auf Motorstrom. Der Überschuß des Wechselstromwerkes beträgt zur Zeit rund 1 500 000 bis 2 000 000 Mk.

Ein zweites Elektrizitätswerk übernahm die Stadt in dem im Jahre 1895 eingemeindeten Vorort Bockenheim. Dieses Elektrizitätswerk hat eine Gesamtleistungsfähigkeit der Maschinen von etwa 2500 Pferdekräften. Es ist ein kombiniertes Werk zur Erzeugung von Gleichstrom für den Lichtkonsum und zum Betriebe kleiner Elektromotore, sowie von Drehstrom lediglich für Kraftzwecke und sonstige technische Verwendung. Die Entwicklung dieses Werkes ist besonders durch den Anschluß einer größeren Umformerstation in dem staatlichen Hauptgüterbahnhof günstig beeinflußt worden. Wie in der Folge das Werk noch weiter zur Stromlieferung für ein größeres Gebiet herangezogen wird, läßt sich noch nicht beurteilen.

In absehbarer Zeit wird die Entwicklung der beiden Elektrizitätswerke, das fast aufgebrauchte Baugelände, sowie auch die ganze Tendenz der Entwicklung der Stadt, eine Reihe bevorstehender Eingemeindungen und dergleichen, die Frage zur Erörterung stellen, inwieweit es zweckmäßig und auch möglich ist, die Zentralisierung der Erzeugung elektrischen Stromes beizubehalten, oder aber, welche Vorteile die Errichtung mehrerer Werke bietet.

3. Die Gasversorgung.

Die Stadt besitzt seit dem Jahre 1903 in der Vorortgemeinde Heddernheim ein eigenes Gaswerk von beschränktem Umfange. Außer dem bereits eingemeindeten Vorort Seckbach werden von diesem Werke acht Vorortgemeinden des Landkreises und der weiteren Umgebung der Stadt mit Gas versorgt. Durch Vertrag ist festgelegt, daß die Stadt Frankfurt a. M. in diesen Vorortgemeinden das alleinige Recht besitzt, Gas zu liefern, auch dürfen die Gemeinden vor Ablauf von 15 Jahren nach Vertragsabschluß nicht elektrische Beleuchtung einführen. Die Stadt Frankfurt übernimmt die öffentliche Straßenbeleuchtung entsprechend der Ausdehnung und dem Wachstum der Gemeinden. In diesem Vorortgaswerk sind etwa 38 km Hauptrohrleitungen und etwa 8 km Anschlußleitungen verlegt. Zur Zeit werden pro Jahr etwa 2000000 kg Kohle vergast, woraus rund 600000 cbm Gas, 1400000 kg Koks und 100000 kg Teer gewonnen werden. Auf den Kopf der Bevölkerung in den Vorortgemeinden kommen rund 41 cbm Gas. Von dem Gesamtgasverbrauch entfallen rund 80 % auf Privatbeleuchtung, 14 % auf öffentliche Beleuchtung, der Rest auf Selbstverbrauch und Verluste. Infolge der zur Zeit noch verhältnismäßig geringen Zahl von Anschlüssen an das Werk und der hohen Anlagekosten des eben erfolgten Ausbaues des Rohrnetzes arbeitet das Werk zur Zeit noch mit einem Zuschuß.

Die beiden in dem Stadtgebiet selbst bestehenden großen Gaswerke gehören Gesellschaften, deren Konzessionsdauer nach den bereits aus den fünfziger Jahren des vorigen Jahrhunderts datierten Verträgen auf 100 Jahre festgesetzt worden ist, also noch bis zum Jahre 1959 läuft. Im Sinne der modernen Bestrebungen zur Verstadtlichung gerade derartiger wichtiger Anlagen wirkt die frühere Abmachung sehr empfindlich auf die zur Zeit beabsichtigten Maßnahmen der Stadt. Daß das Verhältnis der Gasgesellschaften zum Publikum immer noch ein erträgliches gewesen ist, ist zum Teil auf den Umstand zurückzuführen, daß man seinerzeit zwei Gesellschaften die Konzession erteilt hat. Von diesen liefert die eine ein leichtes (sogenanntes englisches, das ist reines Steinkohlengas), während die andere ein bedeutend schwereres Gas erzeugt. Die gegenseitige Konkurrenz dieser Gesellschaften hat selbstverständlich günstig auf die Entwicklung eingewirkt. Auch hat die Erbauung des städtischen Elektrizitätswerkes für die Gaskonsumenten jedenfalls die Einführung von Erleichterungen, ferner die Begünstigung moderner Beleuchtungsapparate bewirkt. Die Leuchtkraft der Gase steht unter städtischer Kontrolle, und die zu stellenden Anforderungen werden von Zeit zu Zeit im städtischen Amtsblatte veröffentlicht.

Entsprechend der Größe des Konsums in den einzelnen Haushaltungen gewähren die Gesellschaften noch entsprechende Rabatte, wenn bestimmte

Grundzahlen überschritten werden. Für die Gasmesser werden besondere Mieten nicht erhoben. Zur Erleichterung des Bezugs des Gases für die kleinen Haushaltungen hat die eine der beiden Gasgesellschaften Automaten in größerer Zahl seit einigen Jahren zur Aufstellung gebracht.

Die einzige Abmachung außer der Konzessionierung, welche zwischen der Stadt und den beiden Gesellschaften besteht, bezieht sich auf die Lieferung der Straßenbeleuchtung. Als Benutzungsgebühr für die Straßen der Stadt zahlen die beiden Gesellschaften zusammen zur Zeit rund 350 000 Mk. Da die Berechtigung der beiden Gesellschaften, allein Gas zu liefern, früher abläuft als der eigentliche Konzessionsvertrag, so hat die Stadt ein Interesse daran, möglichst bald darüber ins klare zu kommen, in welcher Weise für die Folge die Gaslieferung bewerkstelligt werden soll, gegebenenfalls wird sie als Konkurrent der Gesellschaften auftreten müssen.

4. Die städtischen Hafen- und Lagerhausanlagen.

Mit der um die Mitte der achtziger Jahre des vorigen Jahrhunderts fertig gestellten Kanalisierung des Mains zwischen Frankfurt a. M. und Mainz trat ein völliger Umschwung in dem Schiffsverkehr auf dem Mainfluß ein, welcher noch durch die später oberhalb Frankfurts, bei Offenbach, vorgenommenen Regulierungen im Flußlauf, sowie die Anlegung des Offenbacher Hafens weiter gefördert wurde. Bis zu den achtziger Jahren war Frankfurt lediglich eine Zwischenstation der Mainschiffahrt, welche mit flachen Kähnen von geringer Ladefähigkeit betrieben werden konnte. Es handelte sich hierbei vorwiegend um die Anfuhr von Steinen, Holz und verschiedenen Baumaterialien, welche im Jahre rund 150 000 t ausmachten.

Durch die Mainregulierung war auch den größten Rheinschiffen die Möglichkeit gegeben, Mainaufwärts zu fahren und in Frankfurt zu löschen und zu laden. Dieser Verkehr hat sich allmählich so gesteigert, daß Frankfurt unter den deutschen Rheinhäfen, zu welchen man es zu rechnen pflegt, etwa an sechster Stelle steht und ähnliche Umsatzziffern aufweist wie die Häfen von Alsum, Rheinau und Ludwigshafen. Diese Gruppe von Häfen wird lediglich durch die Häfen von Mannheim und Ruhrort übertroffen. Zur Zeit ergeben sich in Frankfurt folgende Zahlen für den Schiffsverkehr:

Angekommene	Schiffe	zu	Berg	rund	6500	mit	**1 180 000** t	Ladegewicht,
"	"	"	Tal	"	2400	"	**120 000** t	"
Abgegangene	"	"	Berg	"	2300	"	**25 000** t	"
"	"	"	Tal	"	6600	"	**280 000** t	"

Der Güterverkehr im Hafen erstreckt sich hauptsächlich auf Kohlen, Getreide und Baumaterialien, unter welchen vor allem die Sandsteine vom

Obermain zu erwähnen sind. Ferner kommen in Betracht die Holzlieferungen, von denen insbesondere das Stammholz für eine Anzahl Gerbstoff- und Farbenfabriken bestimmt ist. Der Verkehr mit Floßholz zur Stadt selbst ist etwas zurückgegangen, während die Masse der passierenden Flöße ständig wächst. Ein größerer Holzhandel oder Anlagen zur Holzverarbeitung unter Benutzung des Floßholzes hat sich nach diesen Beobachtungen in Frankfurt nicht entwickelt. Einen weiteren ansehnlichen Teil der Zufuhr nehmen die Mehl- und Mühlenfabrikate, welche vom Rhein her kommen, ein. Mit dem Fortschreiten der industriellen Entwicklung in der Umgegend der Stadt steigt ferner dauernd der Verkehr in Ölen, Fetten und Teerprodukten. Eine besondere Rolle bei der Einfuhr spielt das Petroleum, dessen Verkehr vom Rhein her in großen Schwankungen stattfindet und anscheinend durch die galizische und russische Konkurrenz beeinflußt wird. Auf dem Gelände des städtischen Hafens sind sodann Silospeicheranlagen und Lagerhäuser errichtet. Der Gesamtverkehr belief sich in den letzten Jahren auf 1 1/2 bis 2 1/2 Millionen Doppelzentner bei einem durchschnittlichen Lagerbestand von rund 120 000 Doppelzentner. Vorwiegend kommt in dem Verkehr das Getreide in Frage, von welchem im Jahre je etwa 1/2 Million Doppelzentner eingelagert und ausgelagert werden. Die gegenseitige Verrechnung der Lagerhausverwaltung und des Hafenverkehrs läßt es nicht zu, in kurzen Worten eine Übersicht über die Rentabilität der Hafenanlage zu geben. Besonders bemerkenswert ist, daß der Verkehr in einem solchen städtischen Hafen- und Lagerhausbetrieb ein vorzügliches Kriterium für die Änderungen im Handelsverkehr bildet, welche durch wirtschaftliche Schwankungen oder auch durch gesetzgeberische Maßnahmen, unter anderen den Abschluß von Handelsverträgen, hervorgerufen werden, beispielsweise die Bestrebungen der Händler, vor Abschluß der Handelsverträge noch zu den geringeren Sätzen sich mit Material zu versorgen. Ähnliche Einflüsse werden als Folgen der Preispolitik von Syndikaten, hier beispielsweise des Kohlensyndikats, bemerkt. Der Verkehr in den Lagerhäusern verläuft jedoch nicht immer in gleicher Richtung wie die Bewegung im Geschäftsleben, auch bei schlechtem Geschäftsgang steigt oft der Lagerbestand infolge des größeren Bedürfnisses der Einlagerung. Bereits bald nach Errichtung der Hafenanlagen im Westen der Stadt kam man zu der Erkenntnis, daß diese in absehbarer Zeit den Verkehrsansprüchen nicht mehr genügen würden, und seit dieser Zeit ist dauernd an dem Projekt einer großen Hafenanlage im Osten der Stadt gearbeitet worden. Dem Beginn des Ausbaues dieser Anlage, deren Kosten insgesamt auf etwa 57 000 000 Mk. veranschlagt sind, hat die Stadtverordnetenversammlung bereits zugestimmt und die Bauarbeiten sind bereits begonnen. Diese östliche Hafenanlage bedeutet für die Entwicklung der Stadt eine außerordentlich eingreifende Maßnahme. Über einen Umbau der östlichen Bahnhofsanlage der Staatsbahn ist eine Einigung mit der Eisenbahnverwaltung bereits erzielt und der Gesamtverkehr in der Oststadt wird sich aller Voraussicht nach verändern. Daß derartige Bauten auch auf alle anderen wirtschaftlichen Verhältnisse, Wohnungsverhältnisse und dergleichen mehr, einen bedeutenden Einfluß in der betreffenden Stadtgegend ausüben, bedarf weiter keiner Ausführung. Es wird aber auch im Osten der Stadt notwendig sein, die bei Schaffung des Osthafens gegebene günstige Gelegenheit zu benutzen, um große Geländeflächen derjenigen Industrie zur Verfügung zu stellen, welche eine direkte Lage an der Wasserstraße nicht notwendig hat, und durch Schaffung geeigneter und genügend großer Bahnhofsanlagen im Hafen in ihren Verkehrsbedürfnissen, insbesondere zum billigen Bezug der Rohprodukte, befriedigt werden kann.

5. Die Verbindungs- und Hafenbahn.

Nach den früheren Bahnhofsverhältnissen in Frankfurt war eine Verbindung zwischen dem Ostbahnhof der „Hessischen Ludwigsbahn", welcher den Verkehr nach Bayern sowie der Gegend von Hanau—Bebra vermittelte, und den Westbahnhöfen für den Verkehr nach dem Norden und Westen, nach dem Taunus und nach dem Süden unter Benutzung von Vollbahnwagen erforderlich. Diese Verbindungsbahn, welche gleichzeitig auch einen Ausläufer nach dem ehemaligen Winterhafen, einer der Hauptanlegestätte für Schiffe hatte, wurde von der Stadt selbst errichtet und von der ehemaligen Hessischen Ludwigsbahn unter Verrechnung des Gewinnes mit der Stadt betrieben. Nach der Errichtung des Hauptbahnhofes vermittelt diese Bahn nur noch einen mäßigen Personenverkehr, hingegen ist ihre Bedeutung als Hafenbahn zur Vermittelung des Güterverkehrs zwischen dem Ostbahnhof und dem Hafengelände im Westen der Stadt, sowie auch dem Zollhof am Quai des Maines, gestiegen. Zur Zeit werden auf der Verbindungsbahn nur noch etwa 5—6000 Personenzüge im Jahre befördert, welche eine Einnahme von 15—20 000 Mk. ergeben. Der Güterverkehr ist im Steigen begriffen und beträgt zur Zeit im Eingang rund 300 000 t und im Ausgang gegen 500 000 t.

Die geplanten Hafenanlagen im Osten der Stadt werden eine völlige Umgestaltung der Hafenbahn mit sich bringen, welche teils mit den umfangreichen städtischen Bahnanlagen im Osthafengebiet wie auch dem Umbau des Staatsbahnhofs zusammenhängen.

6. Straßen- und Kleinbahnen.

Die zentrale Lage der Stadt als Knotenpunkt einer Anzahl Haupteisenbahnlinien hat es mit sich gebracht, daß bereits bei Errichtung der Vollbahnstrecken mit der Umgebung der Stadt zahlreiche Verbindungen geschaffen wurden. Eine der ersten Eisenbahnlinien in Deutschland, die Taunusbahn, bildete im Jahre 1838 die Verbindung zwischen dem Taunusgebirge und der Stadt. Die Linie Frankfurt a. M.—Bebra, die ehemalige Main-Neckarbahn, die Strecken der Main-Weserbahn, berührten alle schon zur Zeit ihrer Errichtung eine große Anzahl von Orten der näheren Umgebung, welche entweder sich in wirtschaftlicher Abhängigkeit von der Stadt Frankfurt a. M. befanden, indem sie ihre Produkte, vorwiegend landwirtschaftlicher Art, in der Großstadt absetzten, oder im gegenseitigen Warenaustausch mit ihr in Verbindung waren. Auch die in regem Verkehr mit Frankfurt stehende hessische Stadt Offenbach hat frühzeitig eine Vollbahnverbindung erhalten, welche, zunächst von einer Gesellschaft betrieben, später in den Besitz des preußischen Staates überging. Dieses vorzügliche Netz von Vollbahnen um das Stadtgebiet läßt es verständlich erscheinen, daß die Errichtung von Kleinbahnen lange Zeit hintangesetzt worden ist. Solange die Stadt noch in mäßiger Ausdehnung begriffen war, genügte außerdem für den Verkehr der umgebenden ländlichen Orte mit der Stadt der Verkehr auf der Landstraße. Die geschlossene bauliche Entwicklung der Stadt brachte es mit sich, daß innerhalb derselben einige wenige Straßenbahnlinien den Verkehr bewältigen konnten. So entwickelten sich lediglich die 1872 von einer belgischen Gesellschaft errichtete Pferdestraßenbahn, die in den Jahren 1887—1889 ausgebauten Strecken der Waldbahn für den Verkehr mit dem Stadtwald und den Vororten Niederrad und Isenburg, und die 1887 erbaute Vorortbahn nach Eschersheim.

Ferner wurde neben der Vollbahn nach Offenbach durch eine Gesellschaft noch eine elektrische Straßenbahn errichtet, mit besonderer Rücksichtnahme auf den Verkehr der Oberräder Bevölkerung, welche den weitaus größten Anteil an der Beschickung des Frankfurter Marktes hat.

Als um die Mitte und gegen Ende der neunziger Jahre die allgemein in Deutschland beobachtete außerordentlich starke Entwicklung der Städte eintrat, konnte auch in Frankfurt die wenig ausgedehnte Straßenbahn den Bedürfnissen nicht mehr genügen. Es erfolgte ein Drängen der Bevölkerung aus dem Zentrum an die Peripherie, eine immer stärker sich entwickelnde Citybildung, und ein engerer Zusammenschluß der Stadt mit einzelnen Vororten, welche notgedrungen auch bessere und schnellere Verbindungen mit der Stadt verlangten. In die Zeit dieser Entwicklung fällt nun die Errichtung des städtischen Elektrizitätswerkes und man trat dem Gedanken der Elektrisierung der Straßenbahn und der Übernahme in den städtischen Betrieb näher. Es kam der Stadtgemeinde besonders zu statten, daß gerade in die damalige Zeit der im Vertrag vorgesehene Termin fiel, zu welchem sie berechtigt war, das Unternehmen zu erwerben, wovon sie im Jahre 1898 Gebrauch machte.

Die gesamten damaligen Verhältnisse, insbesondere die Hochkonjunktur in einer Anzahl Industrien, erschienen auch für die Privatspekulation als eine hervorragend günstige Gelegenheit für die Gründung von Kleinbahnen und Vorortbahnen in der Umgebung von Großstädten. Insbesondere war es damals die Zeit, daß Fabrikationsfirmen die Gründung und Finanzierung solcher Vorortbahnanlagen zur Erhöhung der Beschäftigung ihrer Fabriken benutzten. Sehr oft sind diese Bahnanlagen nicht gerade sehr günstig angelegt worden und auch die Rentabilität war für den mit den örtlichen Verhältnissen Vertrauten von vornherein zum wenigsten zweifelhaft. Die unangenehmen Erfahrungen, welche viele Städte bei solchen Gründungen, und bei ihren späteren Versuchen, die so wichtigen Bahnanlagen in eigene Hände zu bekommen, gemacht haben, blieben der Stadt Frankfurt erspart, da durch Abgrenzung eines entsprechenden Interessengebietes unter Einverständnis der in Frage kommenden Behörden und auch der Vorortgemeinden selbst ein genügender Einfluß auf die etwaigen Abmachungen der einzelnen Gemeinden gesichert war. Mit Rücksicht auf die gegebenenfalls doch notwendig werdenden Eingemeindungen von Vororten und zur Verhinderung einer Übereilung dieser Maßnahmen hat die Stadtverwaltung immer dahin gestrebt, durch entsprechende Vereinbarungen mit den Vorortgemeinden, durch Abschließen von Lieferungsverträgen für Gas und Wasser u. dgl. mehr, sich Vorrechte und einen Einfluß auf die Entschließungen der Gemeinden bei der Errichtung von Bahnanlagen, der Bautätigkeit u. dgl., zu sichern.

Bei dem Ankauf der Frankfurter Pferdeeisenbahn war man bestrebt, zur Schaffung eines möglichst einheitlichen Verwaltungskörpers und zur Vermeidung einer Reihe von Streitigkeiten gleichzeitig die gesamten bestehenden Vorortlinien in städtische Verwaltung überzuführen. So einigte man sich mit der Straßenbahngesellschaft auch über den Ankauf der Vorortlinie bis Rödelheim, für welche eine längere Konzessionsdauer vorhanden war, und übernahm außerdem die Waldbahngesellschaft, deren Linien bis in das Stadtgebiet hineinliefen. Zur Zeit der Übernahme beförderte die Pferdeeisenbahn im Jahre etwa 30 Millionen Personen bei einer Leistung von 6 Millionen Wagenkilometern, der Tarif war für 10, 15 und 20 Pf.-Strecken eingerichtet, die Geschwindigkeit des Fahrverkehrs war 10 km in der Stunde. Mit einer Bauzeit von zwei Jahren wurde das Netz für die Elektrisierung der Bahnen, die Verlegung schwererer Schienenprofile, der Bau von Werkstätten und Wagenhallen erledigt, und im ersten vollständigen Betriebe im Jahre 1900 wurde der Straßenbahnbetrieb auf 18 Linien bei einer durchschnittlichen Geschwindigkeit von 11—12 km in der Stunde aufgenommen und die Benutzungsziffer stieg auf 41 Millionen Personen im Jahr. Zur Zeit, also nach 8 Jahren, beträgt die jährlich beförderte Personenzahl über 70 Millionen auf 23 Linien. In neuester Zeit ist eine Vorortlinie nach Eckenheim hinzugekommen, und eine Einigung mit der Stadt Offenbach hat dazu geführt, die alte elektrische Straßenbahngesellschaft Offenbach-Frankfurt a. M. in städtische Verwaltung zu übernehmen. Ein vollständiger Umbau der Strecke gestattet es nunmehr, die Straßenbahnwagen der Stadt Frankfurt a. M. bis an die hessische Grenze laufen zu lassen, von welcher aus die der Stadt Offenbach gehörigen Wagen weiterlaufen.

Wie eingangs erwähnt, führt die Straßenbahn nach den letztjährigen Rechnungsabschlüssen etwa 700 000 Mk. an das Ordinarium der allgemeinen Verwaltung ab. Der Tarif beruht auf der Grundlage, daß bis zu 4 km 10 Pf., für größere Strecken je 5 Pf. für 2 km mehr zu entrichten sind. — Die auch für die Vorortlinien in mäßiger Grenze gehaltene Preisstellung hängt mit der ganzen Verkehrspolitik der Stadt zusammen. Bei einer genauen Durchrechnung würde sich für die einzelnen Vorortlinien ein nicht unerheblicher Fehlbetrag ergeben. Es ist jedoch die Absicht vorhanden, den Verkehr mit der Peripherie der Stadt und darüber hinaus in die Vororte tunlichst zu erweitern und infolgedessen werden die vorzüglichen Überschüsse der Innenlinien der Bahn zur Deckung der Fehlbeträge herangezogen. Die Folgen dieser Maßnahmen werden sich in ihren äußersten Konsequenzen erst im Laufe der Jahre nach vollzogener Eingemeindung des Landkreises bemerkbar machen, da alsdann die Stadt nicht mehr zu den Vorortgemeinden als Lieferant auftritt, sondern durch die Vereinheitlichung des ganzen Betriebes und die Aufgabe von Reservatrechten ein vollständig anderes Verwaltungsbild geschaffen wird.

Eine besondere Erleichterung der Benutzung der städtischen Straßenbahn geschieht durch die Einrichtung von Dauerkarten. Insbesondere treten hierbei die Zeitkarten zu ermäßigtem Preis hervor. Unter diesen befinden sich Wochenkarten, welche für eine tägliche Frühfahrt zwischen den Wohn- und Arbeitsstätten bis 7 1/2 Uhr vormittags berechtigen, mit einem Staffeltarif, welcher für Fahrten bis zu 3 bzw. 4 bzw. 5 km den Preis von 30 Pf., 35 Pf. und 40 Pf. pro Woche vorsieht. Für jedes weitere Kilometer werden 5 Pf. erhoben. Sodann folgen Monatskarten zu beliebiger Benutzung zwischen Wohn- und Arbeitsstätte an Werktagen, ebenfalls mit einem Staffeltarif.

Die wichtigste Anordnung im Interesse der Arbeiterschaft aber sind die Wochenkarten für eine Früh- und Abendfahrt zwischen Wohn- und Arbeitsstätte an Werktagen. Für Strecken von 3 bzw. 4 bzw. 5 km werden 60 bzw. 70 bzw. 80 Pf. pro Woche erhoben, für jedes weitere Kilometer 10 Pf.

Bei dem Staffeltarif beträgt also bei zwei Tagesfahrten und sechs Fahrtagen pro Woche der Preis für 1 km nach den vorgenannten drei Stufen 1,7 Pf., bzw. 1,5 Pf., bzw. 1,3 Pf. usw.

Dieses System der Staffelung entspricht den Absichten der Verwaltung, die Benutzung billiger Wohngelegenheit in größerer Entfernung von der Innenstadt tunlichst zu erleichtern.

Auf die Rentabilität der Straßenbahn wirken nicht unerheblich eine Anzahl von technischen und verwaltungsmäßigen Einrichtungen, denen bei der Errichtung und auch beim Betrieb von Straßenbahnen oft nicht der genügende Wert beigemessen wird. Da bei der Anschaffung des Fahrmaterials auf die Vorzüglichkeit desselben und vor allem die Ausgiebigkeit der Motore der größte Wert gelegt worden ist, sind die Reparaturkosten außerordentlich gering. Eine Reihe von Arbeiten hat die Straßenbahn allmählich in eigenen Betrieb übernommen. Sie baut neue Oberleitungsstrecken selbst aus, setzt neu ankommende Wagen in eigener Werkstätte zusammen und baut gelegentlich auch Wagen, insbesondere die als Anhängewagen verwendeten ehemaligen Pferdebahnwagen, für die Anforderungen des elektrischen Betriebes um.

Der vielleicht wichtigste Faktor für die Rentabilität der Straßenbahn ist die Einrichtung des Dienstplanes. Auf die Berechnung dieser Dienstpläne für die Frankfurter Linien wird eine ganz besondere Sorgfalt verwendet. Besonders beauftragtes Personal beschäftigt sich mit diesen Plänen, welche für den Sommer- und Winterbetrieb, sowie beim Eintritt besonderer

Ereignisse, großer Festlichkeiten und dergl., neu gestaltet werden müssen. Nicht nur wird bei dieser genauen Dienstplaneinteilung eine vorzügliche Ausnutzung des Wagenmaterials herbeigeführt und auch die Zeiteinteilung des Fahrpersonals für die Zwecke der Straßenbahn geregelt, vielmehr kommt auch die getroffene Einteilung dem Personal selbst wieder zugute, da eine Reihe von Wünschen der Leute, beispielsweise die Abwechslung in der Bedienung der verschiedenen Linien, die Einlegung entsprechender Pausen, die Vermeidung von allzulangen Schichten und dergl. mehr, berücksichtigt werden. Eine besonders bewährte Einrichtung zur Einhaltung der richtigen Dienstpläne, zur gegebenenfalls notwendigen Entlastung des Personals, sowie zur Vermeidung von Störungen bei plötzlich eintretendem Personalmangel, wie dies sehr häufig in den Herbst- und Wintermonaten infolge des epidemischen Auftretens der Influenza beispielsweise vorkommt, ist in Gestalt einer Reservemannschaft gebildet worden. Diese Reservemannschaft besteht aus gelernten Uniformschneidern, welche als Wagenführer und Schaffner ausgebildet sind, und für gewöhnlich in den Werkstätten der Straßenbahn die vorläufig auf Lager zu nehmenden Uniformen des Personals herstellen. Bei plötzlich eintretendem Bedarf wird eine entsprechende Anzahl von diesen Leuten von der Werkstätte zum Fahrdienst abkommandiert. Ob die Schneiderei selbst ohne ihren Nebenzweck zur Ergänzung des Betriebs eingerichtet worden wäre, ist fraglich. Jedenfalls ist die Errichtung zunächst in der Absicht erfolgt, den Schwerpunkt auf die Mannschaftsreserve zu legen und die Beschäftigung in der Schneiderwerkstätte als Beschäftigungsgelegenheit dieses Personals anzusehen.

Die verschiedenen Änderungen, welche in der letzten Zeit in den Bahnanlagen in der Umgebung von Frankfurt vorgekommen sind, insbesondere infolge des Umbaues des Wiesbadener Hauptbahnhofs, die Umleitung einer Reihe von Zügen nach dem Süden, von Wiesbaden direkt über Mainz nach der Bergstraße, die direkte Verbindung zwischen Wiesbaden und Homburg v. d. H., haben in neuester Zeit wiederum eine Anzahl von Projekten für die Schaffung von Kleinbahnen in der Umgebung von Frankfurt auftreten lassen. Es kommen hinzu die Projekte der deutschen Gartenstadtgesellschaft, die Neuanlagen von Villenkolonien im Taunusgebirge, die Errichtung von Kleinwohnungsbauten in Form von Kolonien in den Vororten durch Baugesellschaften. Inwieweit die Stadt durch diese ganze Bewegung in ihren Absichten zur Erweiterung ihrer eigenen Straßenbahnanlagen beeinflußt wird, kann erst im Laufe der nächsten Jahre sich entscheiden.

7. Die Stadtgärtnerei und die Forstverwaltung.

Einen besonderen Anlaß zur Begründung eines umfangreichen Gärtnereibetriebes boten in Frankfurt a. M. die zu Anfang des neunzehnten Jahrhunderts auf den Glacis der damals geschleiften Festungswerke angelegten Promenaden, welche als grüner Ring die Innenstadt im Osten, Norden und Westen in einer Länge von 4 1/2 km umschließen und eine Fläche von rund 16 ha belegen. In den letzten Jahren ist auch in der Außenstadt mit der Bildung eines Promenadenringes begonnen worden, dessen Länge zur Zeit 3 km beträgt. Außer der Unterhaltung der Promenaden hat die städtische Gärtnerei noch sieben Parks zu besorgen, unter welchen sich auch einige alte Friedhöfe befinden. Hierzu kommen kleine gärtnerische Anlagen innerhalb der Stadt, Zier- und Schmuckanlagen, bepflanzte Plätzchen. Dies alles in allem gerechnet gibt einschließlich Promenaden und Parks an städtischen Anlagen zusammen ein Arbeitsgebiet von rund 79 ha; ferner übernimmt die Stadtgärtnerei die Besorgung der Pflanzungen auf den städtischen Schulhöfen, in den kleinen Schulgärten, welche zur Pflege der Botanik angelegt sind, dem gleichen Zweck dient ein 1 ha fassender Zentralschulgarten. Dazu kommen weiter die Unterhaltungsarbeiten auf den städtischen Friedhöfen, soweit sie die Stadt zu besorgen hat, die Unterhaltung des Pflanzenschmucks an öffentlichen Gebäuden und der Alleestraßen in einer Bepflanzungslänge von insgesamt 91 km.

Für die eigenen Blumenpflanzungen werden eine größere Anzahl Treibhäuser sowie Baumschulen von insgesamt 6 ha 20 a Fläche unterhalten, für Neupflanzungen werden zum Teil noch Bäumchen und Sträucher von auswärts bezogen. Der Etat der Gärtnerei beläuft sich in der Ausgabe auf rund 280 000 Mk. und in der Einnahme auf rund 120 000 Mk., worin die für die städtischen Schulen geleisteten Arbeiten von rund 40 000 Mk. nicht verrechnet sind. Unter den Rückeinnahmen befinden sich eine Reihe von Vergütungen für außerstädtische Besorgungen der Gärtnerei, u. a. auch die Versorgung des Zoologischen Gartens. Die Gesamtausgaben der Stadt für ihre eigenen Anlagen belaufen sich zur Zeit auf rund 220 000 Mk.

Die verschiedenartigsten Gelegenheiten zum Zusammenarbeiten des Gartenarchitekten mit dem Bauamt, die künstlerische Ausgestaltung des Stadtbildes bei der Anlage von neuen Stadtteilen u. dgl. Dinge mehr haben gerade in den letzten Jahren der Stadtgärtnerei Gelegenheit geboten, durch ihre eigenen Anlagen auch im Publikum eine Menge von Anregung zu geben. Diese vom künstlerischen Standpunkt aufgefaßte

Tätigkeit der Stadtgärtnerei in Zusammenwirkung mit den bekannten Anlagen des Frankfurter Palmengartens haben unzweifelhaft auch auf die Schaffung von Privatgärten, die Ausgestaltung der Vorgärtenanlagen an Neubauten u. dgl. mehr ihren Einfluß geltend gemacht. Daß gerade durch Unterstützung solcher Bestrebungen eine ganz vorzügliche Bildung des Geschmacks und des Gefallens an der Natur erfolgt, mag auch durch die allgemein anerkannte Tätigkeit der hiesigen Kunst- und Handelsgärtnereien, deren Lieferungsgebiet sich über ganz Deutschland erstreckt, gekennzeichnet sein.

Einen erheblichen Teil des Besitzes der Stadt Frankfurt a. M. machen ihre Waldungen aus.

Den Frankfurter Stadtwald, einen Teil des ehemaligen Reichsforstes Dreieich, verdankt die Stadt der klugen Politik ihrer Leiter, welche ihn in der zweiten Hälfte des vierzehnten Jahrhunderts von Kaiser Karl IV. kauften. Die Gesamtfläche dieses Waldes beträgt 3372 ha. Dazu kommt ein im Nordwesten gelegener Wald, der Biegwald, mit etwas über 18 ha, ferner der Riederwald mit rund 31 ha. Die Gesamtwaldfläche beträgt also 3421 ha. Durchforstet wurden in den letzten Jahren rund 214 ha jährlich mit einem Ertrag von zusammen rund 20000 Festmetern, davon sind 15000 Festmeter Derbholz, 4000 Festmeter Reisholz und 1000 Festmeter Stückholz.

Der Gesamtreinertrag belief sich auf rund 160000 Mk., das sind etwas über 46 Mk. auf den Hektar der Gesamtfläche.

Die Gesamteinnahme dieses forstwirtschaftlichen Betriebes belief sich im Jahre 1907 auf rund 329000 Mk., die Ausgaben auf insgesamt 141000 Mk., so daß ein von Jahr zu Jahr um ein geringes steigender Einnahmeüberschuß zur Zeit von rund 188000 Mk. erzielt wird.

Die Arbeiterzahl des Forstbetriebes beläuft sich auf ca. 200 Personen, wovon 30 im Dienst sind und ca. 170 saisonmäßig nach Bedarf beschäftigt werden. Die für die Wegearbeit beschäftigten Personen werden im Tage- bzw. Wochenlohn entlohnt. Für die Hauarbeit besteht eine besondere Hauordnung, welche in ihren Sätzen, soweit möglich, konform geht mit den in den angrenzenden hessischen Waldungen bestehenden Ordnungen.

Die Waldarbeiter kommen zum Teil aus dem nahe gelegenen Isenburg zu Fuß, zum Teil aus weiter gelegenen Orten per Bahn, einige wenige auch, für die hauptsächlichste Hauarbeit, aus Bayern. Die Arbeiter arbeiten in Rotten, deren Rottenführer die Arbeitsverteilung und auch die Verteilung des Verdienstes, der auf die Rotte ausgeschlagen wird, vornimmt.

Der Stadtwald wird von der städtischen Waldbahn in vier Linien durchschnitten, welche zu Vororten und einigen an Unternehmer verpachteten Forsthäusern führen, die der Bevölkerung als Erholungs- und Ausflugsstätten dienen sollen.

Zum Schluß dieser Monopolbetriebe seien noch drei zur Aufrechterhaltung eines genügenden Vertrauens und genügender Sicherheit in städtische Regie übernommene Betriebe, das Eichamt, das elektrische Prüfamt und die Wagstellen erwähnt, welche Anlagen außerdem noch recht günstige Überschüsse erzielen.

Das Eichamt erstreckt seine Tätigkeit vorwiegend auf die Faßeichungen, welche teils für die in Frankfurt bestehenden großen Brauereien, sowie auch für die Apfelweinproduzenten ausgeführt werden. Hierzu kommt die Eichung der Metallfässer für eine Spiritusgroßhandlung. Den zweitgrößten Anteil an den Eichungen nimmt die Prüfung von Handelsgewichten ein, es folgen alsdann Wagen und Gemäße, sowie Gasmesser. Die Gesamtzahl der Eichungen beläuft sich zur Zeit auf rund 80000, wovon etwa 60000 auf Faßeichungen kommen.

Die Inanspruchnahme des Eichamtes ist eine schwankende, je nachdem von den Getränkeproduzenten mehr oder weniger große Anschaffungen von Gebinden in einem Jahre vorgenommen werden. Ebenso wirken die Schwankungen im Konsum alkoholischer Getränke sofort auf die Tätigkeit des Eichamtes. Der Etat des Eichamtes belief sich in den letzten Jahren auf 30—40000 Mk. Der erzielte Überschuß schwankt zwischen 6—8000 Mk.

Mit der Einführung des Gesetzes betreffend die elektrischen Maßeinheiten vom 1. Juni 1898, in Kraft getreten am 1. Januar 1902, ist mit Genehmigung des Herrn Reichskanzlers ein elektrisches Prüfamt für den Stadtkreis Frankfurt a. M. und einen Teil seiner Umgebung eingerichtet worden. Die Bedingung für die Genehmigung bestand in der Ausrüstung des Amtes nach den Vorschriften der physikalisch-technischen Reichsanstalt und die Wahrung der Unabhängigkeit und Unparteilichkeit des Amtsvorstehers durch seine direkte Unterstellung unter den Magistrat. Da für einen so großen Geschäftsbereich im Gebrauch elektrischer Meßinstrumente, wie ihn die Stadt bietet, über kurz oder lang eine amtliche Prüfstation eingerichtet hätte werden müssen und diese Einrichtung gegebenenfalls von privater Seite hätte erfolgen können, glaubte die Stadt mit Rücksicht auf die garantierte große Inanspruchnahme durch die eigenen Elektrizitätswerke das Amt selbst übernehmen zu sollen. Zur Zeit werden rund 4500 Zähler geeicht, dazu kommen noch etwas über 300 Tarifmesser und Präzisionsinstrumente.

Der gesamte Etat des Prüfamtes beläuft sich unter Einrechnung einer Miete für seine Räume in einem städtischen Gebäude auf rund 50000 Mk. und der erzielte rechnungsmäßige Überschuß auf rund 13000 Mk.

8. Die städtischen Wagstellen.

An der Peripherie der Innenstadt, d. h. an den Stellen von Eingangstoren der früheren Befestigung, befinden sich vier Wagstellen mit je einer Wage, sowie im städtischen Kohlenhafen eine Wagstelle mit drei Wagen, ferner eine Wage in dem ehemaligen Vorort Bockenheim. Auf den Wagen an der Peripherie der Altstadt werden vorwiegend von außen eingeführte Frucht, Futterwaren, Obst und Kartoffeln gewogen, sowie Heu und Stroh und auch Kohlen; zum Teil gehören die Fuhren größeren Fouragehandlungen innerhalb der Stadt, zum Teil gehören sie Händlern aus der Wetterau, dem Vogelsberg, der Gegend von Hanau und aus Hessen. Die Obstfuhren im Herbst kommen vorwiegend aus dem Taunus. Die Wagstellen im städtischen Kohlenhafen, an welchen sich umfangreiche Kohlenlagerplätze anschließen, dienen den Inhabern dieser Lagerplätze für die amtliche Verwiegung bei Lieferungen an Konsumenten direkt oder an Unterhändler in der Stadt. Zur Vereinfachung des Geschäftsverkehrs sind die ständig in Benutzung befindlichen Lastwagen der Kohlenhändler, ebenso auch einige Fouragewagen größerer Geschäfte in die städtischen Tarabücher der Wagstellen eingetragen. Jeder eingetragene Wagen erhält eine auf sichtbarem Schild geschriebene Nummer und wird wöchentlich neu tariert.

Die Wagstellen bewältigten im Jahre 1907 rund 170000 Fuhren mit rund 8 Millionen Zentnern verwogener Gegenstände. An Wiegegebühren gingen rund 90000 Mk. ein. An Privatwagen bestehen noch eine Anzahl in den größeren Brauereien und bei den Apfelweinproduzenten, welche die ihnen gelieferten Rohmaterialien in Vereinbarung mit den Lieferanten direkt verwiegen. Die Königliche Eisenbahndirektion Frankfurt a. M. hat ferner eine größere Anzahl Wagstellen auf ihrem Güterbahnhof eingerichtet.

II. Gruppe von Erwerbsbetrieben,

in welchen die Stadt als Konkurrent anderer Unternehmer auftritt.

An dieser Stelle ist zunächst die Übernahme von Bauten in

städtische Regie zu erwähnen. Unter anderem gehören ganz besonders hierher die Ausführung der Straßenpflasterungen, sowie die Form der Erledigung von Kanalbauten und Hochbauten unter Zusammenwirkung der städtischen Bauämter mit privaten Unternehmern. Die Unterteilung in Projektierung und Ausführung bzw. Überwachung der Bauten hängt so eng mit den organisatorischen Verhältnissen der Stadtverwaltung zusammen, daß ein genaues Eingehen hierauf im Rahmen dieses kurzen Abrisses nicht möglich ist. Auf die Verschiedenartigkeit der Handhabung dieser Geschäfte in den verschiedensten Städten sei daher hier lediglich verwiesen.

Eine der größten städtischen Unternehmungen ist sodann der städtische Fuhrpark. Die verschiedenen schlechten Erfahrungen, welche auch hier wie in anderen Städten bei der Verpachtung der Müll- und Kehrichtabfuhr gemacht worden sind, die Schwierigkeit der Verhandlungen mit den Unternehmern überhaupt, wie auch die tatsächlich zuzugebenden Mißerfolge, welche diese Unternehmer in den meisten Fällen erlitten haben, führten hier bereits vor Jahren zur Verstadtlichung dieser Fuhrgeschäfte.

Der städtische Fuhrpark steht unter gleicher Verwaltung mit der Straßenreinigung, wird aber mit besonderem Haushaltsplan geführt. Er bildet die Vermittlungsstelle für sämtliche städtische Fuhrleistungen mit Ausnahme der Bespannung der Feuerwehrfahrzeuge. Er stellt u. a. die Gespanne für die Wagen und Maschinen der städtischen Straßenreinigung, Kanalreinigung und Hauskehrichtabfuhr, für die Baufuhren der Bauämter und der Stadtgärtnerei, für die Abfuhrwagen der Marktverwaltung, für die Anfuhr von Brennmaterialien städtischer Amtsstellen, Schulen, Kranken- und Armenanstalten, für die Fuhren des Holzes aus dem Stadtwalde, und endlich die Gepäcktransporte der Militärkommission nach dem Manövergelände und den Schießplätzen. Der städtische Fuhrpark besitzt zur Zeit etwa 200 Pferde, welche dem durchschnittlichen Bedarf entsprechen. Während der eigentlichen Bauzeit und im Hochsommer bei starker Beanspruchung der Straßenbesprengungsabteilung müssen auf Grund von Verträgen von drei in verschiedenen Stadtteilen wohnenden Fuhrunternehmern oft bis zu 300 Pferde zur Ergänzung herangezogen werden. Die Verrechnung der Fuhrleistungen geschieht nach einer bestimmten Skala für die Leistungen auf den Haushaltsplan der einzelnen Amts- und Dienststellen.

Als zweite größere Unternehmung seien die städtischen Badeanstalten erwähnt.

Die Stadt Frankfurt a. M. besitzt ein großes städtisches Schwimmbad mit zwei Männerschwimmhallen, einer Frauenschwimmhalle, Wannenbädern, sowie Heißluft- und Dampfbädern. Außerdem Badehäuser in den ehemaligen Vororten Bockenheim und Sachsenhausen, in welchen Wannen- und Brausebäder verabreicht werden, sowie ein Brausebad in dem ehemaligen Vorort Bornheim. Trotz des Steigens der Frequenzziffer der städtischen Badeanstalten können doch noch eine Reihe privater Badeanstalten sehr wohl bestehen. Außerdem ist im Sommer Gelegenheit geboten, in gut eingerichteten Schwimmbadeanstalten im Mainfluß zu baden, eine Anzahl Bürgerschulen ist mit Badeeinrichtungen für die Schulkinder versehen, und endlich werden in den Wohnungsneubauten allgemein Einrichtungen für das Baden im Hause getroffen, auch die von gemeinnützigen Gesellschaften errichteten Kleinwohnungsbauten enthalten Badeeinrichtungen.

Diese vielseitige Gelegenheit zum Baden, sowie auch die Unterstützung der Hausbadeeinrichtungen durch billigen Wassertarif mag wohl auch seinen Teil zu den günstigen sanitären Verhältnissen der Stadt beitragen.

Der Gesamtzuschuß der Stadt zu ihren Badeeinrichtungen beläuft sich auf rund 90 000 Mk. Die gesamte Besuchsziffer des städtischen Schwimmbades beläuft sich auf rund 1/2 Million Personen, diejenige der drei Badehäuser und Brausebäder auf rund 150 000 Personen. In den städtischen Schwimmhallen werden von hiesigen Schwimmklubs des öfteren Preisschwimmen veranstaltet. Zur Verabfolgung von Bädern an Unbemittelte, insbesondere auch kränkliche Kinder, bestehen eine Anzahl Stiftungen von Freibädern, sowie auch von Geldmitteln zur Verwendung in besonderen Fällen. Unter Abweichung von den bestehenden Tarifen werden zur Erleichterung der Benutzung der Anstalten Jahresabonnements, Familienkarten und Karten zu ermäßigten Preisen verabfolgt.

Eine besonders im Interesse der minderbemittelten Bevölkerung zu begrüßende Neueinrichtung ist die im Jahre 1907 erfolgte Übernahme des *Bestattungswesens* in städtische Verwaltung.

Die seitherigen Bestimmungen über das Bestattungswesen ließen es zu, daß die Beerdigungsinstitute aus ihrem Geschäfte einen allzu großen Nutzen ziehen konnten. Die Beseitigung einer Reihe von Mißständen, sowie auch die Vereinfachung der Beerdigung, Klasseneinteilung, und endlich eine zweckdienlichere Einteilung der Belegung der Friedhöfe, führten zu einem Ortsstatut, nach welchem die Stadt nunmehr in gesetzlicher Regelung das alleinige Recht hat, Bestattungen vorzunehmen, während die Lieferung des Sarges und sonstige Ausstattungen je nach Belieben immer noch von privaten Unternehmern besorgt werden können. Diesen gegenüber tritt die Stadt jedoch ebenfalls als Konkurrent auf, indem sie den Bezug von einfachen, aber in würdiger Ausstattung gehaltenen Särgen zu angemessenen Preisen ermöglicht. Die Kosten der Beerdigung sind nach einer Skala eingeteilt, welche ihre Abstufungen nach den Einkommensverhältnissen des Verstorbenen bezw. dessen Angehörigen erhalten haben. Der finanzielle Effekt der neuen Maßnahme läßt sich vorläufig noch nicht übersehen.

Die Apotheke im Krankenhaus.

Mit der Errichtung von städtischen Apotheken für den öffentlichen Verkehr konnte bisher nicht vorgegangen werden mit Rücksicht auf die Versagung von Konzessionen für kommunale Apotheken in Preußen. Es mag hier darauf hingewiesen werden, daß die Verhältnisse in Hessen einer besonderen Berücksichtigung wert sind, woselbst die Gemeinden in der Lage sind, bei den Neuerrichtungen von Apotheken sich zu beteiligen, während die Konzessionierung privater Apotheken ein Kapitalgeschenk an einen Unternehmer ist. Es darf wohl angenommen werden, daß in den meisten Großstädten im Falle der Möglichkeit der Errichtung städtischer Apotheken es sich überhaupt nur um die Neukonzessionierung solcher Anstalten handeln kann, da der Ankauf bestehender Apotheken bei der augenblicklichen Preisstellung völlig ausgeschlossen ist.

Die Stadt Frankfurt a. M. besitzt nun seit dem Jahre 1901 in ihrem Krankenhause eine Apotheke, deren Versorgungsgebiet das städtische Krankenhaus, das Siechenhaus und das Pflegeheim nebst Obdachlosenhaus „Frankensteinerhof“ umfaßt. Vor Errichtung derselben betrugen die Gesamtkosten für den Bezug aus Privatapotheken rund 24000 Mk. pro Jahr. Einen rechnerischen Vergleich zu ziehen, welcher die Rentabilität einer solchen Krankenhausapotheke erkennen lassen soll, muß aufs entschiedenste zurückgewiesen werden. Der Betrieb einer Krankenhausapotheke ist von dem Betriebe einer Privatapotheke so verschieden, daß die Anwendung der Apothekentarife, besonders unter Verrechnung der Rezepturtaxen, Wägungen und Verpackungen, überhaupt nicht erfolgen kann. Im großen und ganzen kann man sagen, daß erfahrungsgemäß die Einrichtung einer Krankenhausapotheke weniger aus Ersparnisrücksichten erfolgen kann, als vielmehr aus Gründen einer gewissen Erleichterung des Verkehrs, einer Sicherung frischen Materials, welches nicht mehr, wie beim Einkauf in Privatapotheken, bei einzelnen Krankenhausabteilungen lagert, sowie auch endlich mit Rücksicht auf eine ganze Reihe von Verbesserungen und Erleichterungen, welche den Kranken zugute kommen. Diese verschiedenen Dinge, sowie auch eine vielleicht eintretende größere Freigebigkeit der Ärzte in der Verabfolgung von Spezialmedikamenten mögen dazu beitragen, daß von einer Rentabilität bei solchen Anstalten entweder überhaupt nicht, oder doch nur in beschränktem Maße gesprochen werden kann.

Die Leitung der Apotheke liegt in den Händen eines Verwalters (Apothekers), dem zwei Apotheker zur Seite stehen. Ferner sind zwei Apothekendiener angestellt. Unter Berücksichtigung der Berechnungen nach der Handverkaufsliste des Apothekergremiums, sowie der Austaxierungen nach der gültigen Arzneitaxe belief sich der Gesamtwert der im Jahre 1906/07 in der Apotheke angefertigten Rezepte auf rund 40—50000 Mk. und infolge des Anschlusses der Erweiterungen der städtischen Kliniken im Jahre 1907/08 auf rund 90000 Mk.

Außer der Anfertigung von Rezepten übernimmt die Apotheke die Herstellung von einer großen Reihe von Präparaten, Salben und Tinkturen, welche für gewöhnlich ohne Benutzung von Apotheken im Handel bezogen werden. Ferner werden in der Apotheke in besonderen Fällen Urin- und Blutuntersuchungen für die verschiedenen Kliniken vorgenommen, sowie auch Sterilisierungen von Gläsern für das Seruminstitut.

Die städtischen Weinberge.

Die Stadt besitzt in der Gemarkung Hochheim a. M. Weinberge in einem Gesamtumfang von 12 ha 80 a 77 qm, welche im Jahre 1803 infolge der durch Reichsdeputationshauptschluß erfolgten Säkularisation des Karmeliterklosters, des früheren Besitzers in den Besitz der Stadt kamen. Die Weinerträgnisse werden in Hochheim in einem eigenen Kelterhause gekeltert, und bis zur Transportfähigkeit in damit verbundenen Kellereien bis zur vollendeten Gährung abgelagert. Die weitere Lagerung und Kühlung findet in dem städtischen Keller unter dem Römer (dem alten Rathaus) statt, von wo aus auch der Verkauf (meistens in Flaschen) an Wirte und Private, insbesondere auch zur Versorgung des städtischen Ratskellers erfolgt.

III. Gruppe von Betrieben, bei deren Errichtung das öffentliche Interesse vorwiegt.

Bei diesen Betrieben kommen zum Teil gesetzgeberische Bestimmungen für die Art der Führung der Geschäfte in Betracht, so daß schon hierdurch der Umfang etwaiger geschäftlicher Erfolge begrenzt ist. Abgesehen von den in die vorliegende Arbeit nicht einzubeziehenden charitativen Anstalten kommen für die Stadt Frankfurt noch eine Reihe von Einrichtungen in

Frage, welche zur Fürsorge für das geistige Leben bestimmt sind, welche zum Teil, wie die Stadtbibliothek, von der Stadt selbst errichtet und unterhalten werden, oder aber, bei denen die Stadt sich durch eine angemessene Beitragsleistung oder sonstige Unterstützungen beteiligt. Hierzu gehören die Einrichtungen von belehrenden Instituten, der Zoologische Garten u. dgl. mehr, welche in der einen oder anderen Stadt mehr in die Erscheinung treten, weil sie städtischerseits verwaltet werden, während in Frankfurt die Tätigkeit von Korporationen eine so umfangreiche und durch die Beteiligung sachkundiger Personen eine so ersprießliche ist, daß die Stadt darauf verzichten kann, einen besonderen Einfluß auf diese Einrichtungen zu erhalten. Von den übrigen hier zu nennenden Betrieben sind zunächst zwei große Gruppen zu unterscheiden, von denen sich die erste auf die Versorgung der Stadt mit Lebensmitteln, sowie die Unterstützung des Kleinhandels und des Kleingewerbebetriebes bezieht, während die zweite diejenigen Einrichtungen umfaßt, welche zur Reinigung der Stadt dienen. Hieran anschließend seien einige Anstalten genannt, welche man für gewöhnlich zur „sozialen Fürsorge" zu rechnen gewohnt ist, wie die Sparkasse, das Pfandhaus und die Arbeitsvermittlungsstelle. Als dritter Teil möge hier die vielleicht wichtigste, jedenfalls aber in ihren Folgen weittragendste Tätigkeit der Stadt als Unternehmerin aufgeführt sein, nämlich die Verwaltung des städtischen Grundbesitzes und die Maßnahmen zur Beeinflussung der Grundbesitzverhältnisse sowie der Entwicklung der Bautätigkeit. Es ist schon einmal darauf hingewiesen worden, daß mit dieser Tätigkeit bei sachkundigem Vorgehen auf alle Fälle eine Vermehrung des städtischen Vermögens gewährleistet wird. Wenn aber trotzdem die Grundbesitzverwaltung an dieser Stelle aufgeführt wird, so geschieht es mit Rücksicht auf die damit zusammenhängenden vielseitigen öffentlichen Interessen. Wenn auch die Stadt nicht in dem Sinne eines privaten Unternehmers als Spekulant auftreten soll, so hat man es doch allmählich nicht nur als Berechtigung, sondern als Verpflichtung erkannt, daß die Stadtverwaltung auch die Allgemeinheit aus der allmählichen Steigerung der Bodenwerte Nutzen ziehen läßt, immer aber hat die Gemeinnützigkeit dieser Bestrebungen den ausschlaggebenden Faktor zu bilden.

1. Der städtische Schlacht- und Viehhof.

Die zur Zeit bestehende Anlage des städtischen Schlacht- und Viehhofes hat in den Jahren 1884 und 1885 die bis dahin im Gebrauch befindliche, sehr beschränkte ältere Anlage ersetzt. Das Gesamtareal des Schlacht- und Viehhofes beträgt 11 ha 58 a 64 qm, wovon 6 ha 34 a 89 qm auf den Viehhof entfallen.

Der Viehhof. Auf den sieben Bahnhöfen in Frankfurt a. M. beträgt zur Zeit die Gesamtzufuhr an Großvieh rund 78000 Stück, an Kleinvieh rund 700000 Stück. Die Abfuhr von Vieh belief sich auf rund 30000 Stück Großvieh und 133000 Stück Kleinvieh. Der Gesamtauftrieb auf dem städtischen Viehhof beträgt rund 74000 Stück Großvieh und 300000 Stück Kleinvieh, der Gesamtwert des Auftriebs beläuft sich auf rund 55 Millionen Mark. Diesem Auftrieb steht eine Ausfuhr vom Viehhof von rund 120000 Stück Vieh gegenüber.

Die hauptsächlichste Zufuhr an Vieh auf den Frankfurter Markt erfolgt für Hornvieh aus ganz Süddeutschland, dazu kommen Oldenburg, die Provinz Sachsen, Posen, Westpreußen, ferner auch die Berliner, Breslauer und Magdeburger Märkte, sowie Österreich-Ungarn. In früheren Jahren angestellte Versuche, italienisches und dänisches Vieh einzuführen, hatten nicht den gehofften Erfolg im Absatz. Für Schweine sind die Hauptzufuhrgegenden Hannover, Schleswig-Holstein, Mecklenburg, Pommern und der Hamburger Markt, dazu kommen das Großherzogtum Hessen und die ganze Provinz Hessen-Nassau.

Kälber liefert in erster Linie die nähere Umgebung der Stadt, ferner Süddeutschland, sodann die Provinz Hannover und Westfalen, Oldenburg und der Hamburger Markt.

Mit Schafen wird der Markt vorwiegend von Bayern, Baden, der Wetterau und dem Odenwald beschickt. Neuerdings kommen auch Tiere aus Thüringen und der Provinz Sachsen.

Die Erhöhung des Einfuhrzolles hat im letzten Jahre einen erheblichen Rückgang der Viehzufuhr aus Österreich-Ungarn herbeigeführt, wozu allerdings auch die Viehknappheit in Österreich beigetragen haben mag. Mit diesem Rückgang im Antrieb österreichischen Viehes stieg gleichzeitig die Stärke der Beschickung des hiesigen Marktes aus dem Inlande, insbesondere aus Norddeutschland.

Der Schlachthof hat nach den hiesigen Verhältnissen seinen hauptsächlichsten Verkehrstag am Montag. Man hat versucht, diesen Tag durch eine Staffelung der Schlachtgebühren für Großvieh (erhöhte Sätze am Montag, ermäßigte an den übrigen Tagen) zu entlasten. Diese Maßregel hat sich bisher gut bewährt.

Die Gesamtjahresschlachtungen belaufen sich zur Zeit auf rund 266000 Stück, davon entfallen 36000 auf Großvieh und 230000 auf Kleinvieh.

Die Tötung der Tiere erfolgt, abgesehen von den nach israelitischem Ritus geschlachteten Tieren (rund 30 000 Stück im Jahre) bei Großvieh durch Erschießen oder Erschlagen, bei Kleinvieh durch Halsschnitt nach vorheriger Betäubung. Für das Erschlagen sind städtische Schläger angestellt, deren Anstellung seinerzeit auf großes Widerstreben bei den Metzgern gestoßen ist, sich aber durchaus bewährt hat.

Der städtische Schlachthof wird zur Zeit von 636 Metzgern mit 1152 Gesellen und ferner von 16 Lohnschlächtern benutzt. Für die Konservierung und Aufbewahrung des über den jeweiligen Bedarf hinaus vorhandenen Fleisches stehen den Metzgern Kühlzellen gegen entsprechende Gebühren zur Verfügung. Auf einen Flächenraum von rund 2 537 qm, wozu noch der Vorkühlraum mit rund 450 qm kommt, befinden sich 550 Fleischkühlzellen, deren Durchschnittstemperatur auf + 2 bis 3° C gehalten wird. Die Kühlung geschieht mittels Einpressen von kalter Luft. In neuester Zeit ist auf dem Schlachthof eine Eisfabrik errichtet worden, für den Bedarf der Metzger sowohl auf dem Schlachthof als auch in ihren Geschäftsräumen.

Die Fleischbeschau wird durch die städtischen Schlachthoftierärzte vorgenommen. Es kommen hierbei rund 245 000 Schlachttiere in Betracht. Die Gebühr für die Untersuchung des Viehes vor der Schlachtung ist in die Marktgebühr für den Viehhof eingerechnet. Eine besondere Gebühr wird nur für das unmittelbar in den Schlachthof eingebrachte Vieh erhoben. Die Gebühr für die Untersuchung nach der Schlachtung ist in der Schlachtgebühr enthalten. Eine besondere Gebühr wird indessen für die Trichinenschau der geschlachteten Schweine erhoben. Die Trichinenschau wird von dem Trichinenschauamt vorgenommen, welches unter einem Vorsteher 48 Trichinenschauer beschäftigt. Besonders in früheren Jahren hat diese Einrichtung die Berechtigung ihres Umfanges in einer großen Zahl von Fällen nachgewiesen, in denen eingebrachtes Schweinefleisch, welches durch auswärtige Trichinenschauer freigegeben war, für trichinös gefunden wurde. Diese besonders in Landorten manchmal nicht mit der nötigen Sorgfalt vorgenommene Untersuchung weist auf die Notwendigkeit der peinlichsten Sorgfalt bei der Organisation und Kontrolle der Trichinenschau hin. Die Klagen der Landmetzger über die nochmals erfolgende Untersuchung des eingeführten Fleisches kann hierbei in keiner Weise bestimmend sein.

Die Abfälle des geschlachteten Viehes werden in Lagerhallen des Schlacht- und Viehhofes gesammelt. So entsteht ein umfangreiches Häutelager, die Fettbestandteile werden in eine Talgschmelze eingeliefert, das Blut, welches nicht direkt bei der Wurstfabrikation verwandt wird, wird gesammelt. Für die Verarbeitung dieser Viehbestandteile haben sich Unternehmer gefunden, welche von den Metzgern die Bestandteile übernehmen und nach entsprechender Verarbeitung wieder an die Metzger zurückverkaufen.

Der Viehhof arbeitet zur Zeit mit einem Etat von rund 470 000 Mk., einschließlich Verzinsung und Tilgung des Anlagekapitals, das Gesamtanlagekapital beläuft sich auf rund 4 400 000 Mk. Der Schlachthof arbeitet mit rund 800 000 Mk. mit seinen Nebenbetrieben, einschließlich Verzinsung und Tilgung des Anlagekapitals, welches zur Zeit rund 6 100 000 Mk. beträgt.

2. Die Messen und Märkte.

Es besteht noch ein Rest der alten Frankfurter Messe, bei deren Beschickung jedoch die zur Messe gebrachten Gegenstände immer weniger Gebrauchswaren von guter Qualität, als vielmehr Jahrmarktswaren werden. Im Anschluß an diese Budenmesse findet jeweils ein Verkauf von Porzellan und Steingutwaren in ausgedehntem Maße statt. Die Stadt beschäftigt sich bereits seit Jahren damit, die mit Realgerechtigkeit ausgestatteten Buden, welche entsprechend ihren Eintragungen ins Grundbuch für die Frühjahrs- und Herbstmesse gegen Zahlung der Meßgebühren ein Anrecht auf den gleichen Platz haben, abzulösen. Zur Zeit gehören etwa drei Viertel der gesamten, mit Realgerechtigkeit ausgestatteten Buden der Stadt. Diese werden nun zuzeiten der Messe von der Stadt selbst aufgeschlagen und vermietet.

Derzeitig zieht die Stadt aus einer Frühjahrs- und Herbstmesse, einschließlich der Vermietung der nunmehr in städtischen Besitz übergegangenen Buden einen Betrag von 23 800 Mk.

Eine weiter periodisch stattfindende Messe ist die Ledermesse, welche jährlich im Frühjahr und im Herbst abgehalten wird. Auch diese Messe befindet sich in stetigem Rückgang. Während noch zu Beginn der neunziger Jahre über 2000 Zentner Leder in der für die Ledermesse hergerichteten Halle (Lederhalle) gelagert wurden, beträgt zur Zeit die Ledermenge nur noch gegen 500 Zentner, davon sind etwa 30 Zentner Sohlleder, 400 Zentner Oberleder und 70 Zentner Schafleder. Zu Beginn der neunziger Jahre war noch mit 300 Zentnern Sohlleder, 1600 Zentnern Oberleder und 100 Zentnern Schafleder zu rechnen. Der Rückgang der Messe ist auf eine Veränderung in der Art des Bezuges des

Rohmaterials zurückzuführen. Die Gesamteinnahmen der Stadt aus einem Jahre für die Ledermesse belaufen sich auf rund 200 Mk.

Die Heu- und Strohmärkte nehmen einen immer geringeren Umfang an, da das Fouragegeschäft mehr und mehr in die Hände der Großhändler übergeht und dem Heu- und Strohmarkt entzogen wird. Zur Zeit liefert dieser Markt nur noch etwa 500 Mk. Einnahmen.

Ein Gleiches gilt von dem Kelterobstmarkt, indem die Apfelweinproduzenten ihren Bedarf in steigendem Maße durch direkten Bezug aus den Obstproduktionsgebieten decken. Aus dem Kelterobstmarkt ist der Gewinn rund 200 Mk.

Für die Bedürfnisse des laufenden Lebensmittelmarktes benutzt die Stadt drei Markthallen. Zunächst die in Eisenkonstruktion ausgeführte eigentliche städtische Markthalle mit einem Flächenraum von 3971 qm im Erdgeschoß und 1676 qm auf einer Galerie, ferner die zuzeiten der Frühjahrs- und Herbstledermesse für diese reservierte Lederhalle und endlich eine im Jahre 1906 errichtete provisorische Markthalle. Das Projekt der Schaffung einer Zentralmarkthalle, welche allerdings vorwiegend dem Großverkauf zu dienen hätte, ist noch in der Schwebe. Außer den Markthallen werden nach Bedarf noch auf einigen öffentlichen Straßen und Plätzen in der Nähe der Markthalle Stände für sogenannte „Hockinnen" abgegeben. Insbesondere in der Hauptmarkthalle ist bei der Vergebung der Plätze auf die Scheidung des Groß- und Kleinverkaufs entsprechend Rücksicht genommen. Eine Unterkellerung der Markthalle gestattet den Händlern in kühl gehaltenen Kellern ihre Ware aufzubewahren. Die Lederhalle dient vorwiegend dem Kleinverkauf und die provisorische Markthalle ist für bestimmte Händler von Gemüsen aus der Gegend von Mombach und Griesheim (bei Darmstadt) reserviert. Die Vergebung der Stände geschieht teils in dauernd vermieteten Ständen (feste Stände), teils solchen, welche tageweise oder auf längere Zeitdauer vermietet werden. 24 Wiegstellen in der Markthalle gestatten die Nachkontrolle der Waren unter amtlicher Aufsicht, zur Zeit ist pro Jahr mit 600 000 Verwiegungen zu rechnen. Die Frage, ob die Zentralisierung des Marktverkehrs in der Markthalle die in der Stadt zerstreut liegenden Ladengeschäfte beeinträchtige, läßt sich nach mehrfach angestellten Untersuchungen verneinen, da die Beobachtung zeigt, daß ein größerer Teil dieser Geschäfte seinen Bedarf selbst in der Markthalle deckt. Es ist ferner die Beobachtung gemacht worden, daß in den außerhalb des Zentrums gelegenen Ladengeschäften im allgemeinen wesentlich höhere

Preise für Gemüse bezahlt werden, als in der Markthalle, und daß trotzdem diese Geschäfte einen recht lebhaften Zuspruch aufzuweisen haben.

Bei der Errichtung der erwähnten provisorischen Markthalle ist insbesondere auch an die Hebung des Fischmarktes gedacht worden. Man hat zwar bereits in früheren Jahren in der Hauptmarkthalle den Fischverkauf berücksichtigt durch die Zuweisung besonderer Verkaufsstände, die Bestrebungen gelegentlich der Fleischteuerung das Augenmerk des Publikums in stärkerem Maße auf die Fischnahrung zu richten, sind indessen in den letzten Jahren besonders verfolgt worden. Nach Besprechung mit sämtlichen Fischhändlern ist der Verkauf von Fischen einer Fischhandlung während einiger Tage in der Woche zu städtischerseits kontrollierten Preisen in der provisorischen Markthalle übertragen worden. Man kann sagen, daß die Maßnahme unter Berücksichtigung der regen Inanspruchnahme dieses Fischverkaufs sich wohl bewährt hat. Es muß aber dabei auch wohl daran erinnert werden, daß frühere Versuche nicht so günstig ausgefallen sind und die Beobachtung läßt erkennen, daß hierbei die örtlichen Verhältnisse und die Gewohnheiten des Publikums in ganz außerordentlichem Maße mitsprechen. Auch in anderen Städten, welche insbesondere im Interesse der minderbemittelten Bevölkerung gelegentlich der Fleischteuerung solche Einrichtungen getroffen hatten, hat der Augenschein gezeigt, daß die eigentliche Absicht dieser Einrichtungen nur zum Teil ausführbar war. Die Beobachtung an mehreren Märkten, besonders in solchen Städten, in denen es an Fischhandlungen fehlte, zeigte, daß dieser Fischverkauf in ziemlichem Umfang von wohlsituierter Bevölkerung, zum Bezug frischer Fische zu billigem Preise, in Anspruch genommen wurde.

Eine der neuesten Unternehmungen der Stadt ist die

3. Ausstellungs- und Festhalle.

Das Bedürfnis, an Stelle der gelegentlich größerer Veranstaltungen jeweils zu errichtenden provisorischen Hallen eine feste Ausstellungshalle zu haben, die über kurz oder lang herantretende Notwendigkeit für Konzertveranstaltungen ein zweckentsprechendes und würdiges Gebäude zu schaffen, endlich für große Festlichkeiten, wie sie in einer so zentral gelegenen Stadt wie Frankfurt gern abgehalten werden, genügende Räume zu besitzen, boten dem Projekt eine solche Fülle von Gesichtspunkten, daß es notwendig war, von vornherein ein ausreichend großes Gelände für diese Kombination von Baulichkeiten vorzusehen. Sonach ist ein Platz von einer Größe von etwa 19 ha in Aussicht genommen, der auch nach Errichtung der entsprechenden Bauten die Möglichkeit bietet, gärtnerische Anlagen und einen Park zu schaffen, in welchem sich die Besucher der Veranstaltungen ergehen können. Der erste Teil des Projekts, die Errichtung der großen Ausstellungshalle auf einem Flächeninnenraum von rund 6000 qm, konnte im Rohbau bereits als Festhalle für das XI. Deutsche Turnfest im Juli 1908 benutzt werden. Der Ausbau dieses Gebäudes wird die erste Bauperiode der Gesamtanlage bilden. Die Finanzierung, für welche vorläufig eine Summe von etwa 4 Millionen Mark in Aussicht genommen ist, belastet den städtischen Etat nicht allzu sehr, indem das Gelände zum Teil bereits der Stadt gehört, zum Teil von dem Waisenhaus in Erbpacht übernommen wird. Für die weitere Beschaffung der Deckungsmittel ist eine „Ausstellungs- und Festhallengesellschaft m. b. H." gebildet worden, an welcher die Stadt mit etwa einem Drittel der Bausumme beteiligt ist. Durch dieses bis jetzt wohl nur in wenigen Fällen zur Durchführung gekommene Zusammengehen der Stadt mit privatem Kapital, welches nach einem bestimmten Tilgungsplan allmählich abgezahlt wird, ist so einerseits die Entlastung des städtischen Haushaltsplans herbeigeführt worden, andererseits auch das Interesse an der Veranstaltung in weitere Kreise hineingetragen worden und eine gediegene wirtschaftliche Grundlage für das Unternehmen geschaffen.

4. Die städtische Straßenreinigung.

Wie in einer großen Anzahl anderer Städte ist auch in Frankfurt die Straßenreinigung seit altersher Gegenstand andauernder Verhandlungen zwischen Stadtverwaltung, Bürgerschaft und der Königlichen Polizeibehörde gewesen. Die aus früheren Zeiten stammenden Zugeständnisse, Ortsstatute u. dgl. haben naturgemäß mit der Veränderung der Bebauung, der Verkehrsverhältnisse und der Straßenanlagen den zeitlichen Bedürfnissen Rechnung tragen müssen. Zuzeiten, als eigentliche Fußsteige noch nicht vorhanden waren, war im allgemeinen die Reinigung der Straßen bis zur Straßenmitte Sache der Anlieger. Zur Zeit besorgt die Stadt die Reinigung der Fahrwege, während die der Fußsteige, soweit sie an bebauten Grundstücken entlanggehen, Sache der Anlieger ist. Die Gesetzgebung über die Haftpflicht und sonstige Gründe haben auch in Frankfurt wie in anderen Städten das Aufkommen besonderer geschäftlicher Unternehmungen für die Fußsteigreinigung begünstigt. Insbesondere hat der in enger Beziehung zu der städtischen Armenverwaltung stehende Armenverein eine Fußsteigreinigungsgesellschaft ins Leben gerufen, welche diese Arbeiten besonders als Notstandsarbeiten und zur Beschäftigung durchreisender Herbergs-

und Asylbesucher besorgen läßt. Verwaltungsmäßig ist die von der Stadt zu besorgende Straßenreinigung von insgesamt 3 450 000 qm in zwei Unterabteilungen geteilt, in diejenige für die gepflasterten Straßen und diejenige für die chaussierten Straßen. Die chaussierten Straßen werden vorwiegend von Hand gekehrt, die gepflasterten unter Zuhilfenahme von Kehrmaschinen. Die Reinigung der chaussierten Straßen wird nach Bedarf durch ein besonders hierfür angestelltes Personal besorgt, welches auch die Reitwege und die Wege in den städtischen Waldungen unterhält. Die Reinigung der gepflasterten Straßen zerfällt in eine Tages- und eine Nachtreinigung. Für den hauptsächlichsten Teil der Reinigung, die Nachtreinigung, rücken die Mannschaften kolonnenweise aus, zunächst kommen etwa um ½ 12 Uhr nachts die Gespanne mit den Vorsprengwagen, eine Viertelstunde darauf folgen die Kehrmaschinen und hinter diesen die Kehrer, welche den Straßenkehricht aufhäufeln, der dann von den Abfuhrwagen aufgenommen wird. Einen Überblick über die zu erledigende Arbeit gibt folgende Berechnung. Eine Kehrmaschine reinigt in einer Nacht 50 000 qm, ein Mann häufelt den von der Kehrmaschine zusammengekehrten Schmutz von 7 000 qm in einer Nacht, sonach sind sieben Mann zur Bewältigung des von der Kehrmaschine zur Seite geschobenen Kehrichts notwendig. Zwei Kehrmaschinen mit je sieben Mann bilden eine Kolonne unter einem Rottenführer; zur Zeit stehen 31 Abfuhrwagen in Betrieb, welche pro Nacht zwei bis drei Fuhren von ihrem Arbeitsplatz in der Stadt zu den Müllabladestellen machen können, im Durchschnitt also 2,5 Fuhren. Eine Fuhre befördert 1½ cbm Straßenkehricht und somit werden in einer Nacht von 31 Abfuhrwagen 116¼ cbm abgefahren, was im Jahr mit 307 Arbeitstagen gerechnet, eine Menge von rund 35 700 cbm ergibt.

Die Tagesreinigung der Straßen bildet eine Nachreinigung, sie wird nach einem bestimmten Plan und je nach der Witterung periodisch in den einzelnen Straßenzügen unter besonderer Berücksichtigung der verkehrsreicheren ausgeführt. Gleichzeitig mit der Straßenreinigung wird auch nachts die Reinigung der an das Kanalnetz durch Überläufe angeschlossenen Straßensinkkasten besorgt. Bei der gesamten Straßenreinigung sind zur Zeit etwa 600 Arbeiter beschäftigt, sie arbeitet mit 30—35 Kehrmaschinen und 50 Abfuhrwagen. Die Gesamtkosten belaufen sich auf rund 760 000 Mk., die Kosten der Sinkkastenreinigung sind zwischen 80 und 90 000 Mk., die Kosten der Schnee- und Eisbeseitigung, welche ebenfalls von den Straßenreinigungsabteilungen besorgt wird, schwanken und betrugen in dem letzten Jahre zwischen 20 und 30 000 Mk.

Außer den für die Straßenreinigung notwendigen Vorsprengungen findet eine sorgfältige Tagesstraßenbesprengung statt, welche jetzt mit etwa 60 einspännigen und 25 zweispännigen Sprengwagen arbeitet. Der Gesamtwasserverbrauch für rund 2 300 000 qm zu besprengende Straßenfläche beläuft sich auf etwa 460 000 cbm. Die Kosten betragen rund 100 000 Mk. Neuerdings sind besonders konstruierte Sprengwagen eingeführt worden, welche auf den Gleisen der städtischen Straßenbahn mit elektrischem Betrieb laufen und sich in den Fahrplan der Wagen einschieben. Die zur Zeit noch in beschränktem Maße getroffene Einrichtung soll noch weiter ausgedehnt werden.

Die Straßenreinigung und Besprengung in größeren Städten ist einer derjenigen Betriebe, in denen die Organisation die Höhe der Kosten in ganz besonderem Maße beeinflußt. Eine nicht unerhebliche Schwierigkeit liegt in der gleichzeitigen Zurückhaltung der Ausgaben und genügender Rücksichtnahme auf die Bedürfnisse des öffentlichen Verkehrs, sowie auf die Ansprüche des Publikums.

In der Art des Betriebes liegt es begründet, daß für die Straßenreinigung größere Kolonnen (Rotten) gebildet werden müssen, welche zu einer oder mehrmaliger Reinigung von Straßenflächen herangezogen werden. Es ist nun leicht erfindlich, daß eine Vergrößerung des bebauten Stadtgebietes entweder eine Vermehrung des Personals oder eine Verminderung der Gründlichkeit der Reinigung bewirken muß. Hiernach wird es zu berechnen sein, ob es erforderlich ist, für die hinzutretenden Reinigungsflächen neue Reinigungskolonnen einzustellen. Wenn diese nicht voll beschäftigt werden können, wird eine entsprechende Verminderung der Reinigungsarbeiten an anderen Stellen eine Übernahme der neu hinzutretenden Flächen gestatten, bis das Anwachsen der neuen Reinigungsflächen soweit gediehen ist, daß die Einstellung neuer Kolonnen rentabel ist.

Man wird also von dreimaliger Reinigung an einzelnen Stellen auf zweimalige zurückgehen und dafür die neuen Flächen eintreten lassen u. dgl. Veränderungen mehr. In Frankfurt ist besonders die Altstadt als Ausgleichsfläche für die besprochene Ausdehnung der Arbeiten geeignet, indem hier die in den Außenbezirken eintretende stärkere Belastung durch Veränderung der Gründlichkeit der Reinigung, ohne ein bestimmtes Minimum zu unterschreiten, ausgeglichen werden kann. Beim Vergleich mit anderen Städten, insbesondere bezüglich der Kosten der Reinigung darf natürlich nicht außer acht gelassen werden, daß, abgesehen von den verfügbaren Mitteln die Ansprüche sehr verschieden sind und daß die Notwendigkeit der Reinigung mit den verschiedenen Verkehrsverhältnissen schwankt.

Die in engster Verbindung mit der Straßenreinigung stehende Hauskehrichtabfuhr wird in Frankfurt ebenfalls in städtischer Regie besorgt, welche sich im Laufe der Zeit nach den mannigfaltigsten Verträgen mit Unternehmern herausgebildet hat. Insbesondere hat die Gründung des bereits erwähnten städtischen Fuhrparks die Einrichtungen günstig beeinflußt. Die Übernahme in städtischen Betrieb hat die Ausbildung besonders konstruierter Kehrichtabfuhrwagen und eine zweckmäßige Ausgestaltung der Hauskehrichtkasten, welche abends vor die Haustüre gestellt und auf die Kehrichtabfuhrwagen aufgeschüttet werden, bewirkt. Die Hauskehrichtabfuhr leistet zur Zeit jährlich etwa 16 000 Gespanntagwerke; sie fährt etwa 86 000 cbm Hauskehricht von insgesamt 52 Millionen Kilogramm Gewicht ab, das sind rund 600 kg auf den Kubikmeter Hauskehricht und etwa 150 kg auf den Kopf der Bevölkerung. Zur Deckung der Kosten der Abfuhr werden nach der Größe der Wohnungen berechnete Gebühren erhoben, unter Freilassung der Wohnungen von unter 300 Mk. Mietwert. Die Ausgaben der Stadt betragen rund 180 000 Mk., das sind gegen 2 Mk. pro cbm oder rund 53 Pfg. auf den Kopf der Bevölkerung.

Die verschiedensten Einrichtungen der Straßenreinigung und Hauskehrichtabfuhr werden in absehbarer Zeit einige Veränderungen erleiden. Es schweben Verhandlungen über die Übernahme der Reinigung der Fußsteige in städtische Regie und die Vernichtung des Mülls soll in einer bereits im Bau befindlichen Müllverbrennungsanlage besorgt werden, in deren Betrieb auch die Verbrennung des aus der städtischen Abwässerkläranlage stammenden Schlammes beabsichtigt ist.

Die Kanalisation ist im ganzen Stadtgebiete durchgeführt nach dem sogenannten Misch-Schwemm-System, in welchem Regenwasser und Abwässer, sowie auch die Fäkalien in ein gemeinsames Kanalnetz geleitet werden. Die Entlüftung geschieht durch Straßenventilation, über Dach angeschlossener Gebäude heraufgeführte Rohre und vier hohe Lüftungsschächte, die in den alten Warttürmen der früheren Befestigungen eingebaut sind. Das gesamte Kanalnetz hat zur Zeit eine Länge von etwa 300 km, die Anlagekosten betragen insgesamt etwa 20 Millionen Mark, die Betriebskosten sind jährlich etwa 60 000 Mk. Das Kanalnetz enthält zur Zeit etwa 1300 Einsteigöffnungen 1400 Spülvorrichtungen. Angeschlossen sind etwa 18 000 Bauentwässerungen, 13 000 Straßensinkkasten, 20 Schneeeinwürfe, 400 Abläsſe der Wasserleitung und 200 Entwässerungskästen der Weichen der Straßenbahn.

Als Endpunkt der Kanalisationsanlage ist die nach rein mechanischem

System arbeitende Kläranlage errichtet. Unter Verwendung von Klärbecken, in welchen jede Kammer 41 m Länge hat und von einem mittleren Querschnitt von 13 $^1/_2$ qm ist, wird das Wasser bei einer Durchflußgeschwindigkeit von 5 mm per Sekunde, nachdem es zunächst zur Reinigung von groben Stoffen einen Sandfang und eine Rechenanlage durchflossen hat, von den feineren Sinkstoffen und dem mitgeführten Schlamm gereinigt, worauf es dem Main zufließt. Die Gesamtanlagekosten dieser Kläranlage nach einem zur Verbesserung der Beckenanlage vorgenommenen Umbau belaufen sich auf 1 800 000 Mark. Die jährlichen Ausgaben an Verwaltungs- und Betriebskosten sowie Zinsen betragen 165 000 Mk. Als Beitrag zu den Unkosten wird eine nach der Größe der Wohnungen gestaffelte Kanalbenutzungsgebühr erhoben. Wohnungen bis zu 300 Mk. Mietwert sind gebührenfrei, für Gewerbelokale dient das versteuerte Einkommen als Maßstab.

Durch diese Kläranlage werden jährlich 80—90 000 cbm Schlamm von dem Mainfluß ferngehalten. Mit Hilfe von Vacuumkesseln und entsprechenden Saug- und Druckvorrichtungen wird der Schlamm aus den Becken entnommen und auf große Felder ausgebreitet. Hier finden entsprechende Zersetzungen und Austrocknungen an der Luft statt, worauf der Schlamm eine kompakte Masse bildet. Über die Beseitigung und endgültige Vernichtung dieses Schlammes sind zur Zeit noch Versuche im Gange. Jedenfalls aber wird es möglich sein, mit der im Bau befindlichen Müllverbrennungsanlage auch den noch weiter ausgetrockneten Schlamm zu verbrennen. Bisher konnte ein Teil des Schlammes durch Verkauf an einen landwirtschaftlichen Großbetrieb abgesetzt werden. Infolge von Veränderungen in dem Besitzstand dieses Betriebes ist jedoch dieser Absatz nicht mehr möglich. Versuche, kleinere Landwirte für die Abnahme zu interessieren, hatten keine Erfolge. Außer der Schwierigkeit der Abfuhr spielt hierbei auch die Zusammensetzung des Schlammes eine Rolle, welche bei dem Vorhandensein großer Mengen annähernd verseifter Fettstoffe eine völlige Aufnahme der Düngstoffe in die Ackererde nicht zuläßt. Die Vorversuche, welche beispielsweise ergaben, daß sogar die Bereitung eines leicht brennbaren Gases aus dem Schlamm möglich ist, ferner die wohlgelungenen Versuche, dem Schlamm mit Hilfe einer Zentrifuge das Wasser zu entziehen, versprechen eine gute Ausnützung in der Müllverbrennungsanlage, infolge des nicht unbedeutenden Heizwertes.

Man hofft durch die gesamte Stoffverbrennung in der Müllverbrennungsanlage genügend überschüssige Kraft zu erzielen, um damit die maschinellen und Beleuchtungseinrichtungen der Verbrennungsanlage selbst zu betreiben und auch noch den hierbei erzeugten elektrischen Strom durch Fernleitung zum Betriebe einer bisher an das städtische Elektrizitätswerk angeschlossenen Pumpanlage im Stadtwald nutzbar zu machen.

Die städtische Wasenmeisterei ist an einen Unternehmer gegen eine Jahreszahlung von 800 Mk. verpachtet; die bauliche Unterhaltung der Anlage übernimmt die Stadt. Bisher besorgte die Wasenmeisterei die Vernichtung, Verbrennung, technische Verwertung von Abfällen aus dem städtischen Schlacht- und Viehhof, die Vernichtung usw., eventuell das Verscharren für den Genuß unbrauchbarer Schlachttiere und gefallener Tiere innerhalb der Stadt.

Es schweben zur Zeit Verhandlungen über die Errichtung einer besonderen Kadaververnichtungsanstalt auf dem städtischen Schlacht- und Viehhof, nach deren Einrichtung dem Wasenmeister nur noch die sonst in der Stadt zu beseitigenden Kadaver überwiesen werden.

Die städtische Desinfektionsanstalt ist mit dem städtischen Krankenhaus verbunden. Die Anstalt wird in steigendem Maße in Anspruch genommen. Im letzten Jahre betrug die Zahl der ausgeführten Desinfektionen rund 2000.

5. Städtisches Pfandhaus.

Die Gründung des städtischen Pfandhauses datiert aus dem Anfange des 18. Jahrhunderts. Die Anstalt ist nach Erfahrungen in Augsburg, Hamburg und Hanau unter Abänderung der Einrichtungen entsprechend den örtlichen Verhältnissen erfolgt. Diese Städte hatten ihre Pfandhäuser nach Änderung der Stellungnahme der Kirche zu dem sogenannten kanonischen Wucherverbote und nach Genehmigung der Zinsforderung beim Vorhandensein von obrigkeitlichen Privilegien getroffen. Die Verwaltung des Pfandhauses geschieht durch eine Kommission unter dem Vorsitz eines Stadtrats, die Leitung liegt in den Händen eines Direktors. Für die Aufbewahrung der Pfänder ist eine Zentralstelle vorhanden, in welcher sich auch die einzige der Stadt gehörige Annahmestelle befindet. Zur Erleichterung des Versatzgeschäftes sind jedoch eine Anzahl Pfändersammler konzessioniert, bei denen ohne Verbindlichkeit des Pfandhauses, welches nur dem Inhaber des Pfandscheines gegenüber haftbar ist, Pfänder abgegeben werden können. Die Pfändersammler, zu welchen nur vertrauenswürdige Personen bestellt werden, sind für einen großen Pfandhausbetrieb anscheinend nicht zu entbehren, da sie dem Bestehen des Pfandhauses als Kreditanstalt auch da behilflich sind, wo in augenblicklicher Geldverlegenheit befindliche Personen die direkte Inanspruchnahme des Pfandhauses vermeiden wollen und gegebenenfalls in die Hände von Wucherern oder wenig sicheren Privatpfandleihern geraten können. Als Kreditanstalt wird das Pfandhaus in Frankfurt des öfteren von durchreisendem Publikum durch Versatz von Schmucksachen in beträchtlichem Werte in Anspruch genommen. Der Verkehr des Pfandhauses erstreckt sich daher infolge des regen Reiseverkehrs bis ins Ausland.

Besonders bemerkenswert für die örtlichen Verhältnisse ist das Steigen der Auslösung von Pfändern und das Sinken der Versatzziffern vor allgemeinen Feiertagen und großen Festlichkeiten. Auch gelegentlich des im Juli 1908 stattgehabten XI. Deutschen Turnfestes ist die gleiche Beobachtung wieder gemacht worden. Durchschnittlich gerechnet bleiben die Pfänder etwa sieben Monate im Versatz. Nach der Ordnung für das Pfandhaus werden Kleiderpfänder bis maximal 1000 Mk., Goldpfänder bis maximal 5000 Mk. beliehen. Diese Bestimmung wird praktisch jedoch in manchen Fällen dadurch umgangen, daß mehrere Versatzhandlungen vorgenommen werden. Die Beleihung erfolgt bei Kleiderpfändern, Brillanten und Wollwaren bis zu ein Halb, bei allen übrigen Gegenständen bis zu zwei Drittel des eingeschätzten Wertes. Zur Zeit (1908) beträgt der mittlere Wert eines Pfandes 7—8 Mk. Das Pfandhaus kann, nach dem Zustande der letzten Jahre gerechnet, mit einem Pfänderbestand am Anfang und am Ende eines Jahres von rund 60000 Stück rechnen. Der Leihverkehr ist in andauerndem Wachstum begriffen und erstreckt sich zur Zeit auf etwa 170000 neu beliehene Pfänder, von denen etwa 10000 zur Versteigerung gelangen. Der Wert des Bestandes am Anfange oder Ende eines Jahres beläuft sich auf etwas über 1/2 Million Mark, der Wert der im Laufe des Jahres versetzten Pfänder auf etwas über 1 Million Mark. Der rechnungsmäßige Zuschuß der Stadt zu dem Pfandhaus betrug im Jahre 1908 13000 Mk., im Vorjahre 5600 Mk. Dieser Zuschuß schwankt von Jahr zu Jahr und ist außer vom Verkehr in dem Pfandhaus und eventuell damit zusammenhängenden Neueinrichtungen auch von dem mit dem Pfandhaus verbundenen Versteigerungsbureau abhängig. Beim Vergleich mit anderen Städten darf nicht übersehen werden, daß bei Berechnung dieses Zuschusses eine an die städtische Kämmereikasse zu entrichtende Miete für die benutzten Gebäulichkeiten, ein Zuschuß zur allgemeinen Verwaltung der Stadt und auch sämtliche Gehälter und Pensionen in die Ausgabe eingerechnet sind, welche Summen in anderen Städten zum Teil zentralisiert verrechnet werden.

6. Die städtische Sparkasse.

Die Stadt Frankfurt besaß bis zum Jahre 1895 keine eigene Sparkasse. Für die Sparer war durch eine Kasse der Polytechnischen Gesellschaft (gegründet 1822) und durch eine aus noch früherer Zeit stammende Kasse der Nassauischen Landesbank gesorgt. Infolge der Eingemeindung der ehemaligen Stadtgemeinde Bockenheim im Jahre 1895 kam die daselbst im Jahre 1860 gegründete Sparkasse in den Besitz der Stadt Frankfurt. Die in den nächsten Jahren geschaffene Ausdehnung des Geschäftsgebietes dieser Sparkasse hat es mit sich gebracht, daß innerhalb der ersten fünf Jahre die Einlegerzahl von rund 3400 auf 15 500 und der Einlagenbestand von rund 2 200 000 Mk. auf rund 10 Millionen Mark stiegen. Zur Zeit (1908/9) beträgt die Einlegerzahl rund 29 000 und der Einlagenbestand über 19 Millionen Mark. Dieser erhebliche Aufschwung der Anstalt fällt umsomehr ins Gewicht, als die Kasse der Polytechnischen Gesellschaft mit rund 96 Millionen Mark und die Kasse der Nassauischen Landesbank mit rund 23 Millionen Mark Einlagenbestand rechnen.

Der Sparverkehr wird durch die Sparkassenhauptstelle, welche mit der Stadthauptkasse verbunden ist und zwölf Sparkassenzweigstellen, welche mit Steuerzahlstellen verbunden sind, sowie endlich 36 Annahmestellen bei Kaufleuten, besorgt. Die Zweigstellen nehmen selbständig Spareinlagen an und gewähren auch Rückzahlungen. Zur Erleichterung des Sparens sind hier, wie auch an anderen Orten, Heimsparkassen zur Ausgabe gelangt, an welcher Einrichtung sich zur Zeit etwa 1200 Personen beteiligen. Ferner ist mit der städtischen Sparkasse eine sogenannte Alterssparkasse verbunden. Dieselbe soll minderbemittelten Personen durch Ansammlung eines gewissen Fonds für das Alter und die Erwerbsunfähigkeit einen Rückhalt gewähren, was etwa dem Einkauf in eine Versicherung nahekommt. Infolge der Einführung einer Reihe von Neueinrichtungen zur Erleichterung des Sparverkehrs ist auch die Teilnehmerzahl der Alterssparkasse in den letzten Jahren gestiegen und beträgt (1908) 323. Die Anordnung ist so getroffen, daß einem von dem eigentlichen Sparkassenbuch getrennten Konto jeweils die Hälfte der auf das Sparguthaben entfallenden Zinsen gutgeschrieben wird. Außerdem werden die Alterssparkassenkonten noch aus Sparkassenüberschüssen dotiert, was etwa mit den an anderen Orten gebräuchlichen Sparprämien zu vergleichen ist. Die Buchführung ist eine doppelte kameralistische. Die obere Leitung und Beaufsichtigung des gesamten Sparkassendienstes wird unter Oberaufsicht des Sparkassenamtes von den leitenden Beamten der Stadthauptkasse mit versehen. Die Tagesverzinsung der Sparkasseneinlagen beträgt seit dem Juli 1908 3 1/2 %. Die Verzinsungssätze werden im Einverständnis mit den beiden anderen am Platze bestehenden Kassen festgesetzt, um nicht in unnötiger Weise gegenseitig Schwierigkeiten zu bereiten. Unter auswärtigen Sparkassen hat die städtische Sparkasse, soweit sich dies übersehen läßt, etwa durch die Gewährung höherer Zinsen dortselbst nicht zu leiden. Es ist im Gegenteil vielmehr bemerkt worden, daß auch aus der näheren und weiteren Umgebung Sparkasseneinlagen gemacht werden. Ja, der Sparverkehr der Kasse erstreckt sich auch bis ins Ausland und sogar aus Asien und Afrika werden Einlagen eingesandt. Zur Erleichterung dieses auswärtigen Verkehrs wie auch zur Sicherheit der Bücher von Personen aus dem Arbeiterstande hat die Sparkasse die Aufbewahrung von Sparbüchern übernommen. Die Sparkassenhauptstelle steht mit der Stadthauptkasse in verzinslichem Kontokorrentverkehr. Die Stadthauptkasse verwendet überschüssige Sparkassengelder bis zur dauernden Anlage durch das Sparkassenamt im Giro- oder Diskontverkehr mit der Frankfurter Bank; ebenso steht die Sparkasse durch Hypothekengewährung im Verkehr mit der städtischen Erbbaudarlehnskasse. Entsprechend den Statuten der Sparkasse erfüllt sie durch diesen Verkehr die Unterstützung gemeinnütziger Zwecke unter Sicherheitsgewährung durch die Stadt. Nach den Bestimmungen über die Verwendung der Überschüsse der Sparkasse wird aus diesen ein Reservefonds bis zu gewisser Höhe gebildet, bei deren Überschreitung der Überschuß zu gemeinnützigen Zwecken verwendet wird. Die Zinsen des Rerservefonds fließen zu einem Drittel der Alterssparkasse zu, der Rest steht der Stadtverwaltung für gemeinnützige Zwecke zur Verfügung. Die Bestimmungen der Sparkasse über die Grenzen der Einlagen und Abhebungen, über die Kündigungsfristen u. dgl. werden in weitgehendem Maße im Interesse der Sparer gehandhabt und sind vorwiegend zur Sicherung in vorkommenden Fällen statutenmäßig festgelegt.

7. Die städtische Arbeitsvermittlungsstelle

ist durch Ortsstatut vom Jahre 1895 errichtet worden. Sie wird auf paritätischer Grundlage durch eine Kommission von Arbeitgebern und Arbeitnehmern unter dem Vorsitz eines Magistratsmitgliedes geleitet. Sie zerfällt in eine männliche und eine weibliche Abteilung mit Unterteilung in einige Facharbeitsnachweise.

Die Buchführung erfolgt auf Grund des Listensystems und es besteht auch kein Grund von diesem System abzugehen, trotz der von verschiedenen anderen Stellen erfolgten Befürwortung des Zettel- oder Kartensystems. Eine interessante Bestimmung enthält die Geschäftsordnung in der Vorschrift für die Geschäftsleiter, den Stellensuchenden von Arbeitseinstellungen oder Aussperrungen Mitteilung zu machen. Diese Bestimmung ist auch in einer Reihe von anderen Städten, welche nach dem Vorgang der Frankfurter Arbeitsvermittlungsstelle ihre Einrichtungen getroffen haben, berücksichtigt worden. Sie scheint nach den bisherigen Erfahrungen im großen und ganzen den Interessen aller Parteien Rechnung zu tragen, während die oft aufgestellte Forderung, in Fällen von Streitigkeiten die betreffende Abteilung des Arbeitsnachweises völlig zu schließen, praktisch insofern von geringer Bedeutung ist, als in solchen Fällen der betreffende Teil des Arbeitsnachweises meist von selbst ruht. Jede Abweichung von dem hier gebräuchlichen Verfahren kann sowohl nach der einen wie der anderen Richtung zu einer Verletzung der Parität führen.

In der männlichen Abteilung beläuft sich zur Zeit die Zahl der Vermittlungen auf rund 23 000, in der weiblichen Abteilung auf rund 17 000, zusammen also rund 40 000. An Arbeitsgesuchen sind im verflossenen Jahre eingegangen in der männlichen Abteilung rund 51 000, in der weiblichen Abteilung rund 21 000, zusammen rund 72 000, an Meldungen von offenen Stellen in der männlichen Abteilung rund 31 000, in der weiblichen Abteilung rund 21 000, zusammen 52 000.

Die gesamten Aufwendungen der Stadt für die Arbeitsvermittlungsstelle belaufen sich zur Zeit auf rund 26 000 Mk.

Außer der städtischen Arbeitsvermittlungsstelle bestehen noch gegen 30 Arbeitsnachweise von Innungen, Fachverbänden und Vereinen. Die Angliederung einer städtischen Rechtsauskunftsstelle an den städtischen Arbeitsnachweis, wie dies in anderen Städten geschehen ist, ist bisher nicht erfolgt. Es bestehen Rechtsauskunftsstellen beim sozialen Museum, bei der Rechtsschutzstelle für Frauen und bei den Arbeitersekretariaten.

8. Die städtische Grundbesitzverwaltung und die Förderung des Wohnungswesens.

Die beiden großen Gesichtspunkte, unter denen die Stadt Frankfurt ihre Grundbesitzverwaltung in neuester Zeit handhabt, sind einmal die möglichste Vergrößerung des städtischen Grundbesitzes und sodann die Nutzbarmachung städtischer Geldmittel und städtischen Kredits zur Förderung des Wohnungswesens, u. a. unter Hergabe städtischen Grundbesitzes in

Erbbau. Der derzeitige Besitz der Stadt Frankfurt an Grund und Boden innerhalb des Weichbildes beträgt rund 1300 ha, das sind etwa 21 % der Gesamtstadtfläche ohne Einrechnung des Stadtwaldes. Von diesem Grundbesitz sind rund 38 ha, teils bereits zur Verfügung gestellt, teils noch verfügbares Baugelände. Von der allgemeinen Grundstücksverwaltung ist eine besondere Kasse die „Spezialkasse für städtischen Grundbesitz" abgezweigt, welche im Jahre 1897 gegründet wurde und eine in sich geschlossene Verwaltung besitzt, zunächst zum Zwecke der Durchführung der städtischen Hafeneisenbahn und Eindeichungsanlagen in der östlichen Stadt, sowie zur Aufstellung der Bebauungspläne in der unbebauten Außenstadt. Dieser Kasse wurden bei ihrer Gründung zunächst aus dem städtischen Grundbesitz Grundstücke im Werte von etwa 26 Millionen Mark, sowie ein Kapital aus Anleihemitteln von 6 Millionen Mark überwiesen. Der Kasse fließen die Einnahmen zu, welche aus den zu ihr gehörigen Grundstücken entstammen, oder mit dem Zweck der Kasse im Zusammenhang stehen. Zur Zeit ist der Bestand an Grund und Boden, welcher dieser Kasse gehört, rund 120 ha mit einem Gesamtwert von etwa 106 Millionen Mark. Da man nun bei der Beratung über die Förderung des Wohnungswesens und die Unterstützung einer gesunden privaten Bautätigkeit zu der Ansicht gekommen war, daß ein Wiederverkauf von städtischem Grund und Boden die Absichten zur Hintanhaltung einer übertriebenen Bau- und Bodenspekulation hinfällig machen würde, daß aber auch die Hergabe zu ermäßigten Preisen eine unberechtigte Bevorzugung einzelner bedeuten würde, entschied man sich für die planmäßige Unterstützung der Bautätigkeit auf gesicherter wirtschaftlicher Grundlage, durch Beteiligung an den Baukosten unter Vergebung von Gelände im Erbbau und unter Übernahme von Zinsgarantien. Hierzu kommen die verschiedensten Maßnahmen der bauamtlichen Tätigkeit, unter anderem auch die Art der Geländeaufschließung und die Einrichtung des Bebauungsplanes. Es gelang ferner auch die mit großem Grundbesitz ausgestatteten Stiftungen zu bewegen, sich den Maßnahmen der Stadtverwaltung anzuschließen und ebenfalls an die Vergebung von Baugelände im Erbbau heranzutreten.

Bei der planmäßigen Erschließung von Baugelände kommt auch das Gesetz, betr. die Umlegung von Grundstücken in Frankfurt a. M. vom Juli 1902 (Lex Adickes) in Betracht. Dieses Gesetz hat ursprünglich für öffentliche Straßen und Plätze 30 % der von den Eigentümern eingeworfenen Fläche vorgesehen. Nach der Erfahrung war aber unter dieser Bedingung das Gesetz nicht anwendbar, ohne erhebliche Verluste der Stadt zu bewirken, durch eine Novelle vom Juli 1907 wurde daher der Prozentsatz unter bestimmten Bedingungen auf 35 bzw. 40 % erhöht. In praxi ist es bisher gelungen, sämtliche wichtigeren Umlegungen von Gelände freiwillig erfolgen zu lassen, so daß also eine Anwendung des Gesetzes bisher noch nicht erfolgen mußte.

Der gemeinnützige Wohnungsbau hat in Frankfurt bereits in den sechziger Jahren mit der Gründung der „Gemeinnützigen Baugesellschaft“ begonnen. In den neunziger Jahren entstanden sodann Baugenossenschaften zur Erbauung von kleinen Wohnungen für ihre Mitglieder. Die Stadt selbst hat gegen Ende der achtziger Jahre damit begonnen für ihre Beamten und Arbeiter Wohnungsbauten zu errichten. Zur Zeit bestehen 53 solcher Häuser mit 269 Wohnungen, welche einen Bauwert von 2 300 000 Mk. und einen Mietwert von 91 000 Mk. besitzen. In späteren Jahren hat die Stadt bei einer Kapitalbeteiligung an gemeinnützigen Wohnungsbauten sich die Abgabe einer bestimmten Zahl von Wohnungen für ihre Beamten zu angemessenem Mietpreise vorbehalten. Diese ersten Anfänge der Unterstützung der gemeinnützigen Bautätigkeit in größerem Umfange wurden also zunächst im Interesse der städtischen Angestellten unternommen. Bei den späteren Bestrebungen ging man auch zur Einbeziehung der Lehrerschaft über und die weiteren Vergebungen städtischen Geländes im Erbbau sollten alle diejenigen Baulustigen (Privatpersonen, Beamte oder Genossenschaften), welche auf gesicherter Grundlage Bauten errichten wollten, zulassen. Von besonderem Interesse sind u. a. die Abmachungen mit der Internationalen Baugesellschaft, bei deren Unternehmung „Hellerhof“ sich die Stadt durch Übernahme eines Teils der Aktien und der Zinsgarantie für die auslosbaren Obligationen beteiligt hat. Ferner ist die Stadt berechtigt bzw. verpflichtet, die Aktien der Gesellschaft nach den Vertragsbedingungen zu erwerben, und sich so allmählich in den Besitz des gesamten bebauten Geländes zu setzen. Bisher sind 134 Erbbauverträge abgeschlossen worden und zwar 10 mit Gesellschaften, 99 mit Beamten und Lehrern und 25 mit Privaten. Das zur Bebauung überwiesene Gelände umfaßt 700 a. Die bewilligten Baugelder belaufen sich auf rund 4 1/2 Millionen Mark, welche allmählich durch Verzinsung und Tilgung wieder an die Stadt zurückkommen. Für die Behandlung dieser Unternehmungen ist eine besondere Kasse, die „Erbbaudarlehnskasse“ gegründet worden, welche von der Spezialkasse für städtischen Grundbesitz nötigenfalls durch Hergabe von Kapitalien unterstützt wird. Das Gelände wird in der Regel auf 61 Jahre gegen einen jährlichen Erbbauzins von etwa 2 1/2 % des Bodenwertes vergeben. Die Baupläne bedürfen der Genehmigung des Magistrats. Nach Ablauf der Erbbauzeit fällt das

Grundstück nebst Baulichkeiten an die Stadt zurück. An Darlehen gewährt die Stadt bis zu 75 % der Baugelder (für städtische Beamte und Lehrer sowie Staatsbeamte beim Bau von Einfamilienwohnhäusern bis zu 90 %). Der Zinsfuß beträgt 4 %, für städtische Beamte und Lehrer 3 1/2 %. Die Tilgung erfolgt mit jährlich 0,4—0,5 % des Darlehens. Sonach muß der Erbbauberechtigte 10—25 % der Baukosten aus eigenen Mitteln aufwenden.

Manche Städte haben gemeinnützige Gesellschaften in noch weiterem Umfange unterstützt, als dies in Frankfurt geschehen ist, und zwar oft ohne dafür ein Äquivalent in der Gewinnung von Wohnungen für Beamte und Arbeiter zu erhalten. Indessen dürften die immer wiederkehrenden Angriffe der Bauunternehmer und Hauseigentümer gegen solche Unterstützung aus öffentlichen Mitteln nicht ganz ohne Grund sein, wenn sich nicht besondere Umstände für die betreffenden Maßnahmen geltend machen lassen. Es darf dabei nicht übersehen werden, daß der Ausschluß der ungesunden Spekulation und des verteuernden Zwischenhandels bei der Vergebung städtischen Geländes in Erbbau der gesunden Bautätigkeit schon eine ganz außerordentliche Unterstützung gewährt und daß ferner die Schaffung von Beamten- und Arbeiterwohnhäusern doch auf den gesamten Wohnungsmarkt einen verhältnismäßig geringen Einfluß ausübt, so daß also die Hergabe öffentlicher Mittel und die Gewährung städtischen Kredits unter gewissen Voraussetzungen bei der Förderung des Wohnungswesens nicht beanstandet werden kann.

Die verschiedenen Maßnahmen zur Gewinnung eines Einflusses auf die bauliche Gestaltung, sowie den Grundstücksmarkt lassen sich rechnerisch infolge der außerordentlich großen Schwankung von Jahr zu Jahr, dem plötzlich eintretenden Bedarf an aufgeschlossenem Gelände, der gegebenenfalls eintretenden günstigen Gelegenheit zur Erwerbung von Grundstücken für die Stadt und dergleichen Dinge mehr, erst nach einem längeren Zeitraume zahlenmäßig überblicken. In ihren Grundregeln, d. h., vor allem in der Absicht den tunlichst größten Einfluß der Stadt auf die so wichtige Entwicklung der Boden- und Wohnungsverhältnisse zu erhalten, dürften auch die in Frankfurt getätigten Unternehmungen im Einklang mit allen denjenigen stehen, welche in anderen Städten in der gleichen Absicht unternommen sind.

Im Anschluß an die Unternehmungen auf dem Gebiete des Bankwesens sei noch der Anlegung eines Stadtschuldbuchs aus dem Jahre 1901 Erwähnung getan.

Infolge der Bestimmungen des B.G.B. über die Außerkurssetzung von Inhaberschuldverschreibungen glaubte man den Beteiligten durch die Eintragung in ein Stadtschuldbuch entgegenkommen zu können. Diese Eintragung erfordert nicht mehr Arbeit als eine namentliche Umschreibung und sichert außerdem die mit der Schuldverschreibung erworbenen Rechte nach jeder Richtung, evtl. auch gegen Abhandenkommen auf irgendwelche Art. Der Besitzer ist ferner gegen Verlust der Zinsscheine durch den direkten Bezug der Zinsen auf irgend eine gewünschte Art gesichert und der Verlosungskontrolle usw. enthoben. Die Benutzung des Schuldbuches dringt in erfreulicher Weise in immer weitere Kreise. Die Zahl der eingetragenen Konten beträgt bereits 500 mit etwa 15000 Schuldverschreibungen im Werte von 22 Millionen Mark. Von den Konten entfallen etwa 40 % auf Kapitalien bis zu 4000 Mk., 47 % auf über 4000—50000 Mk. und 13 % auf größere Kapitalienbeträge. Die Zinsen werden teils durch die Post, teils durch Vermittlung von Banken oder aber durch Auszahlung an der Kasse, sowie durch Überschreibung auf ein Konto der städtischen Sparkasse erhoben.

Im vorstehenden ist versucht, ein möglichst umfassendes Bild der Tätigkeit der Stadt Frankfurt a. M. als Unternehmerin zu entwerfen. Mögen beim Vergleich mit anderen Städten sich hie und da noch weitergehende Verstadtlichungen von Unternehmungen finden, so sei auf die eingangs dargelegte generelle Stellungnahme und die Notwendigkeit der Berücksichtigung der örtlichen Verhältnisse verwiesen. Zum Schluß sei noch einiger Unternehmungen gedacht, an denen die Stadt durch ihre Beteiligung oder durch die Konzessionierung interessiert ist. Als größte Anstalten kommen hierbei die Theater in Betracht.

Das Opernhaus und das Schauspielhaus werden von einer Aktiengesellschaft betrieben. Die Gebäude dieser Kunstinstitute im Werte von etwa 13 Millionen Mark gehören der Stadt. Der Gesamtzuschuß, welchen die Stadt zu beiden Betrieben gibt, beläuft sich zur Zeit einschließlich der Zuschüsse zu den Pensionskassen auf rund 300000 Mk. In den letzten Jahren ist bei der Neuerrichtung von Theatern in vielen Städten die Organisation dieser Kunstinstitute Gegenstand eingehender Verhandlungen gewesen. Insbesondere wurden hierbei die Fragen nach der Verpachtung oder nach der Verstadtlichung erörtert; hierzu kam auch die Anstellung der Theaterdirektoren als städtische Beamte, sowie endlich die Übernahme der Orchestermitglieder u. dgl. auf den städtischen Etat als pensionsberechtigte Personen. All diese Erwägungen haben für Frankfurt keine Bedeutung, da bei dem allgemeinen Kunstinteresse der Bevölkerung sich immer genügend wohlwollende Gönner finden, welche diejenigen Lücken beseitigen, die in kleineren Städten die Stadtverwaltungen im Theaterbetriebe mit ihren Etatsmitteln ausfüllen müssen. Insbesondere kann sich der hier bestehende Theaterpensionsfonds nur deshalb in so vorzüglicher Weise halten, weil außer dem städtischen Zuschuß jährlich in freigiebigster Weise von privater Seite erhebliche Zuschüsse geleistet werden. Mag man auch über die Zweckmäßigkeit und Richtigkeit der Übernahme dieser Kunstinstitute in städtischen Betrieb noch so verschiedener Meinung sein, so sollte jedenfalls bei einem gut geleiteten und durch regen Besuch ausgezeichneten Theater an den bestehenden Verhältnissen nichts geändert werden, da der Einfluß einer Änderung auf den Betrieb der Anstalt nicht ohne weiteres übersehen werden kann.

Das städtische Amtsblatt besteht bereits seit dem Anfang des 18. Jahrhunderts. Die Berechtigung den Titel des Amtsblattes zu führen, hat ein Zeitungsunternehmen (der Verlag des Intelligenzblattes der Stadt Frankfurt) gegen Zahlung einer Jahrespauschalsumme, welche zur Zeit 5 400 Mk. beträgt, erworben. Der Verlag ist verpflichtet, zwei oder nach Bedarf drei Nummern pro Woche erscheinen zu lassen und die von der Stadt ihm aufgegebenen Veröffentlichungen ohne weitere Berechnung von Kosten innerhalb des bezeichneten Umfanges aufzunehmen.

Das Plakatwesen ist, soweit es sich um öffentliche Straßen und Plätze zur Aufstellung von Litfaßsäulen handelt, an eine Unternehmerfirma gegen eine Zahlung von rund 30 000 Mk. vergeben. Außerdem bezieht die Stadt aus der direkten Vergebung von Wandflächen an öffentlichen Gebäuden etwa 7000 Mk. Da nun die Regelung des Anschlagswesens zum Teil Sache der Polizeiverwaltung ist und diese ihrerseits einem Unternehmer beschränkte Zugeständnisse gemacht hat, wogegen der Stadt kein Einspruchsrecht zusteht, so hat diese mehrfache Konzessionierung zu mancherlei Unzuträglichkeiten geführt, welche lediglich durch gütliche gegenseitige Vereinbarungen beseitigt werden konnten. Zur Zeit schweben Verhandlungen über die Vereinigung des gesamten Plakatwesens in einer Hand.

FSC
www.fsc.org
MIX
Papier | Fördert
gute Waldnutzung
FSC® C083411

Kolibri 360 GmbH
Ferdinand-Jühlke-Straße 7
99095 Erfurt, Deutschland
produktsicherheit@kolibri360.de

Druck:
CPI Druckdienstleistungen GmbH
im Auftrag der
Kolibri 360 GmbH
Ferdinand-Jühlke-Str. 7
99095 Erfurt